사주 경영학

四柱經營學

운을
놓치지 않는
사람들의 비밀

사주 경영학

김원 지음

비즈니스북스

사주 경영학

1판 1쇄 발행 2017년 10월 25일
1판 3쇄 발행 2017년 11월 15일

지은이 | 김원
발행인 | 홍영태
발행처 | (주)비즈니스북스
등 록 | 제2000-000225호(2000년 2월 28일)
주 소 | 03991 서울시 마포구 월드컵북로6길 3 이노베이스빌딩 7층
전 화 | (02)338-9449
팩 스 | (02)338-6543
e-Mail | bb@businessbooks.co.kr
홈페이지 | http://www.businessbooks.co.kr
블로그 | http://blog.naver.com/biz_books
트위터 | @bizbookss
페이스북 | thebizbooks
ISBN 979-11-86805-86-2 03190

송지영에게

인생의 고비에서 시작하는 명리 공부

내가 처음 명리학이라는 분야를 접하게 된 것은 2005년 초반쯤이었다. 당시 대학을 졸업한 후 짧은 기간 동안 여러 차례 이직을 했던 터라 마음이 몹시 혼란스러운 상태였다. 주변에서는 내가 회사를 옮길 때마다 많은 걱정과 우려 섞인 시선을 보냈다. 당시의 사회 분위기는 이직에 대해 지금보다 훨씬 더 보수적이었기 때문이다. 그러나 30대 초반이었던 나는 내 능력이나 커리어에 자신이 있었고, 이직을 할 때마다 나름의 이유가 분명히 있었기 때문에 주위의 걱정에 크게 개의치 않았다.

그러나 여러 차례 이직한 끝에 옮긴 방송국을 1년 여 만에 그만둘 때는 이전과는 다른 생각이 들었다. 어렵게 들어가기도 했거니와 라디오 PD라는 직업은 참으로 매력적이었기 때문이다. 이번만큼은 꼭 오랫동안 재미있게 일해 보고 싶었는데…. 많은 생각들이 머릿속을 스쳐 지나갔다. '내게 무슨 문제가 있는 걸까? 내 인생은 왜 이렇게 어디 한곳에 정착하지 못하는 걸까?' 이런 마음은 쉽게 사그라들지 않았다. 그러던 어느 날, 신문 한편에 실린 광고가 눈에 들어왔다. '사주명리 수강생 모집'이라고 쓰인 광고였다.

공학을 전공하고 경영 컨설턴트로서의 경력을 가지고 있는 나에게는 참으로 뜬금없는 일이었지만, 왠지 이 공부를 하면 내가 이렇게 커리어 때문에 방황하는 근본적인 원인을 찾을 수 있을 것 같았다. 그렇게 나는 우연 같은 운명으로 명리학에 입문하게 되었다.

처음에는 내 방황의 원인과 미래의 방향을 알고 싶어서 시작한 공부였으나 파고들다 보니 재미가 있었다. 사주명리가 가지고 있는 과학적 체계와 통계학적 요소들도 내 성향에 딱 맞았다. 이후 여러 좋은 선생님들과 인연이 닿은 덕에 꾸준히 공부할 수 있었고, 나의 가장 큰 고민이었던 잦은 이직에 대한 나름의 해답도 찾을 수 있었다. 그리고 언제부턴가는 주변 사람들을 상담해 주기 시작했다. 그렇게 시간이 흘러 지금 나는 글로벌 제조업체의 한국지사에 상무로 재직하고 있는 한편, 주변인들의 명리 상담을 해주는 명리 전문가로도 활동하고 있다.

운명이란 무엇인가

명리라는 것은 '명'命에 대한 '이치'理, 좀 더 넓게 이야기하면 '운명'運命의 이치를 밝히는 학문이다. '운명'이라는 말은 '명'과 '운'이 합해진 것인데, 어쩌면 '운명'이 아니라 '명운'이라고 부르는 것이 더 적절할지도 모른다. 그렇다면 '명운'이란 무엇일까?

명은 사람이 세상에 태어나는 시점을 기준으로 결정된 요소로, 평생 변치 않는 지문과 같은 개인 정보라고 할 수 있다. 어떤 사람이 양력으로 2017년 3월 1일 새벽 2시에 태어났다면 그는 연, 월, 일, 시별로 '정유'丁酉년 '임인'壬寅월 '정해'丁亥일 '신축'辛丑시라는 자신만의 정보, 즉 '사주팔자'四柱八字를 명으로 부여받게 된다. 반면, 운은 때에 따라 변하는 정보를 의미한다. 즉, 2017년 정유년丁酉年의 운세가 다르고, 2018년 무술년戊戌年의 운세가 다르다.

명에 해당하는 여덟 글자가 해마다 시시각각 변하는 운과 상호작용하여 우리의 과거·현재·미래를 만들어내는데, 이때 어떻게 상호작용하고 어떤 결과를 만들어내는지를 밝히는 것이 명리학이라는 학문이라고 볼 수 있다. 명리학에서는 이러한 명과 운이 상호작용하는 구조를 이해하고 그때그때의 운을 고려해 타고난 명을 현명하게 활용하는 것이 인생을 살아가는 지혜이자 삶의 핵심역량이라고 말한다.

그런데 처음 명리학을 공부할 때는 명리의 이런 심오한 의미를 잘 이해하지 못했다. 언제 운이 좋고 언제 나쁜지 등 길흉화복을 예측하는 데만 관심이 많았다. 막 이직을 했던 터라 내 삶의 근본을 탐구하기보다는 '이번 회사는 몇 년이나 다닐 수 있을까?', '승진은 언제쯤 할 수 있을까?' 등 당장 급한 문제의 답을 구하는 데만 관심을 뒀다. 그런데 공부를 하면 할수록 '현재의 나는 과거에 내가 내린 의사결정의 산물이고, 내일의 나는 현재 내린 의사결정의 결과'라는 생각이 커져갔다.

내 사주와 주변 사람들의 사주를 연구하다 보니 각자가 타고난 여덟 글자로 이루어진 명에 특정한 운이 입력되면 통상 어떤 반응을 일으키게 되는데, 자신이 의식하고 깨어 있지 않으면 태어날 때 타고난 운명 시스템(명)의 작동 원리에 각 시점의 정보(운)를 여과 없이 적용하면서 의사결정을 하게 된다는 것을 알게 되었다. 한마디로 대부분의 사람들은 각자 부여받은 사주팔자의 정보에 기반한 의사결정 방식을 무의식적으로 사용하는 것이다. 그 방식을 명리학자들이 사주 분석을 통해 이해한 후에 '내년에는 이렇게 된다', '몇 년 후에는 저렇게 된다'는 예측을 했더니 대체로 맞는다는 것이다.

내게 명리학을 가르치신 선생님 중 한 분이 "습관이 운명이다. 습관은 바꾸기 어렵다. 그러므로 운명도 바꾸기 어렵다."라고 말씀하신 적이 있는데, 나는 이 말을 이렇게 이해하고 싶다. 습관은 특정한 상황에 특정한 행동을 선택하게 하는 나만의 무의식적 의사결정 체계 또는 방식이다. '환경'이라는 조건에 '나의 결정'이라는 입력 값이 주어지면 '내일의 나'라는 출력 값이 도출되는데, 이 절차는 사람마다 고유하며 잘 변하지 않는다. 즉, 이 절차 때문에 그 사람의 미래를 예측할 수 있는 것이다. 다시 말해 기존의 자기 방식, 절차, 틀을 깨려는 노력 없이는 현재의 삶을 바꾸기가 쉽지 않다고 볼 수 있다.

왜 비즈니스에 명리학이 필요한가

우리가 사는 세상에는 때로 불가항력적인 천재지변이 일어나기도 하고, 아무리 역량 있는 경영자라도 혼자 해결할 수 없는 산업의 흐름도 존재한다. 그러나 10년 넘게 사람들의 사주를 들여다보고 연구해 오면서 알게 된 것은 완전히 통제 불가능한 경우보다는 개인의 현명한 의사결정으로 성공적으로 다음 단계를 결정할 수 있는 경우가 훨씬 더 많다는 것이다.

그 과정에서 발견한 재미있는 사실 하나는, 어떤 사람들은 명리학을 하나의 수단으로 활용하고 주체적으로 의사결정을 하는 반면, 어떤 사람들은 이미 미래가 다 결정된 것인 양 주체적인 의사결정을 빠르게 포기한다는 것이다. 가령 전자의 경우, 여러 개의 선택지를 놓고 각각의 선택이 가져올 명리학적 예측 결과를 전체적으로 보고 최종 결정을 내린다. 후자의 경우는 미래가 이미 정해져 있으니 더는 고민하지 않겠다는 태도로 마음의 짐을 내려놓는다. 어떤 선택을 할지는 각자의 몫이다. 다만 경영학을 전공한 컨설턴트 출신 명리 상담가로서 명리 분석 결과를 변하지 않는 운명의 결과로 받아들이기보다는 각각의 사안에 대한 최종 선택을 돕는 보조 도구로 적극 활용하는 것이 더 현명한 판단일 것이라 생각한다.

요즘은 많은 사람들이 비즈니스 의사결정의 도구로 명리학을 활용한다. 세상일에 자신만만했던 사람도 막상 '내 문제' 앞에서는 쉽게 결정을 내리지 못하는 경우가 종종 있다. 그런 상황에서 선택과 결정을 내리는 데 도움을 주는 여러 도구 중 하나로 명리학을 활용하는 것도 나쁘지 않을 것이다.

명리학은 결국 나에 대해 제대로 파악하고 용기 있게 미래를 선택할 수 있도록 돕는 하나의 도구이다. 갈등 상황에서 감정이 복받쳐 오르고 고민으로 잠 못 이루는 순간에도 자신을 객관화할 수 있다면 용기 있고 지혜로운 결정을 내릴 수 있을 것이다.

마지막으로 독자들께 드리고 싶은 이야기는, 이 책은 명리학 이론서가 아니라는 점이다. 요즘은 내가 처음 공부를 시작할 때에 비해 좋은 책과 훌륭한 온·오프라인 강좌들이 많아졌다. 의지만 있다면 학술적 차원에서 명리학 공부를 할 기회가 많아진 것이다. 물론 약간의 이론적 토대는 소개할 테지만, 이 책의 핵심 메시지를 이해하는 데 도움이 되는 수준에 한할 것이다. 그러니 이론을 이해하지 못할까봐 두려워하거나 이론이 너무 없을까봐 걱정할 필요는 없다.

이 책의 집필 목적은 오히려 독자들이 명리학을 활용해 성공적으로 의사결정을 내린 사람들의 고민 과정을 공유함으로써 좋은 의사결정들이 갖는 '성공 방정식'에 대해 생각해 보고, 이를 일상에서 결정을 내릴 때 적용해 좋은 성과를 창출하도록 하는 데 있다. 그러니 이 책을 통해 독자들이 유용한 의사결정을 위한 힌트를 얻게 된다면 저자로서 그보다 더한 기쁨은 없을 것이다.

제4장

운의 흐름을 알면 나쁜 운도 기회가 된다

제1장

명리에게
인생의 지혜를 묻다

성공한 사람들은 왜 사주를 보는가

얼마 전 사업에 성공한 한 CEO의 사주를 보게 되었다. 30대의 젊은 사업가인 그는 나와 상담을 하고 얼마 뒤에 자신과 친한 경영자 몇몇을 대상으로 명리학 수업을 해줄 수 있겠느냐고 물었다. 일주일에 한 번씩 사주에 대한 기본 지식을 가르쳐 달라는 것이었다. 친한 CEO들끼리 소규모로 와인을 배우거나 미술 감상 등을 한다는 얘기는 들었지만 명리 공부를 한다는 얘기는 금시초문이었다.

　그에게 명리학 공부를 하려는 이유를 물었더니 취미 활동을 함께 하는 또래의 CEO들끼리 얘기를 나누다가 거의 대부분이 가끔씩 운세를 보러 다닌다는 걸 알게 되었다고 한다. 마침 모임에서 자신이 아는 명리학 선생이 있다고 하니 명리학이 어떤 학문이기에 과거와 미래에 대해 이야기하는 것이 가능한지, 그 원리를 알고 싶어 하더라고 했다. 그렇게 5인의 CEO를 위한 명리 수업이 기획됐다. 수업은 강남 한복판에 있는 한 회사에서 직원들이 모두 퇴근한 늦은 밤에 진행되었다.

하루는 각자의 사주를 공개하고 인생에서의 변곡점에 대해 논하고 있었다. 소규모 모임이고 대표들도 서로 친분이 깊어 가능한 수업 방식이었다. 그때 한 CEO가 말했다.

"몇 년 전 회사를 상장할 때는 정말 온 우주가 저를 돕는 것 같았어요. 준비한 일이 뜻대로 잘 풀리는가 하면 생각지도 못했는데 주변에 계신 분들이 많이 도와줬거든요. 정말 신기할 정도였죠."

물론 그가 작고 허름한 사무실에서 몇 년 동안 고생했던 것을 알기에 좋은 운만이 성공 비결의 전부였다고 할 수는 없지만, 회사를 상장하던 해의 그의 운이 남들은 평생 한 번 만나기 어려울 만큼 좋은 운이었던 것은 사실이다.

성공한 사람도 결국 인간이다

부자들이나 고위직 임원들이 사주를 보러 다닌다고 하면 사람들은 어떻게 생각할까? 대개는 '이미 돈과 명예를 충분히 갖고 있지만, 그럼에도 더 가지고 싶어서 그러는가 보다'라고 생각한다. 물론 틀린 얘기는 아니다. 그런데 크게 성공한 사람들과 직접 이야기를 나눠 보니 그들이 사주를 보는 이유는 일반인들이 생각하는 것과는 조금 달랐다.

내가 만난 성공한 사람들 중에는 성공을 하고 보니 성공은 혼자 하는 게 아니라는 사실을 절실하게 알게 되었다고 말하는 사람들이 많았다. 아무리 좋은 사업 아이템이 있더라도 일이 안되려고 하면 그 이유가 백 가지도 넘는다. 적절한 시기에 투자자를 만나지 못하면 사업을 확장할 수 없다. 한창 제품 개발에 박차를 가해야 할 시기에 핵심 직원들이 이직을 해 버린다면 그것도 큰일이다. 가끔은 예기치 못한 특허권 분쟁에 휘말려 사업이 속도를 내지 못하는 경우도 있다. 자신만의 독창적인 생각이라고 믿었는데 경쟁자가 등장할 수도 있다. 물론 제품과 서비스가 고객에게 충분히 가치를 전달해야 하는 것은 기본이다. 사장 또한 혼신의 힘을 다해 일해야 한다. 돌이켜보면 '그땐 정말 아슬아슬했어'라는 생각이 드는 순간이 헤아릴 수 없을 만큼 많이 떠오른다. 그렇게 많은 경험들을 하고 나면 '앞으로 일어날 통제하기 어려운 변수들을 가급적 미리 이해하고 대처할 수 있다면 얼마나 좋을까' 하는 생각이 강해진다. 이것이 성공한 사람들이 명리학에 관심을 갖는 첫 번째 이유이다.

사업가뿐만 아니라 조직의 리더들도 마찬가지이다. 상담을 통해 만난 기업의 고위직 임원들 중 자신의 능력만으로 그 자리에 올랐다고 말하는 사람은 단 한 명도 없었다. 아무리 일을 잘해도 윗사람이나 동료에게 인정받지 못하면 조직에서 성공할 수 없는 것이 샐러리맨의 숙명이다. 물론 사내 정치력도 능력이라고 볼 수 있지만, 새로 부임하는 상사의 스타일이 어떤지는 내가 통제할 수 있는 문제가 아니다.

사실 직장에서 두 개 이상의 기회가 주어질 때 어떤 선택을 하면 더 좋은 결과가 나올지도 예측할 수 있는 부분이 아니다. 주어지는 정보가 극히 한정적이기 때문이다. 전망이 좋다고 해서 타 부서로 이동했는데 그룹 회장의 지시로 하루아침에 새로 이동한 팀이 사라질 수도 있다. 사장, 부사장 정도 되면 타 계열사의 동향 때문에 물러나야 할 뻔한 자리가 보존되기도 한다. 그렇지만 성공한 사람들의 공통적인 특징은 무엇이든 끝까지 최선을 다하고자 한다는 점이다. 자신의 통제권 밖에 있다고 해서 무작정 손을 놓고 있지는 않는다. 불확실한 미래에 대해서도 이해하고 준비해서 불확실성의 폭을 최소화하려고 노력한다. 사주도 그 방편 중 하나인 셈이다.

성공한 사람들이 사주를 보는 두 번째 이유는 성공 후에 자신도 한 명의 인간이라는 점을 절실히 깨닫기 때문이다. 사업으로 큰 부를 축적하든, 기업체에서 고위직에 올라가든 간에 그들도 인간인 이상 생로병사의 틀에서 벗어날 수 없고, 가족 관계 또한 자신이 싫다고 쉽게 벗어날 수 있는 것이 아니다. 겉보기와 달리 부부간의 갈등이 극에 달해 힘들어 하는 경우도 있고, 자녀 문제로 날마다 속이 썩는 경우도 있다. 성공만을 향해 달려오면서 주변을 돌아보지 않은 탓에 진정한 친구가 없어 외로움에 몸부림치는 경우도 있다. 특히 가족과 관련된 일들은 아무리 돈이 많아도 해결할 수 없는 부분이 많다. 그러다 보니 뭔가 다른 방법으로 문제를 해결해야겠다는 생각이 들어 사주를 본다는 사람도 꽤 있었다.

자신에게 맞는 인생길을 찾기 위해

명리라는 것은 자신의 출생 정보를 기반으로 타고난 기본 성향 및 강점을 분석하고 각 시기별 운의 변화에 따라 나아갈 때와 물러날 때를 아는 것을 목표로 하는 학문이다. 가족이나 동료의 사주를 알면 그들에 대한 이해도 깊어진다. 각자 시기별 운의 흐름에 따라 어떤 마음이 커지고 어떤 기회가 열릴지를 알게 되면 현명한 의사결정을 하는 데 도움이 된다.

사업을 하는 데 있어서 아직 때가 무르익지 않았다면 준비를 더 할 것이고, 말 안 듣는 사춘기 아들 때문에 속상하다면 아들의 상황을 먼저 이해하기 위해 노력하게 될 것이다. 사실 '내년에 대박이 난다'거나 '가을이 되면 아들이 집을 나갈 것이다' 등의 결정론적 예측은 명리학의 본질이 아니다. 어째서 그런 상황이 될 확률이 높은지 해석하고 차분히 곱씹으면서 현재의 자리에서 최선의 결정을 할 수 있도록 돕는 것이 바로 명리학의 핵심 가치이다.

그렇다고 성공한 사람들이 모두 사주를 보는 것은 아니다. 깊은 신앙심을 가지고 늘 자신을 반성하며 겸손한 마음으로 고객을 섬기는 성공한 경영인도 많이 보았다. 모든 기회는 인연에 따라 오가고, 자신이 한 일이 좋은 인연의 씨앗이 되면 언젠가 꽃을 피우게 될 거라 믿고 와신상담臥薪嘗膽한 끝에 크게 성공한 경우도 보았다.

그러나 명리를 기반으로 좀 더 나은 결정을 하고자 하는 사람들이나 종교적 통찰을 기반으로 경영을 하는 사람들에게는 공통점이 있다. 세상이 내 마음대로 안 된다는 것을 이해하고 자기 나름의 방식으로 불확실성에 대처하는 방법을 찾았다는 점이다.

명리가 불확실성에 대비하는 유일한 도구는 아니다. 명리도, 종교도 아닌 선진적인 경영 기법을 이용해 미래를 준비하는 리더들도 많다. 그러나 후자의 경우에도 리더들이 지닌 경영 철학의 근간에는 개인의 능력에는 한계가 있다는 깨달음이 있다. 그리고 그들 또한 미래에 적극적으로 대비하고자 노력하고 있다.

방법은 무엇이라도 좋다. 불확실한 21세기, 노력만으로 뜻하는 일이 다 되지 않는 세상에서 각자가 자신에게 맞는 인생길을 찾아갈 수 있도록 돕는 지혜의 도구가 되어 준다면 말이다.

운에 맡기지 말고 운명을 경영하라

명리학은 처음 어디서 어떻게 시작되었을까? 수천 년 전 중국에서는 세상의 기운은 '음'陰과 '양'陽으로 나뉘고 대자연에 속한 물질은 나무 木, 불火, 흙土, 쇠金, 물水 다섯 가지로 구성된다는 '음양오행'陰陽五行 이론이 나왔다.

기원전 시대가 개인의 노력만으로 무언가를 성취하고 행복할 수 있었던 시대라고 주장한다면 모두가 웃을 것이다. 때는 신분제에 의한 계급 사회였기 때문이다. 게다가 수많은 나라가 세워지고 사라지는 전쟁의 시대였다. 사회적으로 가장 낮은 신분으로 태어나 인생의 절반을 전쟁터로 끌려다니며 짐을 나른 노비나 성을 쌓는 데 강제 징용된 농부에게 자유로운 선택이라는 것이 있을 수 있었을까?

그 시대는 큰 비가 오면 강이 범람해 집과 가축, 때로는 사랑하는 가족이 떠내려가는 것을 속수무책으로 바라볼 수밖에 없었고, 부당한 처우에 불만이 있더라도 윗사람에게 대들 수도 없었다. 왕에게 바른말을 했다는 이유로 당사자는 물론 삼족이 목숨을 잃고 멸문을 당한 사례는 역사서에 흔히 등장하는 얘기다. 지금이나 과거나 한 개인의 인생을 좌지우지하는 것은 자신의 노력보다 외부의 영향이 더 컸다. 그래서 현명함을 추구했던 사람들, 즉 최선의 의사결정을 내리고 현상을 적극적으로 해결해 나가려 했던 지식인들은 세상의 불가항력성을 이해하고 자연과 사회의 한 요소에 불과한 인간이 세상에 지지 않는 방법을 찾고자 노력했다.

　명리학은 바로 그러한 노력의 일환으로 생겨났다. 그리고 시대를 거치면서 명리학과 관련한 수많은 사례들이 쌓였고, 많은 학자들이 이론을 다듬으면서 오늘에 이르게 되었다. 즉, 명리학은 인간이 세상에 맞서는 수단으로 성장한 학문이라 할 수 있다.

오답부터 지우는 지혜

명리학은 우리에게 구체적으로 무엇을 줄 수 있을까? 용한 역술인에게 상담을 받으면, 혹은 명리학을 열심히 공부하면 좋은 운을 얻고 원하는 인생을 살 수 있을까? 이에 대해 긍정적으로 답하기는 쉽지 않다. 사실 명리학은 우리가 원하는 것을 가질 수 있게 도와주는 학문이 아니기 때문이다. 명리학은 보상, 획득을 위한 학문이 아니라 예측의 학문이다. 한 인간이 어떤 시점에 어떤 환경에 처할 확률이 높고, 그 상황에서 어떤 선택을 하면 일이 어떤 식으로 전개될지를 미리 알려주는 분야이다.

빠른 시간 내에 대박이 터지기를 바라는 사업가가 듣고 싶은 말은 '올해에 사업이 잘될 거'라는 이야기일 것이다. 그러나 경험 많은 명리 상담가가 보기에 그해에 사업가의 재물운이 좋지 않으면 '아직은 기다릴 때'라고 조언하고, '언제쯤이면 노력의 결실을 맺을 수 있겠다'고 용기를 줄 것이다. 그러나 원하는 답을 듣고 싶은 마음에 쇼핑하듯 이 철학원 저 철학원을 돌아다니며 같은 질문으로 여러 번 사주를 보면 오히려 혼란만 가중될 것이다.

현명한 사람은 자신의 장점을 파악하고 언제 나아가고 언제 물러날 것인지를 판단하기 위해 명리학을 이용한다. 오랫동안 준비한 사업이 계속 실패만 한다면 자신이 선택한 아이템이 시장에서 인정받을 정도의 수준이 아니거나 아직 때가 오지 않은 건 아닌지 판단하는 것이 논리적인 수순일 것이다. 이처럼 열린 마음으로 명리학을 활용해 자신의 사주와 특정 시점의 운을 보면 좀 더 분명한 제3자 관점의 조언을 들을 수 있다.

사실 어떤 일이 일어나고 안 일어나고는 내 탓만은 아니다. 명리학에서는 한 개인을 자연의 한 일부라고 본다. 산에 사는 소나무가 겨울에 꽃을 피우지 못하는 것은 겨울 탓이지 소나무가 노력을 하지 않았기 때문이 아니다. 타고나기를 울타리용으로 태어난 나무는 주변과 조화롭게 사는 데 만족하면 되지, 경복궁의 대들보로 쓰이지 않는다고 슬퍼할 일이 아니라는 것이다. 어떤 일이 벌어지고 안 벌어지고는 내 탓이 아니라 남의 탓, 정확히는 자연의 탓이다. 나의 본질과 특정한 시기의 운이 맞지 않으면 일이 잘 풀리지 않는다는 것이 명리의 관점이다.

물론 해보기도 전에 포기하라고 말하는 것은 아니다. 그러나 자신에 대해 객관적으로 파악하고 받아들일 필요가 있다. 가령 노래를 잘 부른다면 자신의 실력이 동네 노래방 수준인지, 〈전국노래자랑〉 수준인지, 아니면 오디션 프로그램 1등감인지를 객관적으로 판단하는 것이 중요하다는 것이다. 그리고 어떤 일의 결과를 단순히 노력 부족이라고 생각하기보다는 가장 나다울 수 있는 곳, 노력이 가장 빛날 수 있는 때를 고려하는 지혜를 가지라는 것이 명리학의 가르침이다. 그 과정에서 환경을 탓할 것이 있으면 당당하게 환경을 탓하고, 아닌 것은 과감히 버리는 것이 감정적으로도 바람직하다.

짧은 인생을 살면서 답이 아닌 것을 찾아 헤매느라 시간을 낭비한다면 이보다 안타까운 일이 없을 것이다. '100세 인생'이라지만 인생의 중요한 순간은 너무 빠르게 지나가기 때문이다.

명리에서 바라보는 세상

타고난 운명은 모두에게 공평할까? 정말로 좋은 운명, 소위 말해 '금수저'를 물고 태어나는 운명은 따로 있을까? 어떤 이는 태어날 때부터 부자로 태어나 부자로 죽는다. 가난하게 태어나 가난하게 죽는 사람도 있다. 또 자수성가하여 큰돈을 버는 이도 있고, 젊어서는 출세를 했으나 말년이 흉하게 마무리되는 경우도 있다.

  마음 같아서는 모든 사람이 공평하게 태어나고 개인의 노력 차이가 성패를 가른다고 말하고 싶다. 그러나 아쉽게도 명리 이론은 그렇지 않다고 본다. 어떤 사주팔자는 노력을 하기만 하면 출세에 가속도가 붙는다. 그러나 어떤 사주팔자는 수십 년을 노력해도 원하는 목표의 절반도 이루지 못한다. 다시 말해 명리 이론에서는 재물운과 출세운(관운)만 놓고 보면 사람마다 그릇이 다르고, 성패의 시기도 다르다고 말한다. 실망스러운 답인가? 그러나 명리에서 보는 인간에 대한 관점을 이해하면 그리 슬퍼할 일만도 아니다.

사람도 대자연의 일부일 뿐

산에 가면 흙, 돌, 물, 나무 등이 있고, 바다에 가면 모래, 바닷물, 해초 등이 있다. 만물은 각자가 존재하는 의미가 있으며, 그것은 전체 자연의 조화에 부합하도록 설계되어 있다. 사람도 마찬가지이다. 모든 인간은 어머니 뱃속에서 나와 첫 숨을 쉬는 순간 나무, 불, 흙, 쇠, 물의 오행 중 하나의 존재로 규정되고, 인간사라는 대자연의 한 구성요소로 살아가게 된다. 명리에서 보는 인간 개개인도 각자의 모습과 세상속에서의 역할이 있다. 어떤 개인이 세속적 관점에서 부자가 되는지혹은 가난하게 사는지는 대자연의 관심사가 아니다. 다만 각 개인들이 모여서 이루는 전체 모습이 자연의 조화에 부합되기만 하면 된다.

극단적으로 이야기하면 한 사람이 죽는 일은 그 가족들에게는 너무나도 큰 사건이자 슬픈 일이지만 대자연의 눈으로 보면 바위가 부서져 모래가 되고, 비가 와서 제방이 쓸려가는 자연현상과 동일한 사건인 것이다. 명리학은 사주팔자라는 미리 설계된 흐름에 따라 특정장소, 특정 시기에 어떠한 상황을 만나게 되며 어떻게 행동하면 그 결과가 어떻게 변화할지를 예측할 수 있을 뿐이다.

팔자에 큰돈이 없으면 나 자신은 속상하겠지만 자연은 나의 성패에 관심이 없다. 이것이 자연의 이치라는 것을 냉정하게 수용하면 나의 상황에 대해 속상해 하는 마음을 내려놓고 관조적으로 변하게 된다. 굳이 득도하지 않아도 자연의 이치가 그렇다는 것만 알아도 마음이 편해진다.

부자도 아프다

하지만 사람은 역시 자신이 최고인지라 득도의 경지에 이르지 않는 다음에야 대자연의 법칙을 아는 것만으로 쉽게 위로받지 못한다.

두 번째로 소개하고자 하는 명리 이론의 핵심 관점은 모든 사람은 자신만의 '통점'痛點, 이른바 아킬레스건이 있다는 것이다. 우리가 흔히 '잘나간다'고 여기는 사람들은 결국 재물복과 명예복(관운)이 좋은 사람들이다. 명리 상담을 하면서 알게 된 가장 놀라운 사실 하나는, 돈과 명예에 있어 큰 성공을 거둔 사람들에게도 남에게 이야기하기 어려운 자신만의 큰 고민이 있다는 것이다. 개인사를 남들에게 시시콜콜 이야기하지 않아서 그렇지, 과거에는 물론 현재에도 큰 고민을 안고 살아가는 경우가 많다.

물론 절대 빈곤으로 고통받는 사람들과 비교해 보면 훨씬 안락한 삶을 살고 있는 것은 맞다. 하지만 마음속이 지옥인 경우도 많고, 적어도 마음 한구석에 불편한 무언가를 두고 우울하게 살아가는 경우도 많이 봤다.

가령, 큰 부자 사주의 경우 자신은 아니더라도 그 가족 중 누군가에게 불행한 일이 벌어지는 경우가 있다. 큰 성공을 거두기 위해서는 막중한 운명의 무게를 견뎌낼 힘이 있어야 한다. 본인은 사주 구성이 튼튼하여 그것을 견뎌내며 성공했는지 모르지만 함께 살면서 늘 그 사람의 기운을 받는 가족 중 누군가가 그 운명의 무게를 견뎌낼 정도로 사주 구성이 튼튼하지 못하다면 건강이나 사회생활 면에서 큰 문제가 생길 수 있다. 본인은 부자가 되지만 가족 중 누군가가 건강이 늘 안 좋다거나 사업이나 공부에서 계속 실패를 맛보게 될 수 있다.

내게 명리 상담을 받은 사람 중에 30대에 사업으로 수십억 원의 자산을 모은 사람이 있었다. 현재 40대인 그의 고민은 한 가지, 연애가 안된다는 것이다. 누가 봐도 겸손하고 착하며 좋은 가장이 될 것 같은 사람인데, 어떤 누구를 만나도 연애가 오래 지속되지 않고 중간에 불화가 생겼다. 그는 만나는 여성들이 자신을 너무 부담스러워하거나 아니면 돈을 보고 접근하는 것 같다는 생각에 힘들어 했다. 결혼한 후에 성공을 했더라면 결혼과 돈을 다 얻을 수 있었을 텐데 재물운이 너무 빨리 찾아온 것이다. 밤마다 집에서 홀로 술을 마시는 그는 외롭다며 하소연을 했다.

이밖에도 건강 문제, 가족 문제, 친구와의 갈등, 자존심을 걸고 도전한 일에 실패하는 등 그 사람의 인생 전체를 놓고 보면 이해되는 고통의 지점이 누구에게나 있다. 물론 우리에게는 부러운 면만 더 부각돼 보이는 것이 사실이지만 말이다.

습관이 운명이다

사람마다 자신에게 맞는 그릇이 따로 있고, 성공과 실패의 시기도 각기 다르며, 각자가 느끼는 행복과 고통의 지점이 다르다는 것을 알았다. 그럼에도 불구하고 현재의 내 모습이 불만스러워 운명을 바꾸고 싶다면 대체 어떻게 해야 할까? 꼭 명리에서 말하는 사주팔자대로 살 수밖에 없는 것일까? 어떻게든 운명을 확 바꿔버리고 싶다는 사람들에게 나는 이렇게 말한다.

"습관을 확 바꾸십시오."

내가 말하는 습관이란 아침에 일어나면 꼭 양치질을 하고 아침밥을 먹는 식의 습관이 아니다. 여기서 말하는 습관이란 '특정한 사건에 반응하는 나의 일관된 대응 방식이나 마음가짐'을 뜻한다. 상사가 힘든 일을 시킬 때 '이건 내 전문성과 맞지 않아'라고 생각하는 사람과

'이 일을 누구와 같이 하면 잘해낼 수 있을까?'라고 생각하는 사람의 업무 성과는 같지 않을 것이다. '이런 직장에 들어가서 애매하게 있느니 구직 활동을 좀 더 하는 게 좋겠어'라고 생각하는 사람도 있지만 '힘들더라도 일단 일을 하면서 다른 기회를 찾아보자'라고 생각하는 사람도 있다.

물론 어떤 태도가 정답이라고 말하기는 힘들다. 나와 맞지 않는 일을 거절하는 것이 적절할 때도 있고, 원하지 않는 곳에 취직한 결과 커리어가 이상한 방향으로 흘러가 정작 다른 좋은 기회를 놓치게 될 수도 있다. 그러나 그런 많은 선택과 그로 인한 결과 역시 평소의 자기 패턴대로 흘러가는 것이 보통이다. 우유부단한 사람은 매번 결정 시기를 놓쳐 후회하는 일이 잦을 것이고, 성급하게 결정을 내리는 사람은 그 성급함에 제 발등을 찍는 일이 자주 벌어질 것이다. 즉, 평소의 의사결정 패턴을 바꾸지 않으면 상황이 크게 바뀌는 일은 좀처럼 일어나지 않는다.

나를 아는 것이 변화의 첫걸음

몇 해 전 20대 후반의 청년이 내게 명리 상담을 의뢰한 적이 있다. 좋은 대학을 나오고 구직 활동을 했으나 원하는 기업에 취직하지 못해 고민하고 있었다. 이 청년의 목표는 분명했다. 대기업에 입사하는 것. 중소기업에 들어간 친구들을 보니 연봉도 적고 야근도 많고 해서 자신은 대기업에 입사하고 싶은데, 서류전형 통과 후 매번 면접에서 고배를 마신다고 했다.

이 청년의 사주를 분석해보니 대기업보다는 자유로운 환경에서 역량을 발휘할 스타일이었다. 다양한 분야에 관심이 많은 성격 때문에 한 가지 일을 오래하지 못하는 체질인 데다, 사업가 사주도 아니었다. 그래서 일단 불러주는 곳이 있으면 가서 만족스러운 성과를 내는 경험부터 해보라고 했다. 그렇게 하지 않으면 설령 대기업에 입사하더라도 오래 버티지 못할 것이라고 강하게 조언해 주었다. 다른 사람들은 신경 쓰지 말고 자기 길을 가면서 단기 목표를 성공시키는 경험을 쌓아 가지 않으면 평생 커리어가 망가질 수도 있다고 이야기했다.

대기업 외에는 쳐다보지도 않던 그는 중견기업, 중소기업도 알아봤고, 이후 40, 50명 규모의 회사에 들어가 핵심 인재가 되었다. 그리고 3년 후 대기업은 아니지만 연봉도 높고 업무 자유도 또한 높은 외국계 회사의 한국지사로 이직해 만족스러운 회사 생활을 하고 있다.

또 다른 의뢰인은 대기업의 임원으로, 20년 이상을 밤낮 없이 일해 온 워커홀릭 스타일이었다. 회의 때는 욕만 안 했지 부하직원들을 강하게 몰아붙이는 것으로 유명한 사람이었다. 그와 함께 일하는 직원들은 스트레스성 위궤양과 정신적 불안증을 호소할 정도였다.

그런데 시대가 변하면서 회사의 인사 방침에 큰 변화가 생겼다. 업적평가에 상향식 평가가 도입되어 직원들의 평가가 임원의 인사고과에 반영되기 시작한 것이다. 당연히 승진 누락의 위기에 봉착하게 된 이 의뢰인은 자신의 고충을 토로하며 내게 명리 상담을 의뢰했다.

사주를 살펴보니 이 사람은 전진밖에 모르는 스타일이었다. 실제로도 타고난 공격수로 회사의 모든 애로사항을 다 해결하면서 성장해 왔다. 그러나 난세의 영웅상과 태평성대의 인재상은 다르다. 그는 개척기나 난세에는 자기 본분을 다해 큰 영웅이 될 스타일이지만 태평한 시기에는 자리에서 물러나거나 은퇴해야 할 팔자인 것이다. 고속 성장의 시기에는 타고난 사주대로 자신의 장점인 공격성을 발휘하는 것이 환경의 요구에 잘 맞아떨어졌으나 시대가 변하자 그 특징은 오히려 단점이 되었다. 주어진 운명대로 살자면 이제 회사를 떠나야 하지만, 더 승진하고 싶다면 방법은 한 가지이다. 고통스럽더라도 강압적으로 몰아붙이는 자신의 방식을 바꾸는 것이다.

습관을 안 바꾸면 타고난 운명대로 산다

본질적으로 타고난 사주팔자 자체는 변하지 않는다. 성격도 성인이 되면 잘 바뀌지 않는다. 습관 또한 바꾸기 매우 어렵다. 한때 《아침형 인간》류의 책이 그렇게 많이 나왔지만 저녁형 인간에서 아침형 인간으로 바뀐 사람은 극히 드물지 않았던가. 그렇다면 이 임원은 대체 이 난국을 어떻게 해결해야 할까?

계속 회사에 머무르고 싶다면 자신의 단점을 보완해 줄 동료를 옆에 두어야 한다. 주변 사람들 중 어려운 이야기도 부드럽게 전달할 수 있는 중간관리자를 찾아 직속부하로 삼아야 한다는 의미이다. 그리고 힘든 이야기는 그 사람을 통해 전달하고 자신은 그동안 보여왔던 행동 패턴에서 벗어나야 한다. 어려워하던 상사가 변하면 감동의 폭도 커진다. 또 다른 방법은 자신만의 단순한 생활 수칙을 정하는 것이다. 가령, '월요일 오전 회의는 칭찬으로 시작한다. 회의 중에 내 발언은 10퍼센트 미만으로 한다' 등의 수칙 말이다. 그리고 그것을 실천하는지를 다른 사람이 체크해서 피드백을 하게 한다. 헬스장에서 혼자 운동을 하는 것보다 트레이너가 붙으면 훨씬 더 운동 효과가 커지는 것과 같은 논리이다.

이런 변화를 위한 노력은 생각보다 힘들다. 그동안 습관화돼 있던 내 관점과 행동 방식을 바꾸는 것이기 때문에 보통 힘든 것이 아니다. 그러나 드물지라도 분명 성공하는 사람들이 있다. 이 정도의 노력으로 변화를 만들지 않으면 대부분은 타고난 운명에 맞춰 살아가게 된다.

운의 흐름을 바꿔라

대체 운명이라는 것이 무엇이기에 우리를 이렇게 시험에 들게 하는 것일까? 많은 사람들이 운명을 '내가 바꿀 수 없는 그 무엇', '미리 정해진 미래'라고 생각한다. 물론 운명의 존재를 믿지 않는 사람도 분명 있다. '운명은 과거의 실패를 합리화하는 수단'이라거나 '불안한 삶 속에서 뭔가 좋은 것이 나타날 거라는 막연한 희망'이라고 표현하는 사람도 있다.

그런데 재미있는 점은 40, 50대 이상의 사람들은 대부분 "살아 보니 운명이 어느 정도 있는 것 같더라."라고 말한다는 사실이다. 인생을 절반 넘게 산 사람들은 과거의 아쉬운 순간들이 당시에는 불가항력적이었다고 회상하곤 한다. 그러나 나이가 많든 적든 다들 삶에는 불확실한 영역이 있다는 것을 알고 있다. 미래의 사건에 영향을 끼칠 변수가 너무 많아서 그 많은 걸 다 알 수도 없고, 안다고 한들 다 통제할 수 없다는 것도 알고 있다. 그래서 최선을 다해 모르는 부분을 알고자 노력하고 대처하고 싶어 한다.

운명이 내 손에 달려 있다

명리학의 운명론은 결정론적 운명론이 아니다. 만일 미래가 정확히 결정되어 있는 것이라면 우리가 그 결과를 안다고 해서 달라지는 것은 없을 것이다. 정해진 미래는 알아 봤자 바꿀 수 없기 때문이다. 그저 마음의 준비를 하는 정도 외에는 할 수 있는 게 없을 터이다.

명리학의 주된 역할은 현재에 어떤 결정을 내리면 미래에 그것이 어떤 방향으로 진행될 확률이 높은지 시나리오를 보여주고, 그 시나리오들을 토대로 최선의 결정을 하도록 돕는 것이다. 달리 말하면 미리 결정되어 있는 운명을 노력으로 바꾸게 하는 것이 아니라 여러 가지 정보를 기반으로 한 예상 시나리오들이 존재하고, 여러 시나리오 중 지금 어떤 결정을 내리는 것이 미래를 위해 최선인지를 고민하게 하는 것이다.

다시 말해, 명리에서 바라보는 미래의 사건은 '타고난 사주'(생년월일시), '각 개인이 과거로부터 부여받은 현재의 조건'(시기, 국가, 가정환경, 자신의 과거 이력) 같은 불변의 조건에 '미래를 위한 현재의 선택'이라는 가변 조건이 상호 작용한 결과이다.

$$y = f(x_1, x_2, x_3)$$

y: 미래의 사건

x_1: 사주 정보, x_2: 환경 조건, x_3: 나의 결정

물론 부모의 재력이나 타고난 체력처럼 태어나면서 부여받은 육체적·경제적 환경은 매우 중요하다. 또 같은 생년월일시에 태어난 사람이라도 대한민국에서 태어났는가 아니면 내전 중인 중동 국가에서 태어났는가 따라, 수학적 재능이 뛰어난 여성이 조선시대에 태어났는가 아니면 21세기에 태어났는가에 따라 미래 시나리오는 달라진다. 그러나 태어난 환경은 미래 시나리오의 중요한 부분 요소이지 결과 그 자체는 아니다. 어떤 사람은 부자인 선친의 재산을 열 배로 불리지만, 어떤 사람은 3대에 걸쳐 일으켜 온 가업을 파산하고 빈털터리로 길바닥에 나앉기도 한다. 최종적인 결과를 선택하는 버튼은 결국 자기 손에 달려 있다. 다만 중요한 인생의 조건이 다를 수 있다는 점을 이해하고 사주 구조에 따라 시기별로 유리한 부분과 불리한 부분을 검토한 후 현명한 의사결정을 하는 자세가 필요하다.

가령, 현재의 조건이 부모로부터 중소기업 규모의 제조 회사를 물려받은 상황이라고 가정해 보자. 다행히 부채는 없지만 추가 투자를 하기 위한 여유 자금도 없는 상황이다. 그러던 어느 날 외부에서 좋은 투자 제안이 들어왔다. 이때 사주를 뽑아보니 향후 3년간 재물운이 매우 약한 것으로 나왔다. 그리고 최소 3년 후에나 재물운이 상승세를 탄다고 나올 경우, 어떤 결정을 내리는 게 현명할까? 좋은 기회 같

아 보일지라도 무리하게 부채를 조달하는 식으로 대규모 투자를 하겠다는 결정은 섣불리 내리지 말아야 한다. 단, 이대로 있다가는 시장의 변화에 뒤처질 수 있겠다고 판단한다면 규모가 큰 회사의 설계나 제조 단계의 부분 또는 전체를 하청 받는 방식도 검토할 만하다. 남의 자본과 브랜드를 활용하는 방식인 만큼 시장의 잠재력에 비해 돈을 적게 벌 수 있지만 3년 후 재물운이 좋아질 때를 대비해 경험을 쌓으면서 어느 정도의 성장을 이룰 수 있기 때문이다.

운명은 고정불변한 것이 아니기 때문에 바꾸는 것이 아니다. '운명적 방향이 존재한다'는 정도가 정확한 표현일 것이다. 즉, 주어진 환경에서 인생의 중요한 현안들을 어느 정도의 정보를 가지고 현명하게 선택함으로써 더 좋은 미래를 만들어가는 것이다. 나는 그렇게 각자의 상황에서 더 나은 선택을 함으로써 변화를 경험한 사람들을 많이 봐왔다. 물론 쉬운 과정은 아니다. 그러나 부단한 자기 성찰과 고민으로 사주 정보에 내재된 운명적 방향의 불리한 요인을 최소화하고 유리한 요인을 최대한 활용하는 게 가능하다는 것을 보여준 경우들은 꽤 있다. 모두들 자기 나름의 방법으로 운을 트이게 했던 것이다.

운명도 성형하는 나라

자녀가 잘되는 것은 전 세계 모든 부모의 공통된 바람일 것이다. 나는 우연한 기회에 미국 부모들의 초등 교육 실태를 1년 정도 직접 옆에서 지켜볼 기회가 있었는데, 의외로 미국 부모들 역시 아이들의 삶에 개입을 많이 한다는 사실을 알게 됐다. 학부모들끼리의 네트워크도 강해서 친한 아이들끼리 사교육도 함께 시키고, 학교 운영위원회나 자원봉사에도 적극적으로 참여했다. 물론 공부가 아니라 주로 예체능을 시킨다는 것이 우리나라 사교육과 크게 다른 점이기는 했다. '사커맘'soccer mom(자녀가 축구교실에서 노는 동안 데려다주고 기다리고 데려오는 엄마)이라는 말이 괜히 나온 것이 아니었다. 아이들에게 스마트폰 사용을 금지시키거나 바른 생활습관을 심어주기 위해 원칙을 강조하는 부모도 많았다. 그리고 지역의 과학 특성화 고등학교를 목표로 하는 경우에는 우리나라 부모들처럼 사교육을 시키기도 했다.

친한 일본인 학부모에게 듣기로는 일본도 부모 면접을 보는 명문 유치원이 오래전부터 인기이며, 그런 경우 유치원-초등-중등-고등학교까지 한곳에 다니는 것을 목표로 하는 경우도 있다고 했다. 오랫동안 한 자녀 정책을 표방했던 중국에서는 더 말할 것도 없다. 여유만 있다면 아이에게 최고의 교육 환경을 만들어 주고자 하는 부모 마음은 동서양을 막론하고 같다고 볼 수 있다. 그러나 어느 나라 부모도 한국 부모를 따라가지 못하는 분야가 있는데, 그건 바로 자녀 사랑이 출생 이전부터 시작된다는 점이다.

자녀의 사주를 선택하는 부모들

최근 들어 제왕절개 수술을 앞두고 태어날 아이의 생년월일시로 언제가 좋은지 문의하는 경우가 많아졌다. 명리학적으로는 좋은 시기에 태어나는 것이 나쁜 시기에 태어나는 것보다 좋다. 물론 명리학자마다 이에 대한 의견은 분분하다. 자연의 섭리에 인간이 개입하는 것이 옳지 않다는 의견도 있고, 기왕이면 나쁜 시기를 피하는 것이 좋다는 주장도 있다.

그런데 사실 사람이 태어날 시기를 택일한다는 것은 쉬운 일이 아니다. 하루는 자축인묘진사오미신유술해 12지지로 시時를 나누니 같은 날일지라도 총 열두 개의 선택지가 생긴다. 가령, 병원에서 예상하는 출생 예정 기간이 일주일이라면 총 84개의 사주가 나온다. 84개의 사주를 모두 뽑아보고, 건강이나 재물운이 크게 불리한 날을 일단 지운다. 예전에는 건강운을 본 다음에 재물운, 관운官運(명예운) 두 가지를 동등하게 봤지만 요즘은 건강운 다음에 무조건 재물운을 보고 그 다음에 명예운을 본다. 개인적으로는 19세기까지는 명예의 시대, 20세기는 돈과 명예의 시대, 그리고 21세기는 돈의 시대라고 보는데 사람들의 생각도 크게 다르지 않은 듯하다.

부모의 선택 또한 아이의 운명

제왕절개 시기를 문의하는 부모들 중에는 전통적 결혼관을 가진 사람들이 많아서 재혼운이 있는 사주는 빼달라고 하는 경우도 있는데, 원한다면 그렇게 하지만 출산 택일의 우선순위에서 재혼운에 대한 판단은 조금 뒤로 미루고 있다. 100세 시대를 살아갈 사람들에게 재혼운은 재물복보다 후순위인 듯하다.

84개의 사주팔자를 분석할 때 특히 중요하게 보는 것은 '대운'大運의 흐름이다. 대운은 '대박 운'이 아니라 모든 사람에게 10년 단위로 들어오는 자신의 생활환경과 관련된 운이다. 대운은 태어나는 월月과 관련이 있어서 같은 해, 같은 달에 태어난 사람들은 성별만 같다면 같은 대운을 갖는다. 물론 대운이 변하는 시기는 태어난 날짜에 따라 조금씩 다를 수 있다. 사주팔자 자체가 좋아도 대운의 흐름이 나쁘면 최고급 세단을 타고 흙길을 달리는 고통이 따를 수 있으니 대운 분석은 사주를 분석할 때 반드시 해야 한다.

사주에 맞춰 제왕절개 시기를 정하는 것이 옳은지 그른지는 개인의 판단에 맡기고자 한다. 한 가지 분명한 것은 자녀의 출생 시기까지 선택하고자 하는 부모는 아마 남다른 교육 환경을 제공할 것이라는 사실이다. 물론 시부모의 강압에 못 이겨 제왕절개 날을 받는 며느리도 있지만 젊은 부모들도 의외로 출산 시기를 사전에 정하는 데 관심이 부쩍 높다. 미래가 불확실할수록 좋은 환경을 주고 싶은 부모의 마음이 커져 가기 때문일 것이다.

혹자는 이렇게 말한다. 만일 모든 부모가 출산 시기를 스스로 선택한다면 자연의 질서가 무너지지 않겠냐고 말이다. 그런데 아마 그런 일은 일어나지 않을 것이다. 누군가는 생각만 하고 실행에 옮기지 않고, 누군가는 실행에 옮기며, 누군가는 고려도 하지 않기 때문이다. 부모가 그런 선택을 하느냐 마느냐 자체가 아이의 운명일지도 모른다.

20세 전까지는 운명보다 부모의 영향이 절대적!

혹시라도 내 아이가 우연한 날짜에 태어났고, 아이의 사주가 어떤지 아직 몰라 불안해하는 사람이 있을까봐 말씀드린다. 아이 사주는 20세 이전까지는 부모의 영향을 매우 많이 받는다. 타고난 사주의 약점도 좋아질 여지가 꽤 많은 시기이다. 그러다 보니 20세가 안 된 아이의 사주는 보지 않는 명리학자들도 많다. 20세 이전까지는 부모의 영향이 크며, 아이의 사주가 좋건 나쁘건 아이를 잘 키우는 것은 부모의 의무이기 때문이다. 나도 오랫동안 아이의 사주는 보지 않았는데 요즘은 부모의 태도를 보고 선택적으로 상담을 한다. 아이의 잠재력을 더욱 극대화시키고 약점을 북돋아 주려는 의지를 보이는 부모이거나 아이의 본 모습을 가감 없이 볼 수 있는 객관적인 시각을 가진 부모라면 아이의 사주를 함께 열어 보고 장단점을 논한다. 부모의 사주와 함께 놓고 아이에게 적합한 부모의 훈계법에 대해서도 조언을 한다.

가령, 엄마의 사주가 강한 물이고 아이의 사주가 강한 불일 경우, 엄마가 강하게 이야기하면 할수록 아이는 반발한다. 이른바 '수화상충'水火相沖이다. 이런 경우 아빠의 사주가 다행히도 나무라고 하자. 그러면 물은 나무를 돕고水生木, 나무는 불을 키우니木生火, 아빠가 조언자 역할을 해야 아이가 부모의 말도 잘 듣고 가정도 평화롭다. 특히 싫은 소리를 할 때는 아빠의 역할이 더 중요하다. 그래서 조금 더 신경 써서 아이의 출생 시기를 뽑을 때는 가급적 부모의 사주와도 잘 맞을 수 있는 날로 맞추려고 한다.

아이는 화초와 같아서 공들인 만큼 잘 큰다는 것이 어른들의 가르침이다. 이미 태어난 아이의 팔자는 어쩔 수 없다. 그러나 20세 전까지 아이 팔자를 가장 크게 도울 귀인은 사랑이 충만한 부모라는 점을 기억하자.

제 2 장

스스로 운명을 읽어
운의 문을 열어라

셀프 명리학이 필요한 이유

서비스 산업임에도 불구하고 '갑'과 '을'이 뒤바뀌는 분야가 있는데, 그 대표적인 분야는 법률과 의료 분야이다. 변호사의 자문을 받거나 의사의 진료를 받을 때 대부분의 사람들이 선택할 수 있는 것은 그냥 믿고 따르거나 다른 곳을 찾거나 하는 수밖에 없다. 강력하게 자신이 원하는 서비스를 요구하는 경우는 극히 드물다. 물론 변호사나 의사 모두 어렵고 힘든 일이 있을 때 찾는 것이기에 서비스 공급자에게 의존적일 수밖에 없다. 그러나 가장 큰 원인은 정보의 불균형 때문에 발생한다. 우리에게 법률 정보나 의학 지식이 없기 때문이다. 요즘은 인터넷을 통해 다양한 정보를 접할 수 있게 되면서 많은 변화가 생기고는 있으나 본질적으로 대등한 관계, 적어도 수요자 관점에서 서비스를 받는 경우는 아직 소수뿐이다.

명리학의 기본만 알아도

그런데 명리 상담도 이와 유사하다. 어렵고 힘든 결정을 할 때 필요한 서비스이며, 일반인은 그 내용의 근거를 알 수가 없다. '물이 많고 불이 적다'라고 하는데 그것이 왜 결혼하면 안 되는 이유인지, 같이 상담 받으러 간 친구는 올해 운이 정말 좋다는데 나는 왜 직장 생활이 답답해질 거라고 하는지 알 수가 없다. 그러다 보니 '누가 무엇을 어디까지 맞췄다더라' 하는 소문에 귀가 솔깃해지고 주변에서 좋다고 하면 나도 한번 가볼까 하는 마음이 든다.

그러니 사주를 볼 때 명리 전문가와 함께 대안을 찾기 위한 대화를 나눌 수 없을 뿐 아니라 자신의 의견을 적극적으로 내놓지도 못하고, 그저 앞으로 다가올 사건을 미리 확인하려는 정도에 그치기 쉽다.

과연 정해진 미래를 앞서 확인하는 것만이 많은 사람들이 오랜 시간 이 학문을 갈고닦은 이유일까? 나는 '아니'라고 답하고 싶다. 고정불변하는 미래가 정해져 있는지의 여부는 학문적 영역일 수도 있지만 각자 신념의 영역일 수도 있다. 그러나 우리가 모를 뿐 앞으로의 사건이 결정되어 있는 것이라면, 그것을 미리 안다는 것이 정말 큰 의미가 있을까? 나의 학문적 가정은 '정해진 미래는 없다. 다만 날 때부터 내가 가지고 태어난 능력이 있고, 인생의 각 시기별로 발생할 수 있는 사안들을 확률적으로 예측하는 것은 가능하다'는 입장이다. 이런 가정하에 명리학은 인생의 일기예보 같은 역할을 한다는 게 내 생각이다. 어떤 시기에 어떤 환경이 오게 될 확률이 높다는 정보를 토대로 오늘 더 나은 의사결정을 하는 것이 사주를 분석하는 목적인 것이다. 물론 미래의 나쁜 상황을 피하고 더 나은 결과를 얻는 데 주안점을 두는 것도 좋다. 그러나 미래에 대한 걱정을 줄이기 위해 명리학을 활용하기보다 오늘 최선의 결정을 하기 위한 수단으로 명리학을 활용하기를 권한다. 그리고 미래에 대한 두려움 또한 내려놓기를 권한다. 오늘 최선의 결정을 한 데 대해 자부심을 갖고 결과는 순리에 맡기자는 것이다.

전문가 수준이 아니라 약간의 명리 이론만 알아도 전문가에게 '왜 그런지'에 대해 묻고 더 명확히 이해하며 스스로 현명한 의사결정을 하는 밑거름으로 사용할 수 있다면 명리학은 배울 만하다. 명리 상담은 일종의 코칭이다. 가장 효과적인 코칭은 코치와 피코치가 서로 대화를 하는 과정에서 피코치 스스로 답을 찾아가는 것이다. 약간의 명리 지식을 갖고 있으면 명리 상담을 미래를 점치는 행위에서 나를 알고 스스로 답을 찾아가는 코칭으로 격상시킬 수 있다. 스스로를 위해 그 정도 공부는 해볼 만하지 않을까!

명리 지식을 알면 좋은 또 한 가지 이유가 있다. 바로 고수와 하수를 판별하는 눈이 생긴다는 것이다. 명리 전문가의 실력은 천차만별인데, 주변 사람이 만족했다는 것만으로 그 전문가가 정말 고수인지는 알 수가 없다. 변호사와 의사는 국가 공인 자격증이 있는 분야인데도 어떤 사람에게 서비스를 받느냐에 따라 만족도가 다르다. 그런데 명리는 국가 인증 시험도 없다. 일부 명리 관련 사단법인 차원에서 자격증을 발급하기도 하지만 일반인이 해당 사단법인이 공신력이 있는지 없는지 판단하기는 어려운 일이다. 따라서 상담가별로 실력 차이가 클 뿐 아니라 그 실력도 직접 상담을 받기 전에는 알기 어렵다. 친구가 괜찮다고 해서 갔는데 나는 별로였다면 아직 안정적인 상담 능력을 갖춘 전문가가 아닐 수 있다. 또는 친구의 사주는 구조가 단순해서 중급 정도의 실력만으로도 꽤 정확한 해석이 가능한 반면, 내 사주는 구조가 어려워서 고수만이 해석할 수 있는 민감한 사안들이 존재할 수도 있다. 사주 이론을 약간이라도 알고 있는 상태에서 명리 전문가에게 상담을 받으면 몇 마디 말만 들어도 상대방의 수준에 대해 감을 잡을 수 있다. 그 사람과의 상담 내용을 참조할 것인지 말 것인지 판단할 수 있는 것이다.

나의 참모습을 찾기 위한 여정

그러나 무엇보다 명리 지식을 가짐으로써 얻을 수 있는 가장 큰 이점은 '나'를 이해할 수 있다는 것이다.

　서양의 대표적인 상담 분야 학문인 에니어그램Enneagram은 사람의 성격 유형을 아홉 가지로 분류한다. 수비학數祕學, Nemerology도 생년월일을 근간으로 '소울 넘버'를 조합하여 인간을 아홉 가지 유형으로 분류한다. MBTI Myers-Briggs Type Indicator도 인간의 성격 유형을 열여섯 가지로 분류한다. 동양철학인 명리학에서도 이러한 분류가 가능한데, 명리학에서는 인간의 성격을 기본 열 가지로 나누고 보다 세밀하게는 60가지로 분류한다. 그리고 성격을 비롯한 삶의 지향점에 대한 가이드도 제공한다.

명리학도 이처럼 다른 상담학들 못지않게 인간의 유형을 상세하게 분류함으로써 자신을 들여다볼 수 있는 자기 성찰의 기능을 제공한다. 하지만 실제로 명리 상담을 하다 보면 "저는 어떤 사람인가요?"라는 나의 참모습과 관련된 고차원적인 질문 대신 "회사를 그만둬야 하나요?", "아파트는 언제쯤 팔리나요?" 등의 질문이 대부분이다.

명리에서 말하는 '나의 참모습'이란, 쉽게 말하면 '어떤 상황에서 내가 가장 행복한가', 즉 '내가 가장 행복할 때의 모습'이다. 행복의 수단이라는 측면에서는 돈을 추구하느냐, 지식을 추구하느냐, 명예를 추구하느냐 등의 조건, 그리고 사회생활 측면에서는 조직 생활을 하느냐, 자영업을 하느냐 등의 여러 조건 중 어떤 상황에서 내 마음이 가장 편한가가 명리학에서 말하는 나의 참모습인 것이다. 명리의 눈으로 보면 행복에 이르는 수단이 개인마다 다르고 그 차이를 인정하면 옳고 그른 것도 없고 단지 서로 다를 뿐이라는 사실도 받아들이게 된다. 나에 대한 이해를 넘어 타인을 판단하려 하지 않고 동등한 존재로 인정하는 성숙함도 명리학 공부를 통해 얻을 수 있는 선물이다.

스물두 개 한자로 시작하는 명리 공부

보통 명리학이 어렵다고 느끼는 이유 중 하나는 한자 때문이다. 나 역시 예전에 유려한 필체로 종이에 한자를 쓰는 명리 상담가를 보면서 멋있다는 생각을 했지만 동시에 내가 배울 것은 아니라고 여겼었다. 그런데 막상 공부를 시작하고 보니 꼭 알아야 할 한자는 스물두 개뿐이었다. 그리고 한자만 낯설 뿐 그 말들은 이미 우리가 익숙하게 듣던 것들이었다.

가령 연초가 되면 '2017년은 정유년丁酉年, 닭의 해'라는 식의 말을 자주 접하게 된다. 여기서 '정유'의 첫 번째 한자인 '정'丁은 '갑을병정무기경신임계'甲乙丙丁戊己庚辛壬癸로 일컬어지는 '10간'十干 중 네 번째 글자다. 보통 '정유'와 같은 두 글자의 조합을 사주 분석 시에 세로로 쓰는데, 10간은 위쪽에 쓰고 하늘에 자리한다고 해서 '천간'天干이라고도 한다. '정유'의 두 번째 한자인 '유'酉는 '자축인묘진사오미신유술해'子丑寅卯辰巳午未申酉戌亥로 일컬어지는 '12지'十二支 중 열 번째 글자다. 12지는 세로로 쓴 두 글자의 조합에서 아랫부분에 해당하는 글자로, 땅에 자리한다고 해서 '지지'地支라고도 한다. 사람이 태어난 해를 가늠할 때 사용하는 열두 개의 띠를 한자로 나타낸 것이 바로 12지이다.

이렇게 우리와 익숙한 천간 열 개 중 하나를 첫 번째 자리에, 지지 열두 개 중 하나를 두 번째 자리에 대입하면 60개의 조합이 만들어진다. '병신년', '정유년', '무술년' 하는 것들도 이 60개의 조합에 속한다. 첫 번째 조합인 '갑자'甲子에서 시작해 '계해'癸亥까지 한 바퀴 도는 데 60년이 걸리고, 마지막 계해 다음에는 다시 갑자로 돌아오게 된다. 이렇게 한 바퀴를 돌아 다시 갑자로 돌아온다고 해서 '환갑'還甲 또는

'60갑자를 돌았다'고 한다.

여기 소개한 천간과 지지의 한자만 외워 쓸 수 있으면 본격적으로 명리 공부를 시작할 준비가 된 것이다.

❙ 천간

갑	을	병	정	무	기	경	신	임	계
甲	乙	丙	丁	戊	己	庚	辛	壬	癸

❙ 지지

자	축	인	묘	진	사	오	미	신	유	술	해
子	丑	寅	卯	辰	巳	午	未	申	酉	戌	亥

명리, 어디까지 배워야 하나

명리를 알면 좋겠다고 생각하면서도 대체 어느 정도까지 공부하면 좋을지 고민이 될 수도 있다. 필자도 처음에는 나 자신의 인생을 탐구하는 것이 목적이었기 때문에 몇 개월 정도만 배우려고 했는데, 공부를 시작하고 어느새 십수 년이 지났다. 전문적인 상담가가 되려면 최소 3년 안팎의 학습 기간과 많은 임상경험이 필요하다고 생각한다. 그러나 나 자신을 제대로 이해하기 위한 셀프 코칭의 도구로 사용하려 한다면 몇 년씩이나 공부할 필요는 없다. 내가 말하는 것은 자기 자신의 사주를 보고, 자기 사주의 특징을 이해하며 자신을 객관화시킬 수 있는 정도의 수준이다. 그리고 명리 상담가를 찾아갔을 때 자신의 궁금증을 구체적으로 물어볼 수 있을 정도를 의미한다. 명리 상담으로 돈을 벌려고 하는 게 아니라면 일반인들은 그 정도 수준이면 충분할 것이다.

이번 장에서는 이러한 목적에 맞게 명리의 기본을 배운다. 다음의 순서대로 차근차근 배워보도록 하자.

1. 음양오행이란 무엇인가: 동양사상 및 명리학의 근본인 음양오행 사상을 소개
2. 천간과 지지란 무엇인가: 사상 수준의 음양오행을 분석 가능한 수준으로 구체화한 천간과 지지의 개념 제시
3. 내 사주팔자는 무엇인가: 생년월일시를 천간, 지지로 바꾸는 방법 소개
4. 합과 충이란 무엇인가: 삶의 안정과 변화의 역동성의 근원 설명
5. 십신이란 무엇인가: 내 주변과의 관계 설정에 대한 핵심 개념을 제시
6. 용신이란 무엇인가: 길한 운, 흉한 운에 대한 이해

음양오행이란 무엇인가

명리학을 비롯한 동양철학의 기본은 '태초의 기운은 음陰과 양陽으로 나뉘어 만물을 구성한다'는 것이다. 그런데 음양陰陽의 기운이 실제 세상에 구현되는 과정에서 다섯 가지의 기본 요소로 표현되었다고 가정한다. 물水, 불火, 나무木, 쇠金, 흙土이 바로 그것인데, 이 다섯 가지를 일컬어 '오행'五行이라고 한다. 쇠와 물은 차가운 음陰에서 나왔고, 나무와 불은 따뜻한 양陽에서 나왔다고 본다. 흙은 중용中庸을 지키는 자리로 간주한다. 고대 그리스 철학자들은 물, 불, 흙, 공기의 4원소설을 주장한 바 있는데, 이 4원소설의 동양 버전이라고 보면 된다. 이러한 배경을 가지고 있는 음양오행은 명리학과 대체 무슨 관계가 있을까?

태어나는 순간 삶의 기본 방향이 정해진다

명리학에서는 사람의 출생 정보, 즉 생년월일시를 매우 중요시한다. 사람은 처음 엄마 뱃속에서 나오며 울음을 터뜨리는 순간, 그 시점의 기氣를 받게 되고 그 기운으로 평생을 살아가게 된다고 보기 때문이다. 즉 출생 시점의 연, 월, 일, 시별로 불변하는 오행의 기운이 부여되는데, 타고나는 이 오행의 기운이 매순간 살아가면서 만나는 오행의 기운과 교류하면서 인생의 길흉화복에 영향을 준다고 보는 것이다.

태어난 연, 월, 일, 시별로 천간에서 한 글자, 지지에서 한 글자씩을 가져와서 표현한다. 2017년은 정유丁酉년이다. 천간에서 정丁, 지지에서 유酉를 가져온 것이다. 이와 같은 방식으로 월, 일, 시도 각각 두 글자로 표현한다. 그리고 천간과 지지의 글자들은 각각 오행(물, 불, 나무, 쇠, 흙) 중 한 기운을 대표한다. 특정 시점에 태어난 사람은 그 시점에 해당하는 오행과 관련된 여덟 개의 글자를 나만의 오행 데이터로 평생 가지고 살아가게 되는 것이다.

앞에서 말했듯이 연, 월, 일, 시 정보를 천간, 지지를 이용해 각각 두 글자로 표현할 때는 통상 세로로 적는다. 이를 네 개의 기둥, 즉 '사주' 四柱라고 하고 전체가 여덟 글자라는 의미에서 '팔자' 八字라고 한다. 즉 사람마다 태어나는 순간 부여받는 고유한 네 개의 기둥, 여덟 개의 글자를 일컬어 '사주팔자'라고 말한다.

	시	일	월	연
천간	丙	壬	甲	戊
지지	午	辰	寅	戌

위의 사주는 2018년 3월 1일(양력) 낮 12시 30분에 태어나는 경우를 가정하여 표로 변환시킨 것이다. 대부분의 명리학자는 오른쪽부터 왼쪽 순서로 연, 월, 일, 시를 기입한다.

명리에서 태어난 날, 즉 일日의 천간은 자기 자신을 의미하며, 이를 '일간'日干이라고 한다. 위의 사례에서는 '임'壬이라는 글자가 자기 자신을 의미한다. 그리고 일의 천간을 둘러싼 나머지 일곱 글자를 자신이 처한 기본 환경 및 가족관계라고 본다. 이와 같이 출생 시점의 정보를 음양오행 기반의 여덟 글자로 바꾸면 과거와 현재, 미래를 명리 관점에서 논할 준비가 된 것이다.

음양오행은 봄, 여름, 가을, 겨울의 계절적 개념과도 연관이 있다. 자연의 흐름을 보면 겨울 동안 잠자던 씨앗이 땅을 뚫고 나와 생명이 태동하는 시기를 봄으로 보고, 오행 중 유일한 생물인 나무木를 봄에 비유한다. 여름은 풀과 꽃이 만개하는 등 생명 활동이 활발해지는 시기이므로 불火에 비유한다. 가을은 서서히 더위가 가시고 벼를 거두는 시기로 서늘한 가을의 기운은 쇠金에 비유한다. 곡식을 거둘 때 사용하는 금속성 도구 때문이라고 이해해도 좋을 듯하다. 겨울은 모든 생물이 움츠리며 땅속으로 돌아가 다음 봄을 준비하는 시기로 생명의 근원인 물水에 비유한다. 흙土은 생명의 전반적인 변화가 일어나는 토대로, 각 계절 모두 일정 부분 흙의 속성을 가지고 있다고 본다.

또 봄과 여름은 발산하는 기운을 지녔다 하여 양陽으로 보고, 가을과 겨울은 거둬들이는 기운을 지녔다 하여 음陰으로 본다. 그리고 봄과 여름에 상응하는 나무와 불을 양陽으로, 가을과 겨울에 상응하는 쇠와 물을 음陰으로 간주한다. 흙 자체는 음양의 성질 모두를 가지고 있다고 본다.

│ 음양오행과 계절

오행	나무(목木)	불(화火)	쇠(금金)	물(수水)	흙(토土)
음양	양	양	음	음	공통
계절	봄	여름	가을	겨울	공통

오행 다섯 글자들의 관계

오행을 이루는 다섯 글자는 서로가 서로를 돕거나 제어하는 관계에 있다. 우선 돕는 관계를 보자.

나무는 물을 주면 자란다. 물이 나무를 돕는 것인데(수생목水生木), 이를 '물이 나무를 생生한다'고 표현한다. 나무가 타면 불이 커진다. 나무가 불을 돕는 것이다(목생화木生火). 불은 토양을 따뜻하게 해 씨를 뿌렸을 때 생명이 자라게 한다. 흙이 너무 차가우면 씨앗이 자라지 않는다. 따라서 불은 흙을 돕는다(화생토火生土). 흙이 굳어지면 단단한 바위가 되고, 바위는 광물로써 쇠붙이의 원석에 해당한다. 즉, 흙은 쇠를 돕는다(토생금土生金). 산꼭대기의 바위에서 한 방울의 물이 내려오고, 이것이 강과 바다를 이룬다. 광물이자 원석인 바위가 수원지水源地인 셈이다. 따라서 쇠는 물을 돕는다(금생수金生水).

　반면, 서로 제어하는 관계도 있다. 물은 불을 끄고 제어한다(수극화水剋火). 이를 '물이 불을 극剋한다'고 표현한다. 불은 금속을 녹인다. 불이 쇠를 제어하는 것이다(화극금火剋金). 쇠는 나무를 벤다. 쇠가 나무를 제어하는 것이다(금극목金剋木). 나무의 뿌리는 땅을 뚫고 내려가 자리를 잡는다. 말뚝을 땅에 박는 형상을 떠올려도 좋다. 나무가 흙을 제어하는 것이다(목극토木剋土). 흙은 제방이 되어 물이 흘러가는

| 상생상극 관계

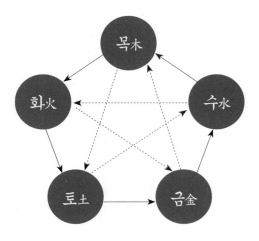

──▶ : 생生   ┈┈▶ : 극剋

것을 막을 수 있다. 흙이 물을 제어하는 것이다(토극수土剋水).

이들은 서로 돕거나 제어한다고 하여 '상생상극相生相剋의 관계'라고 한다. 앞에서 출생 정보가 음양오행을 기반으로 하는 여덟 글자로 표현되고, 이 중 태어난 날의 천간은 자기 자신을 뜻한다고 했다. 나를 뜻하는 글자와 타인을 뜻하는 글자 간에도 상생상극의 관계가 있으니 이것이 바로 인생사 희로애락의 원천이 된다.

가령 나는 물로 태어났는데 회사의 직속상사가 흙이라고 하자. 적당한 흙은 제방이 되어 나를 잘 제어해 주니 나의 상사복은 좋다고 볼 수 있다. 그런데 사주팔자 여덟 글자에서 나 자신도 물인데, 주변의 글자도 물이 많고 흙은 한 글자밖에 없다면 나 스스로가 상사에게 승복하지 않는 성격이 된다. 이럴 때는 능력은 있으되 윗사람에게 인정받지 못하는 경우가 되기 쉽다.

천간과 지지란 무엇인가

이제 오행을 논할 때 나무, 불, 흙, 쇠, 물이라고 하지 않고 바로 목, 화, 토, 금, 수라고 하겠다. 그런데 목, 화가 양의 기운, 금, 수가 음의 기운, 토는 음과 양을 모두 가지고 있다고 했는데 목도 양의 목, 음의 목으로 더 섬세하게 나눌 수 있고 나머지 오행들도 그러하다. 대자연의 모습을 관찰해 보면 이렇게 섬세하게 분류하는 이유를 이해할 수 있다.

가령 같은 나무라도 소나무 같은 강한 나무가 있는 반면(양중양陽中陽), 부드러운 풀이나 유연한 등나무 같은 나무도 있다(양중음陽中陰). 이들은 나무가 가지고 있는 양陽의 본질은 같지만 실제 자연 속에서 살아가는 모습은 크게 다르다. 태풍에 소나무는 꺾여도 풀은 드러누울 뿐 죽지 않는다. 불도 하늘의 태양과 집안에 켜는 등불이 다르며,

바다와 강물은 새벽의 이슬과 다르다. 드넓은 몽골의 평원과 농촌의 논밭이 다르고, 가공하기 전의 원석과 세공을 거친 보석이 다르다.

또 오행은 하늘에 있는 오행과 땅에 있는 오행으로도 나뉜다. 하늘의 오행은 '천간'이라고 하며, 이는 정신세계를 나타낸다. 땅의 오행은 '지지'라고 하며, 현실세계를 표현한다. 이는 우리의 내적 상황과 외적 상황을 더 잘 묘사하기 위한 분류이다.

천간과 지지의 의미

천간은 '갑·을·병·정·무·기·경·신·임·계' 열 개로 이루어져 있다. 천간에서는 목木을 양의 목, 음의 목으로 나누고 이를 각각 '갑'甲, '을'乙이라고 한다. 화火 또한 양의 화, 음의 화로 나누고 이를 각각 '병'丙, '정'丁이라고 한다. 토土를 양의 토, 음의 토로 나누고 이를 각각 '무'戊, '기'己라고 한다. 금金을 양의 금, 음의 금으로 나누고 이를 각각 '경'庚, '신'辛이라고 한다. 수水를 양의 수, 음의 수로 나누고 이를 각각 '임'壬, '계'癸라고 한다.

| 천간의 분류

오행	목木		화火		토土		금金		수水	
음양	양	음	양	음	양	음	양	음	양	음
천간	갑甲	을乙	병丙	정丁	무戊	기己	경庚	신辛	임壬	계癸

2017
비즈니스북스 도서목록

비즈니스북스 서울시 마포구 월드컵북로6길 3 이노베이스빌딩 7층 | 전화 (02)338-9449 | 팩스 (02)338-6543

제4차 산업혁명 시대의 필독서!

"미래, 무엇이 오며
어떻게 대비할 것인가?"

**모든 경계와 한계가 사라지는
새로운 시대를 준비하라!**

인간과 똑같아지는 인공지능 로봇, 자율주행
차와 유전자 편집기술… 이미 우리 곁에 와 있
는 미래, 당신은 얼마나 준비되어 있는가? 밀
레니엄 프로젝트 한국 대표이자 글로벌 미래
학자로 활동하는 박영숙 교수가 기술의 진보
가 가져올 미래 사회 모습과 일자리에 관한 청
사진을 공개한다.

세계미래보고서 2055
박영숙, 제롬 글렌 지음 | 값 16,000원

일자리 혁명 2030
박영숙, 제롬 글렌 지음 | 값 15,000원

구글의 미래
토마스 슐츠 지음 | 이덕임 옮김 | 값 15,000원

구글이 꿈을 꾸면 현실이 된다!
래리 페이지가 유일하게 인정했던 구글의 출입기자인 에릭 슈미트, 세르
게이 브린 등 구글 관계자 40여 명과의 인터뷰, 5년에 걸친 실리콘밸리 취
재 끝에 완벽히 그려낸 구글의 미래 전략이 최초로 공개된다.

볼드
피터 디아만디스, 스티븐 코틀러 지음 | 이지연 옮김 | 값 16,800원

지난 100년은 잊어라, 앞으로 10년은 전혀 다른 세상이 펼쳐진다!
점진적 발전이 이루어지던 시대는 끝났다! 당신은 '기하급수 시대'와 마주
할 준비가 되었는가? 실리콘밸리를 좌지우지하는 남자, 엑스프라이즈 재
단의 설립자 피터 디아만디스가 말하는 블루오션을 창출하는 '대담한 생
각'에 관한 모든 것!

관계에 서툴고 쉽게 상처받는 사람들을 위한 심리 처방

"이 책을 읽은 그날 샤워실에서 대성통곡했다!"

타인의 말 한마디에 마음이 들썩이며 하루에도 열두 번씩 기분이 바뀌는 당신에게

사소한 일에도 매번 고민하고, 타인의 말에 휘둘리며, 열심히 노력하지만 항상 불안하다면, 문제는 진짜 당신의 모습을 모르기 때문이다! 따뜻하면서도 단호한 시선으로 30만 중국 독자의 마음을 보듬어 준 저자가 타인에 휘둘리지 않고 온전히 나다운 모습으로 행복해지는 방법을 들려준다.

나는 왜 작은 일에도 상처받을까

다장쥔궈 지음 | 오수현 옮김 | 값 14,500원

아침 5시의 기적

제프 샌더스 지음 | 박은지 옮김 | 값 13,000원

미셸 오바마부터 팀 쿡까지, 그들의 성공을 만든 아침 기상의 놀라운 힘
혹시 오늘도 정신없는 아침을 보내지 않았는가? 무심코 흘려보낸 아침 시간이 인생을 바꾼다! 미국의 아침을 바꿨다고 평가받는 화제의 팟캐스트 'The 5 AM Miracle'을 책으로 만난다. 수만 명이 동참하고 추천한 아침 기상을 위한 7단계 액션 플랜이 담겨 있다.

인생에 가장 중요한 7인을 만나라

리웨이원 지음 | 허유영 옮김 | 값 15,000원

살아가는 데 꼭 필요한 사람을 만나는 지혜
저자는 '사람 부자'가 되는 것보다 더 중요한 것이 바로 자신에게 꼭 필요한 사람을 아는 일이라고 말한다. 그는 누구에게나 좋은 사람이 되기보다는 자신에게 정말로 도움이 되는 사람을 찾아 시간과 노력을 집중하라고 강조한다.

지지는 '자·축·인·묘·진·사·오·미·신·유·술·해' 열두 개로 이루어져 있다. 지지에서는 목을 양의 목, 음의 목으로 나누고 각각 '인'寅, '묘'卯라고 한다. 화를 양의 화, 음의 화로 나누고 각각 '사'巳, '오'午라고 한다. 토의 경우는 양의 토를 '진'辰과 '술'戌 두 개로, 음의 토를 '미'未와 '축'丑 두 개로 나눈다. 금을 양의 금, 음의 금으로 나누고 각각 '신'申, '유'酉라고 한다. 수를 양의 수, 음의 수로 나누고 각각 '해'亥, '자'子라고 한다.

▌지지의 분류

오행	목木		토土	화火		토土	금金		토土	수水		토土
음양	양	음	양	양	음	음	양	음	양	양	음	음
양력	2월	3월	4월	5월	6월	7월	8월	9월	10월	11월	12월	1월
지지	인寅	묘卯	진辰	사巳	오午	미未	신申	유酉	술戌	해亥	자子	축丑

주. 인寅월은 음력으로 1월로, 기존 명리 서적에서는 모든 월을 음력으로 표기한 경우도 많다. 이 책에서는 독자의 편의를 위해 양력으로 표기했다. 정확한 월의 시작은 매월 1일이 아니라 24절기 기준으로 변화가 되는 시점이다. 인월은 양력 2월 초에서 3월 초 사이, 묘卯월은 양력 3월 초에서 4월 초 사이로 이해하면 큰 무리가 없다.

그런데 토의 지지는 왜 네 개일까? 원래 오행을 각각 음과 양으로 나누면 열 개가 되어야 한다. 천간은 열 개로 딱 맞는다. 그런데 지지는 우리의 현실세계를 다루는 분야이다. 현실세계는 1년이 열두 달이고, 하루가 열두 개의 시時로 이루어져 있다(두 시간을 한 단위로 보아 열두 개의 시이다). 그래서 목에 해당하는 인寅과 묘卯, 화에 해당하는 사巳와 오午, 금에 해당하는 신申과 유酉, 수에 해당하는 해亥와 자子 다음에 토를 각각 한 개씩 배치해 열두 개가 되게 했다고 이해하면 된다. 그리고 하루 스물네 시간을 두 시간씩 나눠서 지지로 분류하면 다음 과 같다.

∣ 출생 시간과 지지별 시간

출생 시간	지지별 시간
오후 11시 30분 ~ 오전 1시 30분	자子시
오전 1시 30분 ~ 오전 3시 30분	축丑시
오전 3시 30분 ~ 오전 5시 30분	인寅시
오전 5시 30분 ~ 오전 7시 30분	묘卯시
오전 7시 30분 ~ 오전 9시 30분	진辰시
오전 9시 30분 ~ 오전 11시 30분	사巳시
오전 11시 30분 ~ 오후 1시 30분	오午시
오후 1시 30분 ~ 오후 3시 30분	미未시
오후 3시 30분 ~ 오후 5시 30분	신申시
오후 5시 30분 ~ 오후 7시 30분	유酉시
오후 7시 30분 ~ 오후 9시 30분	술戌시
오후 9시 30분 ~ 오후 11시 30분	해亥시

주1. 원래 자시의 시작은 밤 11시~1시이다. 우리가 정오正午라고 부르는 낮 12시를 포함하는 오午 시도 원래 오전 11시~오후 1시이다. 그런데 현재 우리나라 시간은 일본 동경의 시간을 표준시로 사용하는데 실제 우리나라 시간과 일본 동경시는 약 30분 정도 차이가 나므로 30분을 보정하여 사용한다.

주2. 해외에서 태어난 사람은 현지 시간 기준으로 사주를 작성한다.

주3. 썸머타임 기간에 태어난 사람은 출생 시간을 한 시간 앞당겨야 한다.

주4. 1954년 3월 21일~1961년 8월 9일은 동경시를 사용하지 않고 우리나라의 시간을 표준으로 사용했기에 이 기간에 출생한 사람은 오후 11시~오전 1시를 자시, 오전 1시~오전 3시를 축시 등 과 같이 산정한다.

앞서 오행을 천간과 지지로 표현하고, 내가 태어난 생년월일시를
사주팔자로 바꿀 때 이 천간과 지지를 기본으로 한다고 했다. 자세한
변환법은 이어지는 〈내 사주팔자는 무엇인가〉에서 설명하기로 하고,
천간을 좀 더 알아보기 전에 앞에 나왔던 사례를 다시 한 번 보도록
하자.

▌ 2018년 3월 1일 낮 12시 30분생 사주 예시

	시	일	월	연
천간	丙	壬	甲	戊
지지	午	辰	寅	戌

앞서 설명했듯이 위의 여덟 글자 중 태어난 날의 천간에 해당하는
글자는 나 자신을 뜻한다. 이를 '일간'이라고 한다. 나머지 일곱 글자
는 내 주변의 가족, 동료 등 나의 인적 환경이자 돈, 관운 등 물적 환경
이다.

사례에서는 양의 수인 임壬이라는 글자가 자기 자신을 의미한다.
임壬은 바다나 강 같은 큰 물을 의미하는데, 이러한 나의 본질이 나머
지 일곱 글자와 조화를 잘 이루면 좋은 팔자를 타고났다고 하고 그렇
지 않으면 팔자에 아쉬운 점이 있다고 본다.

하늘의 기운이자 정신세계, 천간

천간에 대해 이해할 때 가장 중요한 것은 각 글자의 속성이다. 천간 글자의 속성은 지지의 동일한 의미에 해당하는 글자의 속성을 이해하는 기본이 된다. 또한 태어난 날의 천간인 일간의 경우 나의 기본 성격을 나타내는 글자이다.

목의 양과 음, 갑을

갑甲은 양의 목으로 소나무를 뜻한다. 소나무처럼 크고 쭉 뻗은 형상은 리더십을 뜻하며 자존심, 자부심이 강하다는 것을 의미한다. 강한 만큼 융통성이 적고, 꺾이면 부러질 수도 있다. 여름에 태어난 소나무에 해당하는 사람이라면 불이라는 꽃을 피우는 것이 본분이기에 외향적인 일에 잘 맞고, 겨울에 태어난 소나무에 해당하는 사람이라면 도끼로 베어져서 궁궐의 대들보가 되는 것이 본분이므로 조직에서 중요한 역할을 할 수 있는 잠재력이 있다. 간혹 자존심을 내세우다

손해를 보는 일도 있다. 내가 갑인데 사주에 갑이 여러 개 있으면 리더십이 강하다는 장점과 자존심이 너무 강하다는 단점이 공존한다.

을乙은 음의 목으로 넝쿨, 풀 등 부드러운 초목을 뜻한다. 강하지 않은 대신 쓰러지지 않는 유연함이 을의 핵심이다. 을로 태어난 사람은 보기보다 끈기가 강하다. 폭탄이 터질 경우 소나무는 꺾여도 풀은 다시 일어난다. 갑인 사람과 다투면 승부가 빨리 나지만 을인 사람과 다투면 생각보다 싸움이 오래가는 경우가 많은 것도 이런 이유에서다. 갑 생활을 오래하다가 퇴사한 사람과 평생 을로 살아온 사람 중 누가 개인 차원의 경쟁력이 더 높은지 비교해보면 쉽게 이해가 갈 것이다. 혹시 사주에 을이 여러 개 있는 사람을 만날 경우, 겉으로 보이는 특유의 친절함과 유연함이 을의 전부라고 생각하면 오산이다. 넝쿨이 여러 개 얽혀 있으면 웬만한 도끼로도 끊기 어렵다.

화의 양과 음, 병정

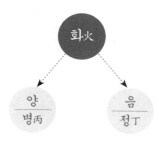

병丙은 양의 화로 태양을 의미한다. 손으로 만질 수는 없지만 그 에

너지로 만물이 살아가니 너그러운 존재이다. 그러나 높은 하늘에 있으니 이상이 높고 원리원칙을 중시하는 성격도 있다. 병이 사주에 여러 개 있으면 이상주의적 성향이 너무 강해져 종교적 특색을 띠기도 한다. 본인도 병이고 사주의 나머지 글자에도 병이 두 개 더 있는 대기업 고위직 임원을 상담한 적이 있다. 그는 기업에 몸담지 않았다면 종교인이나 철학 교수가 되고 싶었다고 했다. 실제로 사람들을 판단할 때도 능력보다 사람의 진실성을 먼저 보는 분이었는데, 태양을 세 개 가지고 있는 사주답게 매우 순수한 분이었다.

정丁은 음의 화로 화롯불, 촛불 같은 불이다. 태양처럼 강렬하지는 않으나 밤을 밝혀주는 불이자 실제 지상에서 무언가를 태우는 불이니 매우 현실성이 강하고 유용한 능력을 가진 사람인 경우가 많다. 화술도 좋다. 그러나 화가 나면 주변을 불태우는 무서움도 있다. 그래서 병이 화를 낼 때보다 정이 화를 낼 때 더 조심해야 한다. 그럴 때는 일단 자리를 피하고 보는 것이 상책이다.

토의 양과 음, 무기

무戊는 양의 토로 큰 벌판, 큰 산과 같은 기운이다. 큰 대지이니 믿음과 신용을 중시하고 포용력이 강한 경우가 많으나 주변 사주 구성에 따라 속마음을 쉽게 알기 어려운 경우도 있다. 넓고 깊은 흙 속에 무엇이 있는지는 파 보기 전에는 모르는 것이다.

기己는 음의 토로 문전옥답이다. 씨를 뿌려 곡식과 초목을 기를 수 있는 기름진 토양으로, 실용적인 마인드와 희생정신도 강하다. 단, 고집이 센 경우도 있고 때로는 무戊처럼 속을 알 수 없는 경우도 있다. 그런데 기己는 너무 추운 계절에 태어나면 논밭으로서의 본질적인 역할을 할 수 없다. 이런 경우 온기가 있는 불 기운을 가진 사람을 반긴다. 너무 더운 계절에 태어난 기己에 해당하는 사람도 논밭의 기능을 하기 어려우니 적절한 수준의 습기를 공급해 줄 수 있는 물 기운을 가진 사람과 교류할 필요가 있다.

금의 양과 음, 경신

경庚은 양의 금으로, 가공되기 전의 원석이자 바위이다. 물의 수원

지로서의 의미도 있다. 바위처럼 흔들림 없고 근면 성실해 남에게 도움이 되는 특징이 있으나 권모술수에 능하지 않아 조직 내 정치 싸움에서 손해를 보는 경우도 있다. 사업을 하다가 사기를 당하는 경우도 있다. 경으로 태어났는데 그 주변도 금 기운이 매우 강하면 사람은 착한데 가끔씩 크게 화를 내기도 한다. 잘나가다가 홧김에 일을 그르치지 않도록 하는 것이 중요하다.

신辛은 음의 금으로, 가공된 보석이나 칼을 뜻한다. 빛나는 아름다움과 날카로움을 모두 갖춘 성격이라고 볼 수 있다. 남자의 경우 예민하고, 여자의 경우 공주 대접을 해주면 좋아하는 경우가 많다. 남녀 공히 신辛으로 태어난 상사나 동료를 만나면 적당한 수준의 칭찬은 좋은 관계를 유지하기 위한 필수 조건이다.

수의 양과 음, 임계

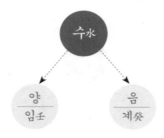

임壬은 양의 수로, 바다와 강과 같은 큰 물이다. 큰 물은 흘러야 직성이 풀리므로, 한 가지 고정된 일을 할 때보다 다양한 업무 환경에

놓이게 될 때 행복감을 더 느낀다. 적당한 통제는 둑이 물을 관리하는 것처럼 자연스럽지만 간섭이 심해지면 참지 않는다. 임壬으로 태어난 사람의 사주에 수의 기운이 너무 강하면 인물은 뛰어나도 결혼이 늦어질 수 있고, 사람이 착하더라도 배우자와의 결혼생활이 원만하지 않을 수도 있다. 큰 물줄기처럼 타협을 하지 않고 자기의 길을 가는 성향이 있기 때문이다. 사회생활을 할 때는 학습된 태도로 본심을 관리하지만 자신을 온전히 보여주게 되는 결혼생활에서는 그렇지 않기 때문이다.

계癸는 음의 수로, 이슬, 빗물, 시냇물과 같다. 지혜의 상징이자 순수의 결정체이다. 좋은 머리를 활용해 성공할 수 있는 잠재력이 크다. 반면 마음이 여린 경향이 있다. 남녀 공히 섬세한 마음의 소유자인지라 단둘이 있을 때 정서적인 공감을 표현해 주면 친해지기 쉽다. 반면 섣불리 논리적으로 조언하는 것은 금물이다. 머리가 워낙 좋기 때문이다. 그런데 계癸가 아무리 음의 수라 해도 주변에 임壬이 있거나 계癸가 여럿 있으면 물의 크기가 커져서 마치 양의 수인 임壬과 같은 속성을 띠게 되니 이 점에 유의해야 한다.

땅의 기운이자 현실세계, 지지

자, 축, 인, 묘, 진, 사, 오, 미, 신, 유, 술, 해로 구성된 지지도 목, 화, 토, 금, 수 오행을 양과 음의 기운으로 나눈 것이다. 천간이 하늘의 기운이자 정신세계라면 지지는 땅의 기운이자 현실세계이다. 현실세계는 1년이 12개월이다. 앞에서 얘기했듯이 봄, 여름, 가을, 겨울 사계절은 각각 목, 화, 금, 수를 뜻한다. 봄은 양의 목과 음의 목, 여름은 양의 화와 음의 화, 가을은 양의 금과 음의 금, 겨울은 양의 수와 음의 수를 표현한다. 그리고 각 계절의 끝에 토의 기운을 넣어 열두 개의 지지를 완성한다.

성격적인 요인으로는 인寅은 양의 목이니 천간 중 갑甲의 성격을, 묘卯는 음의 목이니 천간 중 을乙의 성격을 참조하면 된다. 마찬가지로 사巳는 병丙을, 오午는 정丁을, 신申은 경庚을, 유酉는 신辛을, 해亥는 임壬을, 자子는 계癸를 참조하면 된다.

단, 토土에 해당하는 글자들은 설명이 조금 더 필요하다. 진辰은 봄의 흙으로 나무를 자라게 하니 꿈이 크고 진취적이며 남을 돕기를 좋아한다. 미未는 여름의 흙인지라 열기가 숨겨져 있어서 평소에는 중심을 잡고 있다가도 폭발하는 성질이 있다. 술戌은 가을의 흙이니 만물을 거두는 성실함이 있다. 축丑은 겨울의 흙으로 씨앗을 품고 봄을 기다리니 내성적이고 침착한 면이 있다.

한 개인의 성격은 일간뿐 아니라 나머지 일곱 글자로부터도 영향을 받으므로 복합적으로 해석해야 한다.

내 사주팔자는 무엇인가

명리학에서는 타고난 생년월일시를 천간, 지지의 여덟 글자로 바꾸고 그 글자들이 의미하는 바를 해석함으로써 운명을 해석한다. 그런데 어떻게 나의 생년월일시를 여덟 글자로 바꿀 수 있을까? 원래는 《만세력》萬歲曆이라는 책에서 자신의 출생 정보에 부합하는 부분을 찾아서 변환하면 된다. 그런데 요즘은 IT 기술이 발달해서 특별한 지식 없이도 쉽게 팔자를 뽑아 볼 수가 있다. 인터넷 포털 사이트나 모바일 기기의 앱스토어 등에서 '만세력'을 검색하면 되는데, 본인의 생년월일시를 입력하고 양력인지 음력인지 선택한 후 성별까지 입력하면 된다.

다음은 2018년 양력 4월 1일, 오후 2시 30분에 태어난 여성의 출생 정보를 사주로 변환해 보았다.

	시	일	월	연
천간	己	癸	乙	戊
지지	未	亥	卯	戌
지장간	丁 乙 己	戊 甲 壬	甲 乙	辛 丁 戊

대운: 9대운						
69	59	49	39	29	19	9
戊	己	庚	辛	壬	癸	甲
申	酉	戌	亥	子	丑	寅
세운						
2025	2024	2023	2022	2021	2020	2019
乙	甲	癸	壬	辛	庚	己
巳	辰	卯	寅	丑	子	亥

　여기서 중요한 것은 일간, 즉 태어난 날의 천간에 해당되는 글자가 나를 뜻한다는 것이다. 그리고 나머지 글자들은 나를 둘러싼 인적·물적 환경이다. 사주에는 많은 정보들도 나오지만 여기서는 지장간地藏干, 대운, 세운歲運에 대해 좀 더 알아보려고 한다.

지장간이란 무엇인가

천간이 정신세계, 지지가 현실세계라면 지장간은 지지 아래에서 현실세계를 더욱 세밀하게 조율하는 추가 정보라고 볼 수 있다. 지장간의 '장'藏은 '감출 장' 자로, 지장간은 '지지 안에 감춰져 있는 천간'이라는 뜻이다.

| 지장간 표

지지	子	丑	寅	卯	辰	巳	午	未	申	酉	戌	亥
지장간	壬 癸	癸 辛 己	戊 丙 甲	甲 乙	乙 癸 戊	戊 庚 丙	丙 己 丁	丁 乙 己	戊 壬 庚	庚 辛	辛 丁 戊	戊 甲 壬

고급 해석에서는 이 지장간의 변화를 통해 상담의 정밀도를 높이는 경우가 많은데, 이 책에서는 깊게 다루지 않고 몇 가지 핵심적인 사안만 소개하도록 하겠다.

첫째, 천간과 동일한 글자가 지장간 어딘가에 있으면 천간의 글자는 뿌리를 갖게 되어 힘을 받게 된다. 천간의 다른 위치에 같은 글자가 있을 때보다 지장간에 같은 글자가 있으면 하부 구조를 받쳐주는 형태가 되어 힘이 더 커지게 된다.

둘째, 일지日支에 해당하는 지장간은 나의 속마음을 뜻한다. 앞서 태어난 날의 천간인 일간이 나를 나타내는 글자라고 했다. 그러니 내가 바로 아래에 깔고 있는 지지, 즉 일지는 나의 생활환경을 나타내며, 그런 일지 속의 지장간은 나의 속마음을 나타내는 것이다.

앞의 사주에서 일간은 음의 수인 계癸이다. 그런데 일지인 해亥의 지장간 내에 무戊, 갑甲, 임壬이 있다. 양의 토, 양의 목, 양의 수에 해당하는 속성이 내재되어 있는데, 특히 양의 수인 임壬이 내재되어 있다는 것은 계癸로 태어나 본래 마음이 섬세하지만 때로는 거침없는 강과 바다의 특성이 공존한다는 것을 의미한다.

셋째, 지장간 안의 글자는 운의 흐름에 따라 드러나는 경우가 있다. 가령 어떤 해가 임진壬辰년인데 지지의 지장간에 임壬에 해당하는 글자가 들어 있으면 그해에 임壬이라는 글자는 더욱 활성화된다. 숨어 있던 기운이 특정 시기에 친구가 오니 반갑게 맞아주는 것과 같은 이치이다. 이러한 반응은 일지의 지장간에서 특히 강하지만 다른 지지의 지장간에도 해당된다. 지장간의 속성은 이밖에도 많지만 여기서는 지장간이 미세한 분석을 하는 데 중요한 역할을 한다는 정도만 알고 지나가기로 한다.

대운과 세운이란 무엇인가

지장간은 간략하게 넘어가더라도 대운과 세운은 꼭 알아두어야 한다. 누군가는 대운을 크게 좋은 운세, 한마디로 대박운이라고도 하는데 전혀 그렇지 않다. 대운은 누구에게나 10년에 한 번은 돌아오는 운으로 '나의 사주팔자가 10년간 활동할 공간'을 의미한다. 이 글자는 사람마다 다르며, 그 10년 주기가 몇 살부터 시작되는지도 사람마다 다르다. 어떤 사람은 2세에 시작해서 12세, 22세, 32세… 식으로 10년마다 바뀌는데, 이를 '2대운'이라고 한다. 앞의 사례는 9대운으로, 9세에 시작해서 19세, 29세, 39세… 식으로 바뀐다.

대운 주기는 통상 만滿 나이로 본다. 앞 사례의 주인공은 2027년에 갑인甲寅 대운이 되고 이 기운을 10년간 사용하는 것이다.

아무리 사주 여덟 글자가 좋아도 대운 10년이 나쁘면 소용없다. 최고급 승용차 사주를 가지고 태어난 사람도 꽃길을 달리지 못하고 흙길을 달리는 형국이 되는 것이다. 반면 타고난 사주 여덟 글자가 다소 아쉽더라도 대운 10년이 매우 좋으면 그 기간에 무사 무탈하게 사는 경우도 많다. 이처럼 대운은 사주라는 자동차가 달리는 도로라고 생각하면 된다.

세운은 누구에게나 똑같은 매해의 기운으로, 그해의 길흉화복에 가장 많은 영향을 끼친다. '유년'流年이라고도 한다. 2017년이 정유丁酉년이고, 2018년이 무술戊戌년이라는 사실은 누구에게나 동일하다. 그러나 2017년에 정丁과 유酉라는 글자가, 2018년에 무戊와 술戌이라는 글자가 좋은지 나쁜지는 각자의 사주 구성에 따라 다르다. 단, 그해의 운이 좋아도 대운이 나쁘면 좋은 운이 반감되고, 그해의 운이 나빠도 대운이 좋으면 약간 힘들더라도 잘 넘어가기도 한다.

이처럼 명리학에서는 타고난 여덟 글자의 격格과 대운 및 세운의 조합으로 매 시기마다의 길흉화복과 관련된 기운이 형성된다고 본

다. 더불어 남자와 여자는 같은 날 태어나도 대운의 순서가 바뀌므로
'만세력'에서 꼭 성별을 정확히 확인해야 한다.

┃ 남성의 사주 예시

	시	일	월	연
천간	戊	壬	丙	辛
지지	申	戌	申	酉
지장간	戊 壬 庚	辛 丁 戊	戊 壬 庚	庚 辛

대운: 2대운						
62	52	42	32	22	12	2
己	庚	辛	壬	癸	甲	乙
丑	寅	卯	辰	巳	午	未
세운						
2023	2022	2021	2020	2019	2018	2017
癸	壬	辛	庚	己	戊	丁
卯	寅	丑	子	亥	戌	酉

　　위 사례의 주인공은 1981년생으로 양력 8월에 태어났는데, 24절
기로는 입추立秋가 지난 신申월에, 양의 수인 임壬의 사주로 태어났
다. 양의 금인 신申이 두 개, 음의 금인 신辛과 유酉가 각 한 개씩으로
금 기운이 총 네 개나 있다. 그리고 양의 화인 병丙이 한 개, 양의 토인

무戊와 술戌이 한 개씩 있다. 일간인 임壬과 다른 일곱 글자가 어떻게 조합을 이루어 운명을 만드는지는 뒤에 이어질 합合과 충沖, 십신十神, 용신用神에 대한 부분에서 다루기로 한다.

이 예시에서는 일간이 임壬인 사람이 만 나이 32세 때부터 시작된 임진壬辰 대운 환경에 살고 있다는 것을 알 수 있다. 즉, 현재 임壬이라는 양의 수 환경과 진辰이라는 양의 토 환경에서 살고 있는 것이다. 달리 말하면 사주의 여덟 글자는 정적靜的으로 존재하다가 10년 단위의 대운별로 어떤 방향으로 움직일지 정해지고, 구체적으로는 매년 세운이 개별 사안들을 촉발시킨다고 이해하면 된다.

2017년은 정유丁酉년으로 정丁이라는 음의 화, 유酉라는 음의 금이 임진 대운을 지나고 있는 신유辛酉년, 병신丙申월, 임술壬戌일, 무신戊申시의 주인공인 임壬에게 어떠한 내적 마음가짐과 외적 자극을 불러일으키는지를 분석하면서 당면 문제를 풀어가는 것이다.

참고로 이 사주의 주인공은 처자식이 있고 전문직에 종사하는 가장인데, 2017년 상반기에 이렇다 할 이유 없이 가출을 해 가족의 애를 태웠다. 이는 대운의 진辰이라는 글자, 세운의 정丁과 유酉라는 글자가 타고난 사주의 글자들과 상호작용을 통해 만들어낸 결과인데, 구체적인 이유는 합과 충, 십신, 용신 등을 공부해야 이해할 수 있다.

다음 이론으로 넘어가기 전에 각자의 생년월일시를 사주 여덟 글자로 바꿔 보면서 대운과 세운의 흐름까지 뽑아 보면 재미있을 것이다.

합과 충이란 무엇인가

자신의 사주 여덟 글자를 뽑아 놓고 나면 이제 해석을 하고 싶다는
욕구가 생기기 시작할 것이다. 언제 좋은 운이 들어오는지도 알고 싶
을 것이다. 이번 대운이 좋을지 나쁠지도 궁금할 것이다. 운의 길흉에
대해서는 이번 장의 마지막에 나오는 〈용신이란 무엇인가〉에서 체계
적으로 접근하도록 하고, 그 전에 사주 여덟 글자 자체의 역동성을 규
정하는 '합충'合沖에 대해 먼저 알아보자.

　합충이란, 천간과 지지에 해당하는 글자들끼리 서로 묶이거나 충
돌하는 것을 의미한다. 이 글자들은 내가 되기도 하고 남이 되기도 하
며, 출세운이 되기도 하고 돈복이 되기도 한다(무엇이 출세운이고 무엇이
돈복인지는 바로 뒤에 나오는 〈십신이란 무엇인가〉에서 다루도록 하겠다). 이 글자들
이 엮이고 부딪쳐서 좋은 운, 나쁜 운을 만들어낸다. 따라서 합과 충

을 이해하는 것은 길흉화복을 이해하기 위한 시작이자 마지막이다. 그렇다고 합과 충의 기본이 달리 있는 것은 아니다. 이미 앞에서 다룬 오행 간의 생生하고 극剋하는 관계에 모든 답이 있다. 우선 천간합天干合에 대해 살펴보자.

천간의 합과 충

천간합은 천간을 이루는 '갑·을·병·정·무·기·경·신·임·계' 열 글자가 서로 합쳐지고 구속하는 관계에서 발생한다. 더 정확하게는 서로 구속을 하려면 한쪽이 다른 한쪽을 제어할 힘이 있어야 한다. 즉, 상생상극 관계에서 상호 극하는 관계가 일단 성립되어야 한다. 그런데 여기서 '제어'한다는 것은 서로 투쟁적이라기보다 한쪽이 다른 한쪽을 받아들이는 관계라는 의미이기 때문에 '합'合이라고 부른다. 합이 되려면 두 글자의 음양이 서로 달라야 한다.

목은 토를 극하므로 '갑기합'甲己合이, 금은 목을 극하므로 '을경합'乙庚合이, 화는 금을 극하므로 '병신합'丙辛合이, 수는 화를 극하므로 '정임합'丁壬合이, 토는 수를 극하므로 '무계합'戊癸合이 성립된다. 눈치가 빠른 독자는 갑甲과 갑甲으로부터 다섯 칸 뒤에 있는 기己가 합을 이루고, 을乙과 을乙로부터 다섯 칸 뒤에 있는 경庚이 합을 이루고, 병丙, 정丁, 무戊 역시 다섯 칸 뒤에 있는 글자와 합을 이룬다는 것을 알 수 있을 것이다.

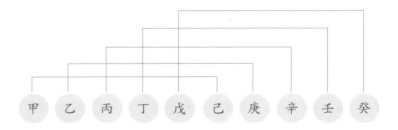

甲　乙　丙　丁　戊　己　庚　辛　壬　癸

반면 천간 열 글자 중 두 글자의 음양이 같은 상황에서 극하면 상호 충돌이 발생하는데, 이를 '천간충'天干沖이라고 한다. 천간충에는 금이 목을 극하여 충돌하는 '갑경충'甲庚沖과 '을신충'乙辛沖이 있고, 수가 화를 극하여 충돌하는 '병임충'丙壬沖과 '정계충'丁癸沖이 있다.

여기서도 역시 갑甲을 시작으로 여섯 칸 뒤에 있는 경庚과 충돌하고, 을乙 역시 여섯 칸 뒤에 있는 신辛과 충돌하며, 병丙, 정丁 역시 여섯 칸 뒤에 있는 천간과 충돌한다.

| 천간의 충

甲　乙　丙　丁　戊　己　庚　辛　壬　癸

천간합	갑기합甲己合, 을경합乙庚合, 병신합丙辛合, 정임합丁壬合, 무계합戊癸合
천간충	갑경충甲庚沖, 을신충乙辛沖, 병임충丙壬沖, 정계충丁癸沖

지지의 합과 충

지지합地支合은 열두 개 지지인 '자·축·인·묘·진·사·오·미·신·유·술·해' 사이의 합을 뜻하는데, 천간합과는 조금 다른 점이 있다. 천간합은 상호 극하는 관계에서 이루어지는데 지지합은 서로 돕는, 즉 생하는 관계와 극하는 관계 모두를 포함한다. 이것은 지지합의 대원칙이 가까운 글자끼리 합하는 것이기 때문이다. 따라서 반드시 극을 해야만 합하는 것은 아닌 경우가 생긴다.

지지합은 오午가 미未를 합하는 것으로 시작한다. 12지지의 중심에 있는 오午는 하루의 중간 지점인 정오를 나타낸다. 그래서 오午를 시작

┃ 지지의 합

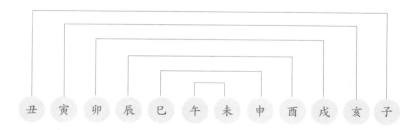

으로 주변 글자와 합해 나간다고 생각하면 이해하기 쉬울 것이다.

정리해 보면 지지의 두 글자끼리의 합은 수가 목을 생하는 '인해합'寅亥合, 목이 토를 극하는 '묘술합'卯戌合, 토가 금을 생하는 '진유합'辰酉合, 화가 금을 극하는 '사신합'巳申合, 화가 토를 생하는 '오미합'午未合, 토가 수를 극하는 '자축합'子丑合이 있고, 이를 '지지육합'地支六合이라고 부른다.

지지육합	인해합寅亥合, 묘술합卯戌合, 진유합辰酉合, 사신합巳申合, 오미합午未合, 자축합子丑合

지지충地支沖은 글자들 간의 충돌이니만큼 서로 극하거나 충돌하는 관계에서 일어난다. 수가 화를 충하는 '자오충'子午沖과 '사해충'巳亥沖, 금이 목을 충하는 '인신충'寅申沖과 '묘유충'卯酉沖, 흙과 흙이 만나면 땅이 흔들린다는 의미의 '축미충'丑未沖, '진술충'辰戌沖이 있고, 이를 '지지육충'地支六沖이라고 한다.

❙ 지지의 충

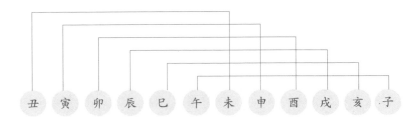

丑 寅 卯 辰 巳 午 未 申 酉 戌 亥 子

지지육충	자오충子午沖, 사해충巳亥沖, 인신충寅申沖, 묘유충卯酉沖, 축미충丑未沖, 진술충辰戌沖

또한 지지는 두 글자만 모여 합하는 것이 아니다. 세 글자가 모여서 강력한 오행을 만들어내기도 한다. 이런 경우를 '삼합'三合이라고 한다. 삼합의 원리는 12운성運星의 이론을 알아야 하는데, 우리가 다룰 이론의 범위를 넘어서기 때문에 여기서는 더 깊이 들어가지 않기로 한다. 다만 이론의 핵심은 모든 오행은 태어나生, 왕성하게 활동하며旺, 무덤에 들어가는墓 사이클을 겪게 된다는 것이다. 이를 각각 생지生地, 왕지旺地, 묘지墓地라고 하는데, 이 세 기운이 모여 하나의 큰 기운을 만드는 것을 삼합이라고 한다.

삼합에는 신자진申子辰 세 글자가 모여 강한 수水 기운을 만드는 경우, 해묘미亥卯未 세 글자가 모여 강한 목木 기운을 만드는 경우, 사유축巳酉丑 세 글자가 모여 강한 금金 기운을 만드는 경우, 인오술寅午戌 세 글자가 모여 강한 화火 기운을 만드는 경우가 있다.

통상 봄은 인寅·묘卯·진辰월로 목木 기운이 핵심이고, 여름은 사巳·오午·미未월로 화火 기운이 핵심이며, 가을은 신申·유酉·술戌월로 금金 기운이 핵심이고, 겨울은 해亥·자子·축丑월로 수水 기운이 핵심이다. 각 계절의 세 글자 중 가운데 있는 글자인 묘卯, 오午, 유酉, 자子를 각각 목, 화, 금, 수의 중심인 왕지로 삼는다. 12운성 이론에 따라 목의 생지와 묘지는 해亥와 미未이다. 따라서 목의 생지, 왕지, 묘지를 순서대로 합하면 해묘미亥卯未 삼합이 되며, 이는 목木으로 바뀐다. 같은 원리로 인오술寅午戌이 삼합이 되어 화火가 되고, 사유축巳酉丑이 삼합이 되어 금金이 되며, 신자진申子辰이 삼합이 되어 수水가 된다.

사주에 신자진 세 글자가 나란히 붙어서 존재하거나 세 글자 중 두 글자가 있는데 대운이나 세운에서 나머지 한 글자가 와서 신자진 세 글자로 삼합이 이루어지면 이를 강한 수水의 기운이라고 보면 된다. 다른 삼합도 마찬가지이다.

지지삼합	신자진申子辰, 해묘미亥卯未, 사유축巳酉丑, 인오술寅午戌

그런데 삼합 말고도 세 글자가 합을 이루는 게 하나 더 있다. 12지지에서 계절을 이야기할 때 봄은 인묘진寅卯辰월, 여름은 사오미巳午未월, 가을은 신유술申酉戌월, 겨울은 해자축亥子丑월로 계절을 3개월씩 묶어서 나누는데 이처럼 각 계절에 해당하는 세 글자끼리 이루어지는 합을 '계절합' 또는 '방합'方合이라고 한다. '방'方이라는 글자는 특정한 방향을 의미하는데 봄은 동쪽, 여름은 남쪽, 가을은 서쪽, 겨울은 북쪽을 뜻한다.

지지방합	인묘진寅卯辰, 사오미巳午未, 신유술申酉戌, 해자축亥子丑

사주에 인묘진寅卯辰 세 글자가 나란히 붙어 있으면 강한 목木의

기운이라고 보면 된다. 마찬가지로 사오미巳午未 세 글자가 모이면 강한 화火의 기운, 신유술申酉戌 세 글자가 모이면 강한 금金의 기운, 해자축亥子丑 세 글자가 모이면 강한 수水의 기운이라고 보면 된다.

합충이론으로 사주 이해하기

| 사주 예시

	시	일	월	연
천간	戊	壬	丙	辛
지지	申	戌	申	酉
지장간	戊 壬 庚	辛 丁 戊	戊 壬 庚	庚 辛

대운: 2대운						
62	52	42	32	22	12	2
己	庚	辛	壬	癸	甲	乙
丑	寅	卯	辰	巳	午	未
세운						
2023	2022	2021	2020	2019	2018	2017
癸	壬	辛	庚	己	戊	丁
卯	寅	丑	子	亥	戌	酉

앞에서 예로 든 사주를 합충 이론에 대입해 다시 보도록 하자.

이 사람(남성)의 지지를 보면 연의 지지(연지年支), 월의 지지(월지月支), 일의 지지(일지日支), 시의 지지(시지時支)에 각각 유酉, 신申, 술戌, 신申이 있다. 일단 연지, 월지, 일지에 있는 신申, 유酉, 술戌이 방합하여 강력한 금金 기운을 만든다. 게다가 시지 또한 양의 금인 신申이니 이 남성의 지지는 금으로 덮여 있는 형국이라 할 수 있다.

이 남성이 태어난 날의 천간(일간)은 양의 수인 임壬이다. 오행의 상생상극 관계에서 금생수金生水, 즉 금은 물을 돕는다고 하였다. 따라서 이 사주는 엄청난 금 기운이 물을 돕는 것으로 해석할 수 있다.

사주의 윗줄에 있는 천간을 보면 월의 천간(월간月干)과 연의 천간(연간年干)이 병신합丙辛合을 이루는 것을 알 수 있다. 보통 특정 기운이 너무 강하면 그 기운을 눌러주거나 그 기운을 방출시키는 것끼리 균형을 이룬다고 본다. 이 남성의 사주는 금 기운이 매우 강하다. 따라서 일간인 임壬(양의 수)으로 금생수金生水 하면서 그 기운을 방출시키고, 아울러 월간 병丙(양의 화)으로 화극금火剋金을 하고, 연간 신辛(음의 금)을 병신합으로 묶으면서 적극적으로 금을 억제하는 것이 이 사주의 특징이다.

그런데 이 사람은 현재 만 32세부터 10년간 유효한 임진壬辰 대운 기간에 있다. 대운의 천간 임壬은 월간 병丙을 만나면 부딪히게 된다(병임충丙壬沖). 이 기간 동안 양의 화인 병丙이 충돌하면서 금을 누르는 기능 및 병신합 기능이 약화된다. 금 기운이 임진 대운 기간 동안 일시적으로 상승하게 되는 것이다.

그리고 일지의 술戌이 대운에 있는 진辰을 만나면 진술충辰戌沖이 발생한다. 일지인 술戌은 주인공인 일간이 바로 아래 깔고 있는 지지이기 때문에 곧 나의 생활환경이자 나의 배우자를 뜻한다. 대운 10년이 지지와 충沖을 하고 있으면 이 기간에 직업적 환경 또는 배우자 관계가 불안정할 수 있다. 그러나 이 기간 동안 신유술申酉戌 방합이 이루어지는 것을 진술충으로 방해하는 점도 주목해야 한다. 삼합으로 금 기운이 무척 강해지는 것이 부담스러운 사주에서 진술충은 방합으로 강해진 금 기운을 누그러뜨리는 역할도 한다. 그러나 강력한 금의 세력을 타고났는데 이것을 깨는 것이니, 이 대운은 역시 혼란의 소지가 있다고 볼 수 있다.

정리하자면, 대운 10년 동안 진술충이 있음으로 해서 전반적으로 불안정한 환경에 있게 된다고 볼 수 있다. 그런데 2017년 정유丁酉년이 되면 유酉라는 글자가 대운의 진辰을 만나 대운과 세운이 진유합辰酉合을 한다. 합은 상대방의 기능을 묶는 힘이 있다. 세운의 유酉가 대운의 진辰을 잠시 작동 중지시키면 2017년에 한해서 진술충도 작동을 멈추게 된다. 2017년에 한해 신유술 방합이 강해져 금 기운이 세력을 크게 떨칠 수 있게 되는 것이다. 사주 여덟 글자에서 신유술이 강한 방합을 이루었는데, 대운이 그것을 일시적으로 약화시키고 다시 세운으로 일시적으로 강화시킴으로써 그 힘이 매우 강해진 사주이다. 마치 눌렸던 용수철이 튀어나오듯 참고 있던 금 기운이 터져 나오는 형국이다. 진유합이 오히려 안 좋은 작용을 한 것이다. (학자에 따라서는 대운 진辰과 세운 유酉가 합하는 것보다 세운 유酉와 사주의 지지에 있는 신申과

술戌이 방합하는 것이 금 기운을 강화시키는 요인이라고 분석하기도 한다. 신유술 방합
으로 인해 금 기운이 두 배로 강해지기 때문이다.)

실제로 이 사주의 주인공은 2017년 정유丁酉년에 복잡한 가정사로
머리가 아픈 상황이었다. 왜 그렇게 되었는지는 뒤에 이어지는 〈십신
이란 무엇인가〉, 〈용신이란 무엇인가〉까지 공부해야 알 수 있다.

합과 충이 가지는 의미

합과 충을 마무리하기 전에 기억해야 할 것이 있는데, 합이 꼭 좋고
충이 꼭 나쁜 것이 아니라는 점이다. 이 남성의 사주에서는 대운 진辰
과 세운 유酉가 진유합을 하는 바람에 눌려 있던 신유술 방합이 재점
화되어 가정사에 어려움을 겪게 되었다. 합 때문에 어려운 일이 생긴
것이다. 또한 대운 진辰과 일지 술戌이 진술충을 하면서 불안정해지
기도 했지만 동시에 신유술 방합을 약화시키는 순기능을 하기도 했
다. 따라서 사주를 분석할 때는 합과 충에 대한 선입견을 버리고 단지
어떠한 역동성을 보이는지에만 집중해야 한다.

'합'이라는 단어는 안정감을 가져오는 좋은 글자, '충'이라는 단어
는 불안정성을 뜻하는 나쁜 글자라고 생각하기 쉽다. 그러나 합과 충
의 본질을 음미해 보면 그렇게 단순하게 볼 일이 아니라는 것을 깨닫
게 된다. 글자들이 합하게 되면 해당 글자는 독립성을 잃게 되고 역동
성은 떨어진다. 그것을 '안정'이라는 다른 이름으로 부를 수 있다. 그

만큼 그 글자의 독립성이 떨어지는 것이다.

남자와 여자가 결혼하는 것은 합을 하는 것이다. 안정을 얻는 대신 개인으로서의 독립성은 제약을 받게 된다. 결혼을 하고도 미혼일 때처럼 자기 하고 싶은 대로 할 수는 없는 것이다. 이것은 사실 좋은 것도 나쁜 것도 아니다. 그러나 한 가지 확실한 것은 합이 무조건 좋다고 보는 것은 틀린 관점이라는 것이다. 실제 사주 분석에서는 나에게 좋은 글자를 합하는 것은 내 복을 빼앗기는 것이고, 나에게 나쁜 글자를 합하는 것은 골칫거리를 누군가가 가져가 주는 것이라고 생각하면 된다.

그렇다면 충은 어떨까? 변화를 간절히 바라는 사람에게는 나에게 중요한 글자가 다른 글자와 합이 되어 묶여 있다면 그것은 안정이 아니라 답답함으로 느껴질 것이다. 이런 경우는 충이 들어와 그 합을 깨주는 것이 변화의 시작이다. 일시적으로 혼란스러울 수는 있으나 그것이 길吉한 방향으로 가는 방법이다. 만일 여러 글자들이 합이 되어 특정 기운이 강해졌는데 그것이 나에게 나쁜 기운이거나 불필요할 정도로 강하다면 충이 들어와서 그 합이 이루어지지 않도록 하는 것이 낫다. 물론 충으로 인한 불안정성은 마음을 불편하게 할 수도 있지만 크게 봐서는 더 좋다는 것이다.

아래의 사주는 앞에서 사주팔자의 구성을 설명하기 위해 다룬 사례인데, 합충 이론에 대한 실습 차원에서 다시 한 번 보기로 하자.

	시	일	월	연
천간	己	癸	乙	戊
지지	未	亥	卯	戌

　지지의 해亥, 묘卯, 미未 세 글자가 해묘미 삼합이 되면서 강한 목木 기운이 현실세계인 지지를 지배한다. 게다가 월간에도 목 기운인 을乙이 있으니 이 사주는 강력한 목 기운을 가지고 태어나게 된다. 태어난 날의 천간, 즉 일간이 나를 뜻하는 글자이니 나는 음의 수水인 계癸이다. 연간 무戊가 일간 계癸를 합하여 무계합戊癸合을 이루려 하나 그 사이에 월간 을乙이 끼어 천간합이 원활히 이루어지지 않는다.

　뒤의 〈십신이란 무엇인가〉에서 배우겠지만 이 사주의 주인공이 여자라면 토의 기운을 가진 무술戊戌(연의 간지)과 기미己未(시의 간지)는 모두 남자를 의미한다고 볼 수 있다. 음양이 다르면서 무계합을 이루려는 무술은 첫 남자를 의미하나, 을묘乙卯(월의 간지)에 가로막혀 인연이 길지 못하다. 따라서 마지막을 함께할 남자는 시時에 있는 기미에 해당하는데, 정신세계를 뜻하는 천간의 기己도 음陰이고, 본인을 뜻하는 계癸도 음陰이라 서로 정신적으로 잘 통하지 않는다. 그러나 해묘미 삼합으로 현실세계인 지지가 묶여 있다 보니 육체적·물질적으로는 만족스러운 관계를 맺으면서 마지막 남자로서 본분을 다하게 된다. 하지만 멀리 떨어져 인연을 다하지 못한 무술(첫 남자)을 결혼한 뒤에도 마음속으로 잊지 못하게 되는 사주이다.

이 사례에서 보았듯 결국 천간과 지지의 글자들은 나를 뜻하고 남을 뜻하며 돈을 뜻하고 명예를 뜻한다. 그 의미를 알아야 통변通辯(사주를 풀이해서 설명한다는 의미)이 되면서 실제 삶 속에서의 의미를 찾을 수 있다.

합과 충에 대해 알았으니 이제 실제 인간사를 풀어갈 차례다. 글자의 의미를 이해할 수 있는 십신에 대해 살펴보기로 하자.

십신이란 무엇인가

우리 인생에서 중요한 것은 무엇일까? 부모, 형제, 배우자, 자녀, 동료 등이 떠오를 것이다. 돈, 명예, 건강, 직업 등도 빼놓을 수 없다. 결국 사주팔자를 분석하는 목적은 지극히 현실적인 요소들과 나와의 관계를 분석하고 때에 따라 어떻게 나아가고 물러날 것인지를 파악하기 위함이라 할 수 있다. 아무리 목 기운이 어떻고 화 기운이 어떻고 하는 이론을 알아도 그것을 실질적인 인간사로 치환해서 해석하지 않으면 의미가 없다.

그러니 이제 앞서 배운 오행의 특징들을 나와 인간사의 다양한 요소들에 직접 대입해 보도록 하자. 이것을 '십신'＋神이라고 한다. 삶의 정신적·물질적 주요 특징들이 열 가지 요인의 조합으로 이루어진다고 보고 그 각각의 요인을 이해하는 것이다.

일간과 나머지 글자들의 관계

▌상생상극 관계

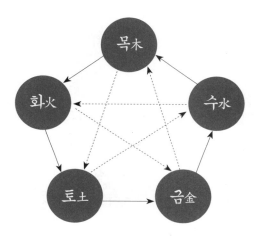

──────▶ : 생生   ┄┄┄┄▶ : 극剋

위의 그림은 앞에서도 다루었던 상생상극 관계도이다. 상생상극 관계는 십신의 기본이다. 이 책에서는 그림이나 설명이 다소 중복되는 면이 있지만 한 번 들어서 개념을 다 이해하고 기억하는 것이 쉽지 않기 때문에 여러 번 반복해서 말하고자 한다.

오행에는 나를 돕는 오행이 있고, 내가 돕는 오행이 있으며, 나를 제어하는 오행이 있고, 내가 제어하는 오행이 있다. 물론 나와 동일한 오행도 존재한다. 여기서 '나'는 사주팔자에서 일간, 즉 내가 태어난 날의 천간을 말한다. 가령 내가 양의 목인 갑甲 일간으로 태어났다면 나머지 일곱 글자들은 나를 돕거나, 내가 돕거나, 나와 같거나, 내가 제어하거나, 나를 제어하거나 하는 관계에 있게 된다. 타고난 글자 중 일곱 글자 외에도 대운과 세운의 글자들도 일간과 이러한 관계가 성립된다. 나와 각 글자들의 관계를 정확히 파악할 수 있게 하는 십신이야말로 명리학의 핵심이라고 할 수 있다.

정인과 편인

나를 돕는 오행을 '인성'印星이라고 하는데 나와 음양이 다르면 '정인'正印, 나와 음양이 같으면 '편인'偏印이라고 한다. '편'偏이라는 글자는 '한쪽으로 치우친다'는 뜻으로, 마치 자석이 같은 극끼리는 서로 밀어내는 것처럼 음양이 서로 같아 기운이 원활하게 소통되지 않을 때를 말한다.

'인'印은 관청의 도장을 뜻하기도 하고, 문서를 뜻하기도 한다. 집문서, 졸업장도 모두 인성에 해당된다. 문서를 가지고 있으면 무언가를 할 때 힘이 된다. 따라서 인성은 나를 돕는 기운이다.

목木에게는 수水가 인성이다. 만약 내 일간이 갑甲(양의 목)이면 음양이 다른 계癸(음의 수), 자子(음의 수)는 정인이고, 임壬(양의 수), 해亥(양의 수)는 편인이다.

인성은 육친 중에서는 모친, 즉 어머니를 뜻한다. 나에게 헌신하는 모성애를 떠올리면 된다. 인성은 학업을 뜻하기도 한다. 정인을 일반적인 학문 분야로, 편인을 기술 기반의 학문 분야로 분류하기도 하는데, 단편적으로 적용하기보다는 사주 구성에 따라 판단해야 한다. 통상 부동산을 취득하려고 할 때 정인이 있는지 없는지로 매수 여부를 판단하는데, 편인도 경우에 따라 부동산 문서운으로 작동한다. 예전에는 편인의 '편'偏 자를 '편향성'으로 해석해서 다소 좋지 않은 운이라고 여기기도 했는데, 21세기에는 오히려 어떤 한 분야로 편향되는 것이 '차별화'를 뜻한다고 해석하기도 하므로 정인은 좋고 편인은 좋지 않다는 식의 해석은 지양해야 한다. 오히려 편인을 잘 사용하면 개성 있는 삶을 살 수도 있다.

각 십간별로 정인과 편인에 해당하는 글자들은 다음과 같다.

일간 \ 십신	정인	편인
甲	癸, 子	壬, 亥
乙	壬, 亥	癸, 子
丙	乙, 卯	甲, 寅
丁	甲, 寅	乙, 卯
戊	丁, 午	丙, 巳
己	丙, 巳	丁, 午
庚	己, 未, 丑	戊, 辰, 戌
辛	戊, 辰, 戌	己, 未, 丑
壬	辛, 酉	庚, 申
癸	庚, 申	辛, 酉

식신과 상관

내가 돕는 오행 중 음양이 같으면 '식신'食神, 음양이 다르면 '상관'傷官이라고 하는데, 둘을 합쳐 '식상'食傷이라고도 한다. 식신은 '식'食이라는 글자가 들어간 것으로 미루어 알 수 있듯이 먹고사는 활동을 말한다. 즉, 내 기운을 빼가면서 생업을 이루어 가는 것이다.

상관은 음양이 서로 다른 만큼 내 기운을 방출하면서 활동성이 큰 경우를 말한다. 상관이 왕성한 사람은 직장 생활을 할 때 보직을 잘 골라야 한다. 상관은 관官, 즉 조직을 상傷하게 한다는 뜻이다. '조직에 폐를 끼친다'는 뜻이 아니고 '조직이 나를 가두어 두니 답답하다'고 해석하는 것이 더 적절하다. 따라서 관리직보다는 영업, 마케팅 직군에 더 잘 맞고, 산업 자체는 방송, 광고, 컨설팅 등 외부 고객과 원활하게 커뮤니케이션하는 직종이 적합하다. 물론 직접 사업을 하는 경우도 많다. 한마디로 에너지 레벨이 높다.

반면 식신은 나와 음양이 같은 만큼 에너지 방출 정도가 적고 고른 편이다. 식신인 사람은 한 가지 일을 꾸준히 하는 경향이 있다. 그러나 사주에 식신과 상관이 여러 개 섞여 있으면 강한 상관의 기운을 가진 것으로 풀이한다. 내가 상담한 대형 홍보회사의 CEO도 식신과 상관을 모두 가지고 있는 경우였다. 참고로 스티브 잡스도 식신과 상관을 모두 가지고 있었다.

여성에게 식상은 자녀에 해당하기도 한다. 식신, 상관을 자신의 에너지를 크게 빼앗아 가는 출산 행위로도 보기 때문이다. 식신, 상관이 막히는 경우에는 생업이나 건강에 문제가 생기기도 한다. 한마디로 식신과 상관은 활동력을 의미한다. 만약 내가 갑甲이면 음양이 같은 병丙, 사巳는 식신, 음양이 다른 정丁, 오午는 상관이 된다. 다음 표를 보고 오행 간의 식신, 상관 관계를 더 익히기를 바란다.

일간 \ 십신	식신	상관
甲	丙, 巳	丁, 午
乙	丁, 午	丙, 巳
丙	戊, 辰, 戌	己, 未, 丑
丁	己, 未, 丑	戊, 辰, 戌
戊	庚, 申	辛, 酉
己	辛, 酉	庚, 申
庚	壬, 亥	癸, 子
辛	癸, 子	壬, 亥
壬	甲, 寅	乙, 卯,
癸	乙, 卯	甲, 寅

정재와 편재

내가 제어하는 기운은 '재성'財星이라고 하는데, 그중 음양이 나와 다르면 '정재'正財, 같으면 '편재'偏財라고 한다.

재성은 남녀 모두에게 돈을 뜻하며, 남자에게는 추가로 배우자 또는 애인을 뜻하기도 한다. 이론적으로는 남자에게 정재는 부인, 편재는 부인 이외의 여성을 뜻한다고도 하는데, 실제 감정을 해보면 편재가 부인을 뜻하는 사주도 많다. 간혹 남자 사주에 정재와 편재가 모두 있으면 바람피울 팔자인 거냐고 묻는 분들이 있다. 결론을 말하자면 정재와 편재를 모두 가지고 있더라도 바람을 피우지 않는 분들이 많다. 단편적인 이론을 적용해 생사람 잡는 일은 지양해야 한다. 오히려 정재는 나와 음양이 다른 이성異性을 뜻하니 이성으로 더 잘 통하고,

편재는 나와 음양이 같은 이성을 뜻하니 남녀 사이보다는 파트너십이 좋은 관계 정도라고 해석하는 것이 더 현실적일 것이다.

　재성은 식상이 돕는 기운이다. 따라서 내가 일을 해서(식상) 그 결과로 취하는 것이 재물(재성)이라고 이해하면 된다. 물론 사주에 식상 없이 바로 재성만 왕성하고 자신도 그것을 취할 힘이 있는 경우에는 재물복이 있을 수 있다.

　정재는 월급처럼 안정적인 돈을 의미하고, 편재는 규모도 크지만 위험도도 높은 돈을 의미한다. 그러나 사주에 정재나 편재가 있더라도 그 재물을 취할 능력이 없으면 재물복이 없다. 사주에 일간인 나를 돕는 기운은 부족한 반면 정재나 편재가 너무 많으면 '재다신약'財多身弱, 즉 재물 때문에 내가 약해지는 형국이라 돈 때문에 문제가 생길

일간 ＼ 십신	정재	편재
甲	己, 未, 丑	戊, 辰, 戌
乙	戊, 辰, 戌	己, 未, 丑
丙	辛, 酉	庚, 申
丁	庚, 申	辛, 酉
戊	癸, 子	壬, 亥
己	壬, 亥	癸, 子
庚	乙, 卯	甲, 寅
辛	甲, 寅	乙, 卯
壬	丁, 午	丙, 巳
癸	丙, 巳	丁, 午

수 있다. 따라서 재다신약 사주인 사람은 자신이 직접 사업을 하려고 하기보다는 돈 많은 사람들을 도우면서 그로부터 월급을 받는 편이 낫다. 큰돈을 만지지만 내 돈이 아니고, 부자를 위해 일하는 은행이나 기업의 재무팀이 적합한 업종이라 하겠다. 내가 갑甲이라면 음양이 다른 기己, 미未, 축丑은 정재, 음양이 같은 무戊, 진辰, 술戌은 편재가 된다.

정관과 편관

나를 제어하는 기운은 '관성'官星이라고 한다. 흔히 '관운'이라는 표현을 쓰는데, 이때 '관성'의 '관'官 자를 쓴다. 예전에는 관리가 되는 것이 사실상 조직 생활을 하는 유일한 길이었지만 현대사회에서는 회사도 관이고, 공직도 관이다. 조직에 소속되는 것 자체가 나를 제어하는 것이다.

이때 나와 음양이 다르면 '정관'正官이라 하고, 음양이 같으면 '편관'偏官이라고 한다. 정관이나 편관 모두 조직을 뜻하지만 정관은 행정부, 대기업같이 안정된 조직을, 편관은 군인, 경찰 같이 규율이 엄격한 조직을 뜻한다.

앞에서 내가 제어하는 재성(정재, 편재)이 남자에게는 부인을 뜻한다고 했다. 여성에게는 본인이 돕는 식상(식신, 상관)이 자식이 되는 반면, 남성 입장에서는 부인인 재성이 돕는 관성이 자식이 되기도 한다. 보통 편관을 자식이라고 하는데, 실제로 명리 감정을 해보면 정관이 자식 역할을 하는 경우도 있다.

반면 여성에게는 관성이 남편, 애인이 된다. 명리학에서는 여성인 나를 통제하는 존재를 배우자, 애인으로 보기 때문이다. 명리학이 처음 만들어진 시기에는 여성의 위치가 남성의 위치에 의해 결정된다는 사상이 강했다. 남성이 여성을 통제할 수 있다고 생각하던 시기였기에 여성에게는 나를 통제하는 관성이 남편이나 애인을 뜻했다. 정관은 남편, 편관은 애인이라는 주장도 있는데 실제 감정을 해보면 늘 그런 것은 아니니 분석할 때 유연하게 볼 필요가 있다.

그보다 정관은 나와 음양이 다른 이성이니 이성으로 더 잘 통하고, 편관은 나와 음양이 같은 이성이니 정관보다 덜 통한다고 보는 것이 합리적이다. 그래서 편관을 남편으로 볼 경우 혹시 부부 사이에 갈등의 소지가 있더라도 큰 문제가 되지 않는 수준이라면 받아들이라고

일간 \ 십신	정관	편관
甲	辛, 酉	庚, 申
乙	庚, 申	辛, 酉
丙	癸, 子	壬, 亥
丁	壬, 亥	癸, 子
戊	乙, 卯	甲, 寅
己	甲, 寅	乙, 卯
庚	丁, 午	丙, 巳
辛	丙, 巳	丁, 午
壬	己, 未, 丑	戊, 辰, 戌
癸	戊, 辰, 戌	己, 未, 丑

하는 경우가 많다. 만약 내가 갑甲이면 음양이 다른 신辛, 유酉는 정관, 음양이 같은 경庚, 신申은 편관이 된다.

비견과 겁재

마지막으로 나와 같은 오행 중 음양이 같으면 '비견'比肩, 다르면 '겁재'劫財라고 한다. 그리고 이 둘을 합쳐 '비겁'比劫이라고 한다.

비견은 나와 어깨肩를 나란히 하는 동료 또는 동성의 형제를 뜻하고, 겁재는 다소 경쟁관계에 있는 동료 또는 이성의 형제를 뜻한다. 사주팔자에서 나의 기운이 약하면(식상, 재성, 관성이 과다하면) 인성이나 비겁의 도움을 받아야 한다. 그런데 나와 오행이 같은 비견과 겁재의 도움을 받을 때는 그들이 나의 재물, 즉 나의 재성에 대해서도 지분을

일간 십신	비견	겁재
甲	甲, 寅	乙, 卯
乙	乙, 卯	甲, 寅
丙	丙, 巳	丁, 午
丁	丁, 午	丙, 巳
戊	戊, 辰, 戌	己, 未, 丑
己	己, 未, 丑	戊, 辰, 戌
庚	庚, 申	辛, 酉
辛	辛, 酉	庚, 申
壬	壬, 亥	癸, 子
癸	癸, 子	壬, 亥

요구할 수 있다는 것을 알아야 한다. 동업하는 상황을 떠올리면 이해하기 쉬울 것이다. 특히 겁재의 '겁'劫은 내 재물을 겁탈한다는 의미가 있기에 조심할 필요가 있다. 만일 내가 갑甲이면 나와 음양이 같은 갑甲, 인寅은 비견이 되고, 음양이 다른 을乙, 묘卯는 겁재가 된다.

┃ 상생상극 관계 요약

십신		나와의 음양	의미
나를 돕는 오행	정인	다름	모친, 공부, 문서
	편인	같음	모친, 독특한 공부, 문서, 장인정신
내가 돕는 오행	식신	같음	생업, 여성에게는 자녀
	상관	다름	활발한 활동, 여성에게는 자녀
내가 통제하는 오행	정재	다름	안정된 돈, 남성에게는 배우자
	편재	같음	크지만 변동성이 있는 돈, 남성에게는 배우자 또는 애인
나를 통제하는 오행	정관	다름	안정된 조직, 남성에게는 자녀, 여성에게는 배우자 또는 애인
	편관	같음	엄격한 조직, 남성에게는 자녀, 여성에게는 배우자 또는 애인
나와 같은 오행	비견	같음	동성 형제, 동료
	겁재	다름	이성 형제, 동료(때로는 경쟁자)

실제 사주팔자 예시

앞에 다루었던 2018년 4월 1일 낮 2시 30분생 여성의 사주를 다시 보기로 하자. 나를 뜻하는 계癸에게 나머지 일곱 글자가 각각 어떤 십신에 해당되는지 적어 보자.

	시	일	월	연
십신	편관	나	식신	정관
천간	己	癸	乙	戊
지지	未	亥	卯	戌
십신	편관	겁재	식신	정관

여성에게 정관, 편관은 배우자 또는 애인이다. 물론 조직을 의미하기도 한다. 우선 남녀 관계 관점에서만 보면 음양이 서로 다르기에 더 잘 통하는 정관이 나와 가깝게 있지 않고 월月에 의해 가로막혀 있다. 반면 음양이 서로 같은 편관은 나와 가깝게 있다. 연, 월, 일, 시 순으로 초년부터 말년까지의 운을 보는 견해도 있는데, 이 견해에 의하면 초년기에 만난 애인은 나와 잘 통하지만 결혼이 성사되지 않고(결혼하면 헤어질 확률이 높고), 결국 편관에 해당하는 남자와 결혼하게 된다고 볼 수 있다. '편'偏이라는 글자가 '정'正이라는 글자보다 기의 소통이 덜 원활하기는 하지만, 현실세계를 나타내는 지지에서 해묘미가 삼합을 이루니 편관인 남자와는 육체적·현실적 세계에서 인연이 오래 간다. 단, 정신적인 불화는 잠재되어 있다. 음양이 같은 편관이 나를 통제하는 남편을 뜻하기 때문이다.

월의 천간과 지지에 식신이 각각 있으니 생업을 추진력 있게 꾸려 갈 수 있다. 특히 식신이 충을 당하지 않았고, 해묘미 삼합이 되어 목의 기운이 강화되었기에 식신의 힘이 크다고 본다.

나를 뜻하는 일간癸 아래에 겁재 해亥를 깔고 있으면 누군가 내 재물을 겁탈할지도 모른다는 불안한 마음이 생길 수 있다. 더구나 계癸, 해亥는 둘 다 수의 기운이니 이는 곧 크고 깊은 물을 뜻한다. 깊은 물은 그 속을 알 수 없고, 게다가 불안한 마음을 본질적으로 가지고 있는 사람이니 이 사람은 남이 쉽게 마음을 예측할 수 없게 된다.

이처럼 십신과 합충을 응용해 배우자의 유형이나 본인의 성격을 유추해 볼 수 있다. 그러나 결국 사람들의 질문은 대부분 '그래서 운이 좋은가 나쁜가?'로 귀결되는데, 그 답은 용신에 대해 배워야만 알 수 있다.

용신이란 무엇인가

용신用神이란, 내가 좋게 사용하는用 기운神(귀신 '신' 자는 특정 기운에 해당하는 오행을 의미함)을 뜻한다. 따라서 용신은 어떤 기운, 어떤 오행이 나에게 필요한가를 찾아내는 과정이다. 기본적으로는 나에게 부족한 기운이 있으면 채워주고, 넘치는 기운이 있으면 덜어주거나 제어하는 것이 용신을 찾는 기본 원리이다. 특정한 기운이 너무 강할 때는 통제하려고 하기보다 기운을 덜어주는 것이 낫다. 불이 너무 크면 물로 꺼봤자 역효과만 난다는 사실을 떠올려 보자. 이렇게 기운을 덜어주거나 억제하거나(누를 억抑) 도와주는(도울 부扶) 용신을 찾는 것을 '억부용신'抑扶用神이라고 한다.

내게 부족한 기운과 오행을 찾는 방법

다음의 사주를 풀고 용신까지 찾아보자.

┃ 사주 예시 ①

	시	일	월	연
십신	상관	나	정인	정관
천간	壬	辛	戊	丙
지지	申	未	戌	辰
십신	겁재	편인	정인	정인

위 사주의 주인공은 가을戌月에 태어난 신辛으로, 보석(음의 금)의 본질을 가지고 있다. 정인이나 편인은 나를 돕는 기운이기는 하지만 네 개나 되니 너무 많다. 게다가 정인, 편인이 토의 기운이다 보니 보석인 내가 흙에 덮여서 빛나지 않을 수도 있다.

억부용신의 원리에 따라 일단 토의 기운을 누르는 목이 있는지 찾아보니 사주 여덟 글자에 목이 두드러지게 보이지 않는다. 그러면 정인, 편인 그리고 나와 같은 오행인 겁재의 기운으로 강해진 나의 기운을 덜어 주는 상관 임壬이 용신으로 적절하다.

물인 용신 임壬은 보석에 묻은 흙을 씻어 주니 더욱 요긴하다. 따라서 그해의 운에 임壬이 있으면 위 사주의 주인공은 좋은 운을 맞이한다고 볼 수 있다. 또한 직장 동료나 상사 중 일간이 임壬인 사람과 일을 하면 성과가 좋다고 볼 수 있다.

	시	일	월	연
십신	식신	나	편인	겁재
천간	丙	甲	壬	乙
지지	戌	戌	亥	丑
십신	편재	편재	편인	정재

　위의 사주를 지닌 사람은 나를 돕는 편인이 두 개, 나와 같은 목의 기운을 가진 겁재가 하나이고, 내 기운을 뺏어가는 식신이 한 개, 내가 통제하는 편재가 두 개, 정재가 한 개다. 비견, 겁재, 정인, 편인은 나의 기운을 강화시키고 식신, 상관, 정재, 편재, 정관, 편관은 나의 기운을 빼앗아 가거나 눌러 준다. 위의 사주는 내 기운을 강화하는 기운보다 빼앗아 가는 기운이 조금 더 우세하다. 그렇다고 이 사주는 용신을 편인이나 겁재로 섣불리 정하면 안 된다. 억부용신 찾기보다 더 중요한 것이 계절의 춥고 더움, 즉 조후용신調候用神 찾기이다.

　나의 일간은 갑甲, 즉 소나무이다. 그런데 해亥월에 태어났다. 해亥월은 양력 11월 초부터 12월 초로, 명리학에서는 이미 겨울이 시작된 것으로 간주하며 실제로도 추운 시기이다. 게다가 태어난 시간이 술시戌時(오후 7시 30분에서 9시 30분 사이)이다. 어떤 이미지가 떠오르는가? 겨울밤에 소나무 한 그루가 추위에 떨고 있는 모습이 그려지지 않는가? 기운이 조금 부족하다고 이런 소나무에게 편인 임壬과 해亥라고 하는 물을 준다면 어떻게 될까? 겨울밤에 소나무에게 물을 주면 기운이 나기보다 더 추워지게 된다. 따라서 식신 병丙이라는 태양 불을 용신으로 써야 한다. 이 사주는 억부용신 차원에서도 나의 기운이 아주 약한 상황이 아니기에 불 기운을 용신으로 사용한다. 특정 시기에 화火 기운이 강화되면 좋은 결과를 기대할 수 있다.

물론 억부용신, 조후용신 외에도 용신을 찾는 방법들이 있다. 그리고 나에게 힘이 되는 인성이나 비겁이 하나도 없어서 오히려 가장 강한 기운을 대세로 인정하고 따라야 하는 '종격從格 사주'도 있다. 그러나 처음 공부하는 차원에서는 억부용신과 조후용신을 학습하는 것만으로도 충분하다고 생각한다.

지금까지 제2장에서 소개한 내용들은 명리에 관심이 있던 CEO들에게 실제로 6회에 걸쳐 강의했던 명리학 수업 내용을 요약한 것이다. 지금까지 공부한 내용을 토대로 다음과 같이 자신의 사주를 풀어보기를 권한다.

1. 포털 사이트에서 '만세력'을 검색하고, 마음에 드는 유료 또는 무료 만세력 사이트를 찾은 후에 본인의 성별, 양력(또는 음력), 생년월일, 태어난 시를 입력하고 사주를 뽑아본다. 사주 여덟 글자 외에도 여덟 글자 각각에 해당되는 십신까지 확인할 수 있을 것이다.

2. 사주를 뽑았으면 그중 태어난 날의 천간, 즉 일간을 확인한다. 일간에 해당하는 글자가 바로 자기 자신을 의미한다. 자신의 실제 성격과 해당되는 글자의 의미가 유사한지 판단해 본다.

3. 일간과 나머지 일곱 글자의 오행을 확인하고, 어떠한 십신들이 있고 없는지, 그것이 내 삶에 어떤 영향을 미칠지 생각해 본다.

4. 계절 및 십신의 구조를 볼 때 나의 용신으로 어떤 글자가 적절할지 분석해 본다.

5. 특정 글자들 간에 합이나 충이 있는 경우, 그 의미는 무엇일지 생각해 본다.

물론 처음 공부하는 입장에서 전문가 수준으로 분석하기는 어려울 것이다. 그러나 내 사주는 나 자신이 가장 관심을 가지고 분석할 수 있다는 생각으로 시도해 보기를 권한다. 또한 내 사주를 가족이나 지인들의 사주와 비교해 보면 더욱 흥미로울 것이다.

대치동 브런치 카페에는 브런치가 없다

대치동에는 좋은 브런치 카페가 많다. 그런데 우리가 생각하는 그런 우아한 브런치를 즐기는 풍경은 찾아보기 어렵다. 브런치를 한창 즐길 오전 11시에 대치동의 유명 학원들에서 종종 설명회를 열기 때문이다. 이런 날 학원 근처에 있는 브런치 카페는 12시가 넘어야 손님이 많아진다고 한다.

그나마 학원 설명회가 없는 날 카페는 치열한 입시정보 공유의 장으로 변한다. 엄마들은 주로 사교육 정보를 교류하고 내 아이의 입시 전략을 고민한다. 이처럼 자녀의 입시를 위해 무엇이든 하는 대치동 부모들 중에도 사주를 중요한 의사결정 도구로 활용하는 사람들이 많다.

사주를 볼 때는 구체적으로 "어느 특목고를 지원하는 게 좋으냐?" 하는 식으로 듣고 싶은 말을 탁 찍어서 질문하는 경우도 있지만 대체적으로 내가 경험한 상담의 주제는 아이의 적성과 중2병 퇴출에 관한 것이 많았다.

동서양 방법론을 모두 사용하면 정교한 적성 파악 가능

적성검사는 사실 1980, 1990년대 학력고사 시절의 청소년들에게도 실시됐었다. 그런데 내 고등학교 동창들 중 서울대 공대나 명문대 의대에 진학한 이들의 적성이 '농부'로 나온 경우가 더러 있었다. 물론 당시의 적성검사가 정확했고, 내 동창들이 자신의 적성을 무시하고 세파에 휩쓸려 대학과 학과를 정했을 수도 있다. 그래서 그런지 지금의 대치동 부모들은 유치원 때부터 아이의 적성을 찾아 주려고 하는 경우가 많다.

요즘은 MBTI 검사부터 혈액형 기반 적성검사, 지문을 통한 적성검사 등 검사 유형이 매우 다양하다. 개인적으로는 이왕 적성검사를 할 거면 검증된 여러 검사를 받아 보는 것이 좋다고 생각한다. 측량법 중에 거리나 높이를 측정하는 '삼각 측량'triangulation이라는 것이 있다. 그런데 사회과학 연구조사 방법론에서는 동일한 결과를 복수의 연구조사 방법으로 도출하면 더욱 신뢰할 만하다는 뜻으로 이 '삼각 측량'이라는 용어를 사용한다. 다양한 적성검사 방법이 있지만 그중 명리학을 통한 적성검사도 다른 검사 방법들과 함께 사용하면 훌륭한 삼각 측량의 한 축이 될 수 있다고 믿는다.

명리에서의 적성론은 크게 두 가지로 나눌 수 있다. 우선 조직 생활에 적합한가 아니면 자율적, 독립적 활동에 적합한가이다. 이때 십신 이론이 크게 사용되는데, 인간의 적성도 열 가지 십신 요소들의 조합으로 이루어진다고 보고 그 성향을 파악하는 것이다. 예를 들면, 스티브 잡스의 사주는 십신 중에서 식신食神이나 상관傷官의 기운이 매우 강하다. 식신은 한 가지를 끈질기게 해 나가는 실행력을 뜻하고, 상관은 자기 조직, 즉 관官을 상傷하게 할 정도로 에너지 넘치는 실천력을 뜻한다. 스티브 잡스 수준으로 식신, 상관이 과하게 활발한 사람은 조직에서 품기에 무리가 있다. 대안은 재택근무를 하고 회사는 일주일에 한두 번 나오게 하면서 독자적 결정권을 주거나 영업 등 대외 활동을 하게 하는 것이다. 그러나 스티브 잡스처럼 식상食傷이 강하면 자기 사업을 하게 되는 경우가 많다.

만일 내 자녀가 식상의 기운이 매우 강하다면 일단 자격증이라는 무기를 장착하도록 하는 것도 고려해 봐야 한다. 조직에 들어가든 안 들어가든 생계에 유리한 방편이 의사, 변호사, 한의사, 간호사 등 국가 공인 자격증, 즉 라이선스를 갖는 것이다. 물론 '사' 자 직업에 대한 전망은 또 다른 논의의 대상이다. 조직 생활에 맞는 성격이 아니라면 아이의 미래를 위해 국가 공인 라이선스라는 든든한 무기를 주는 것을 고려해 보라는 말이다.

또 다른 선택은 사업과 예체능이다. 사업은 조직에 있는 것보다는 독자적으로 일하는 것이 더 맞고 강한 실행력이 있는 사람들에게 잘 맞다. 단, 십신 중 재물운에 해당하는 재성財星에 문제가 없을 때 주로 사업을 권한다.

식상의 구조에 따라 예체능 쪽을 권하기도 하는데, 예술 분야도 자신의 에너지를 발산하는 영역이기 때문이다. 라이선스, 사업, 예체능 중에서 구체적으로 어느 쪽이 맞는지는 좀 더 종합적인 사주 분석을 통해 알 수 있다. 문과 성향인지 이과 성향인지에 맞춰 경영 계통으로 정할지, 공대 쪽으로 정할지 판단하는 것도 중요하다. 나는 아이가 공부를 꽤 잘하는데 식상이 강할 경우에는 라이선스 쪽을 많이 권하곤 한다.

이렇듯 동서양의 방법론을 두루 동원해 보다 정교하게 적성을 파악하면 내 아이의 진로를 결정하는 데 도움이 될 것이다.

중2병 퇴치 수단으로써의 명리학

'중2병'이라는 말이 이미 일상화됐을 정도로 요즘 중학생들은 예전 학생들에 비해 이해하기 어렵다고들 한다. 해외 선진국 청소년들의 경우 심리 상담이나 정신의학 클리닉의 문턱이 낮다. 그런데 우리나라 중학교 자녀들은 반

항심은 상대적으로 큰 반면 전문기관의 도움을 받는 데는 익숙치 않다. 그러나 부모나 교사가 보기에 심각한 수준이라면 전문 기관의 도움을 받아 보기를 권한다. 중2병에 대한 또 하나의 해법은 바로 명리 분석이다. 자녀의 적성을 파악하는 데 유용한 명리 분석은 자녀와의 갈등 상황을 이해하고 대처법을 찾기 위한 도구로도 훌륭하게 사용될 수 있다. 정신감정 등 의료기관의 도움을 받아야 할 정도로 심각한 상황이 아니라면 자녀에 대해 이해할 수 있는 꽤 괜찮은 도구이다.

이런 경우 명리에서는 우선 자녀의 사주상 기본 성격부터 분석한다. 외향적인지, 내향적인지, 다른 사람의 인정을 받고 싶어 하는지, 자기만의 세계를 구축하는 성향인지 등을 보는 것이다. 그리고 그해에 들어온 운이 공부운을 보충하는지, 때 이르게 연애운이 발동했는지 등을 분석한다. 마지막으로 부모와 자녀 간에 기의 소통이 원활한지, 충돌하는지를 본다.

내가 직접 명리 분석을 한 어떤 학생은 외부로부터 지속적으로 인정을 받아야 동기부여가 되는 유형이었다. 그런데 목동에 사는 게 문제였다. 대치동이나 목동은 웬만큼 공부를 잘하지 않고서는 주목받기 어렵다. 그리고 타 지역에 비해 대부분의 학생들이 공부를 열심히 하는 편이라 분위기가 전반적으로 예민할 수밖에 없다. 그런 상황에서 생활하던 이 학생은 친구들과 사소한 갈등에서 시작된 문제 때문에 힘들어하며 학교에 가기 싫고 공부도 하기 싫다고 호소해 부모를 고민에 빠뜨렸다.

원래 이 학생의 타고난 팔자에 자기 활동 에너지가 강한, 그래서 기존 조직과 충돌할 수 있는 상관의 기운이 두 개 있었는데, 그해 또한 상관의 기운이 들어오는 해였다. 이 경우에는 소속돼 있는 학교와의 충돌을 피하기 어렵다. 그래서 나는 그 학생의 부모에게 당장 전학을 보내라고 권하며 대치동과 목동은 피하라고 했다. 다행히 부모와의 기의 흐름은 좋아서 부모가 아이를 직집 돕는 것이 용이한 상황이었다. 이후 강북에 있는 규모가 작은 학교로 전학을 간 아이는 안정을 되찾았고 학업 성적도 향상되었다.

반면 엄마와 아이 사이의 기의 흐름이 상충되는 경우에는 엄마가 개입을 심하게 할수록 아이의 중2병 증상은 더 심해진다. 의뢰인은 아버지였는데, 아이와 엄마가 사사건건 충돌하는데 자기가 보기에는 사소한 것들이 많다는 것이었다. 엄마와 아이의 사주를 보니 여러 부분에서 글자들이 서로 충돌하고 있었고, 그해에는 그런 충돌을 부추기는 인자가 더욱 강해지는 시기였다. 다행히 아빠와 아이의 궁합은 좋았다. 그래서 엄마에게는 봉사활동 등 외부에 일을 만들어서라도 집 밖으로 나가는 시간을 늘리라고 했고, 아이를 학원에 데려다주고 데려오는 일은 아빠가 전담하도록 했다. 그렇게 엄마는 좋은 일에만 개입하고, 아이의 애로사항은 아빠가 전담하게 하자 한 달도 안 돼서 집안에 평화가 찾아왔다.

예전에는 보통 고3이나 재수를 할 때쯤 자녀의 사주를 풀어 보는 경우가 많았지만 요즘은 입시 준비 시기가 중학교로 앞당겨지고 중학교에서 학급 친구들과의 갈등도 심하다 보니 예전보다 빨리 명리학의 도움을 받는 사례가 늘고 있다. 이때 꼭 당부하고 싶은 것이 하나 있다. 아이의 사주를 일찍 풀어 봤더라도 절대 결정론에 빠져서는 안 된다는 것이다. 20세 전 아이의 팔자는 부모의 노력으로 어느 정도 개선될 수 있다는 점을 기억하고 아이에 대한 노력을 소홀히 하는 일은 없어야 할 것이다.

四柱經營學

제3장

명리의 원리로
운을 경영하는 법

갑甲

- 자연 속성: 소나무

- 특징: 높은 목표를 지향한다. 작더라도 자기 영역에서 최고가 되는 것을 행복으로 여긴다.

- 장점: 강한 리더십, 큰 그림을 설계하는 기획력, 타인을 설득해 원하는 것을 얻는 능력이 뛰어나다.

- 고려사항: 업무를 꼼꼼하게 처리하는 능력은 다소 부족하다. 아부를 잘하지 못한다. 자존심을 세우면 오히려 손해 보는 일이 많다.

순간의 선택이 미래를 좌우한다 甲

10년도 더 된 일이다. 나와 오랫동안 알고 지내던 지인 A씨는 해외에서 학위를 마칠 즈음 두 군데 회사에서 동시에 취업 제안을 받았다. 한 곳은 회사원이라면 한 번쯤 들어봤을 유명 글로벌 컨설팅 회사의 한국지사였고, 또 한 곳은 미국 현지에서 급부상하고 있는 신생 기업으로 한국 신문에도 자주 등장하는 회사였다. 그는 주변으로부터 축하와 부러움을 한 몸에 받았다. 소식을 들은 나도 축하의 인사를 건넨 후 잊고 있었다. 그런데 2, 3주쯤 후 외국에 있던 A씨로부터 전화가 걸려 왔다. A씨는 조만간 두 회사 중 한 곳을 결정해야 하는데 여전히 어떤 선택을 해야 할지 모르겠다고 했다.

　명리 연구를 10년 이상 하고 많은 사례를 접한 지금의 나는 고민은 누구에게나 경중 없이 모두 진지한 것이라는 것을 이해한다. 하지만 당시의 나는 그가 행복한 고민을 하고 있다고 생각했었다. 무엇보다 그때는 나 자신도 개인적으로 회사에 대한 고민이 컸기 때문에 A씨가 마냥 부러울 따름이었다. 그래서 처음에는 "어디를 선택하든 좋지 않겠냐. 누구보다 본인이 고민을 가장 많이 했을 테니 그냥 확 선택해 버리고 후회 없는 선택이라고 믿어라"라는 말만 했다. 그런데 A씨가 돌연 "명리학 공부를 했다면서 이런 선택도 못 도와주는 거야?"라고 했다. 생각해 보니 굳이 못할 것도 없겠다 싶었다. 그래서 바로 A씨의 사주를 풀어 보았다.

	시	일	월	연
십신	비견	본인	겁재	정인
천간	甲	甲	乙	癸
지지	戌	戌	丑	丑
십신	편재	편재	정재	정재
지장간	辛 丁 戊	辛 丁 戊	癸 辛 己	癸 辛 己

대운: 9대운						
69	59	49	39	29	19	9
戊	己	庚	辛	壬	癸	甲
午	未	申	酉	戌	亥	子
세운						
2023	2022	2021	2020	2019	2018	2017
癸	壬	辛	庚	己	戊	丁
卯	寅	丑	子	亥	戌	酉

초년부터 말년까지 전체 흐름을 본다

태어난 날의 천간, 즉 일간에 위치한 글자가 바로 자기 자신이라고 했다. A씨의 일간은 갑甲이다. 갑甲은 양의 목으로, 큰 나무 또는 소나무로 해석된다. 그의 사주팔자를 보니 또 다른 소나무인 갑이 하나 더 있고, 추가로 등나무 넝쿨에 해당하는 음의 목인 을乙도 있다. 거기에 나무의 성장을 돕는 음의 수인 계癸가 있으니 수생목水生木이 되어 강한 목 기운을 가지게 되었다. 그리고 현실세계에 해당하는 지지의 술戌과 축丑은 모두 토土로, 강한 목이 드넓은 대지에 뿌리내린다는 의미이다.

계癸는 십신 중 정인正印에 해당되며, 목 기운을 가진 갑甲에게는 지혜, 공부를 뜻한다. 연, 월, 일, 시의 흐름을 초년부터 말년까지의 순서로 보는 견해에 의하면 계癸는 연의 천간, 즉 초년운을 나타낸다고 하겠다. 초년운과 말년운에 대해서는 학자에 따라 연은 1~15세, 월은 16~30세, 일은 31~45세, 시는 45~60세로 보는 경우도 있다. 그러나 요즘 같은 100세 시대에 60세를 기준으로 구분하는 것은 무리가 있다. 그래서 나는 사주의 연은 초년, 월은 청년, 일은 중장년, 시는 말년으로 구분하는 편인데, 사주에 나타난 대운의 변화 시점 등을 보고 사람마다 유연하게 적용하는 편이다.

따라서 정인을 초년에 사용하는 A씨가 첫 직장으로 지혜를 뜻하는 컨설팅 업을 하는 회사를 선택하는 것은 적절하다고 볼 수 있다. 컨설팅은 머리를 써서 고객에게 사업의 방향을 제시해 주는 서비스업이

기 때문이다. 그런데 나이가 들수록 자신의 본질에 해당하는 목 기운이 강해지는데, 생활환경은 토가 강한 사주이다. 강한 소나무는 누구에게도 고개를 숙이지 않는 성질이 있다. 이런 사람은 컨설팅을 해도 고객의 눈치를 보지 않고 자신의 주관에 따라 바른 소리를 한다. A씨처럼 목도 강하고 토도 강하면 소나무처럼 조직 내에서 강한 힘으로 리더의 자리에 올라 단단히 뿌리를 내리고자 한다. 한 조직의 보스가 되는 삶을 지향하는 것이다. 여기서 이미 답은 나왔다. 소규모 인원으로 서비스를 제공하는 컨설팅 업보다는 자신이 큰 조직의 리더가 될 수 있는 일반 기업체로 가는 것이 더 현명한 선택인 것이다.

겨울나무는 궁궐의 대들보로 쓰이는 게 순리

혹시나 하고 향후 펼쳐질 운의 환경인 대운을 봤다. 몇 년 후에 신유辛酉 10년 대운이 들어오는 것이 보였다. 신유는 사주의 주인공 갑甲에게 관운을 뜻하는 정관正官운이다. 신辛도 유酉도 모두 정관이니 관운이 매우 강하다. 신유는 날카로운 칼에 비유할 수 있고, 날이 선 칼로는 나무를 자를 수 있다. 사주의 주인공은 목 기운을 가진 갑甲인데 축丑월, 즉 겨울에 태어났다. 명리학에서는 겨울 나무는 꽃을 피우는 것이 아니라 나무꾼에게 베어져 궁궐의 대들보로 사용되는 것이 순리라고 간주한다. 이 사주는 대운에서 나무를 잘라 사용할 연장을 만났으니 자신을 크게 사용할 환경에 놓이게 되는 것이다. 나는 확신을 가지고 이렇게 이야기했다.

"컨설팅 회사에 가면 배우는 게 많을 거야. 그러나 일반 기업으로 가면 명예가 높아질 거야. 너는 명예를 추구하는 사주이고, 리더가 되기에 좋은 흐름을 갖고 있어서 규모가 큰 기업을 선택하는 게 좋을 것 같아."

이후 A씨는 미국 현지 기업에 취업했고, 금세 업계에서 젊은 리더로 주목받기 시작했다. 그리고 몇 년 후, 해외 우수 인재로 이름을 날리며 30대의 나이에 국내 대기업 임원으로 금의환향했다.

가끔 A씨가 만일 유학 후에 컨설팅 회사를 선택했다면 어땠을까 하는 궁금증이 든다. 역사에 '만약'이란 없다지만 명리학의 장점은 선택이 달라졌을 때의 시나리오를 엿볼 수 있다는 것이다. 이때 사주와 운의 흐름에 실제 업계의 트렌드 및 관행을 고려해 대입해 보는 것은 매우 중요하다. 내가 생각하기에 A씨가 만약 한국에서 컨설턴트가 되었다면, 컨설팅을 하다가 고객의 눈에 띄어 몇 년 안에 국내의 좋은 기업체로 이직을 했을 것 같다. 사주가 워낙 강하고 대운의 흐름도 좋아서 결국은 고위직에 오를 운을 타고났기 때문이다.

그러나 컨설팅회사는 나름의 연차 체계가 있어서 입사 후 몇 년 만에 고위직 임원(파트너)으로 승진하기는 쉽지 않을 것이고, 국내 기업은 아주 특별한 경우가 아니면 국내에서 채용한 경력직 인재를 젊은 나이에 임원으로 데려가는 경우가 흔치 않다. 결국은 잘됐을 거라고 생각하지만 여러 해를 돌고 돌아 자기 자리를 찾아가지 않았을까 싶다.

자신에게 가장 잘 맞는 자리란

A씨를 상담하기 전까지 내가 명리 상담을 하면서 주력했던 것은 '올
해 합격운이 있는가'나 '연말 구조조정은 피해 갈 수 있는가' 같이 미
래를 예측하는 것이었다. 그런데 A씨와의 명리 상담은 애매한 상황
에서 더 나은 의사결정을 하도록 돕는 방향으로 상담 영역을 넓히는
계기가 되었다.

　명리를 연구하고 상담을 하면서 인연이 있는 자리면 결국 언젠가
는 그 자리를 찾아가는 경우를 많이 보았다. 그러나 그 과정의 효율성
에는 큰 차이가 있다. 경영의 성과는 결국 입력 값 대비 출력 값이고,
투자 대비 효과 아니던가! 좀 더 효율적인 선택을 하고자 고민하는
사람이라면 명리의 도움을 받는 것도 좋을 것이다.

왜 이렇게 회사 가기 싫을까 甲

대기업에서 부장으로 근무하던 J씨는 중견기업에 특정 산업 전문가로 높은 연봉을 받고 스카우트됐다. 중견기업으로 옮기고 처음에는 만족스러운 직장 생활을 했다. 그런데 2년쯤 후 상사가 바뀌면서 J씨에게 시련이 닥쳤다. 새로운 상사와 서로 코드가 너무 안 맞았던 것이다. 아침이면 회사에 가기 싫어 몸서리가 쳐질 정도였다. 그래서 어렵사리 부서 이동을 했는데, 옮겨간 부서의 상사와도 마찰이 생겼다.

그나마 전 부서의 상사는 J씨의 새로운 아이디어를 들어주는 척이라도 했었다. 그런데 새로 바뀐 상사는 J씨의 의견에 실행 가능성과 구체성이 떨어진다며 부하직원들 앞에서 지적을 했다. 그러다 보니 아이디어가 많기로 유명했던 J씨는 점점 모든 일에 위축되어 갔고, 불평불만도 늘어 갔다. 회사 가기 싫다는 말을 입에 달고 살았고, 집에 와서도 만성편두통에 시달리는 일이 잦았다. 최근에는 위장병도 생겼다. 그래서 요즘은 이직에 대해서도 적극적으로 고려하고 있지만 지금과 같은 조건을 맞춰 주는 곳이 없었다. 이 회사를 계속 다니자니 마음도 커리어도 망가질 것 같고, 다른 곳으로 옮기자니 연봉이 줄어들 상황이었다. J씨는 진퇴양난이라며 내게 조언을 구했다.

	시	일	월	연
십신	식신	본인	상관	비견
천간	丙	甲	丁	甲
지지	寅	戌	丑	寅
십신	비견	편재	정재	비견
지장간	戊 丙 甲	辛 丁 戊	癸 辛 己	戊 丙 甲

대운: 2대운						
62	52	42	32	22	12	2
甲	癸	壬	辛	庚	己	戊
申	未	午	巳	辰	卯	寅
세운						
2023	2022	2021	2020	2019	2018	2017
癸	壬	辛	庚	己	戊	丁
卯	寅	丑	子	亥	戌	酉

J씨는 오행 중 양의 목인 갑甲, 즉 소나무 같은 아름드리 나무로 태어났다. 옛날에 갑甲이라는 글자는 임금을 뜻하기도 했다. 즉 갑甲은 리더십을 뜻한다. 게다가 십간 중 첫 번째 글자이니 갑甲으로 태어난 사람은 권위적이고 자존심이 강하다. 그러나 아무리 리더라고 해도 추위에 떠는 나무라면 힘을 쓰기 어렵다.

J씨가 태어난 계절은 양력 1월 초에서 2월 초 사이인 축丑월로 한겨울이다. 겨울에 태어난 소나무인 만큼 얼지 않기 위해서는 따뜻한 불이 필요하다. 다행히 태어난 달의 천간 정丁이 음의 화이고, 태어난 시간의 천간 병丙이 양의 화이다. 더불어 사주에 본인 갑甲과 동일한 양의 목 갑甲이 한 개, 인寅이 두 개 더 있다. 계절적인 단점이 화로 보완되고, 자신과 같은 기운도 많아 힘도 좋은 멋진 나무가 되었다.

그런데 한 가지 아쉬운 점이 있다면 돈을 뜻하는 정재 축丑과 편재 술戌이 나란히 있어서 축술형丑戌刑을 이루는 부분이다. 형刑은 충沖과 더불어 사주의 변동성을 높이는 요인이다. 인사신寅巳申 세 글자가 만나거나 축술미丑戌未 세 글자가 만나면 형이 발생하는데, 세 글자로 구성되기에 '삼형'三刑이라고 한다. 두 글자만으로 형이 발생하는 경우는 자묘형子卯刑, 인사형寅巳刑, 사신형巳申刑, 축술형, 술미형戌未刑이 대표적이다.

태어난 월의 지지인 월지는 '부모 자리'라고도 하는데, 나의 근본이 되는 성장기의 환경을 뜻한다. 그리고 태어난 일의 지지인 일지는 현재 내가 발 딛고 사는 생활환경을 의미한다. 이런 월지와 일지가 축술형을 이루면 삶의 불안정성이 높아진다. 물론 형이 있다고 모두 나쁜 것은 아니다. 적절한 시기에 필요한 변화를 형이나 충이 가져올 수도 있다.

돈에 대한 갈등이 많은 사주

정재는 월급과 같이 안정된 돈을, 편재는 투자 위험은 다소 있지만 큰 성과를 가져다 줄 수 있는 돈을 의미한다. 사주에 정재가 있으면 남의 떡이 좋다고 막 달려가기보다는 안정감을 삶의 1순위로 삼는 것이 좋고, 편재가 있다면 남들보다 큰 사업 기회가 눈에 들어오더라도 모두 내 것이 아님을 알아 안분지족하는 자세가 필요하다. 그런데 J씨에게는 축丑이 정재이고, 술戌이 편재라고 했다. 정재와 편재 두 글자가 나란히 있는 것만으로도 금전과 관련된 활동을 할 때 이랬다저랬다 하는 마음이 생긴다. 정재만 바라보든지, 편재만 바라보든지 해야 오히려 마음에 갈등이 없다. 게다가 두 글자가 축술형의 충돌 관계이니 불안정성이 고조된다.

이 사주에서 또 하나 고려해야 할 부분은 바로 천간에 병丙과 정丁이 있다는 것이다. 병丙은 갑甲으로 태어난 사람에게는 식신으로, 한 가지 일을 꾸준히 하는 것을 뜻한다. 그런데 그 바로 옆에 정丁이라는 상관이 있다. 상관은 아주 열정적으로 일하는 마음이다.

식신과 상관 둘 중 하나만 있지 않고 둘 다 있으면 이것도 마음에 들고 저것도 마음에 들게 된다. 정리하면, 일간의 양옆에 식신과 상관이 있으니 한 가지 일에 집중하기 어려운 마음이라는 것이다. 거기에 지지에 있는 축술형이 돈을 뜻하는 정재와 편재이니, 자신의 흔들리는 마음이 직장 생활에도 쉽게 영향을 끼칠 수 있는 사주 구성인 것이다. 실제로도 J씨는 한 직장을 오래 다니지 못하고 몇 년에 한 번씩 이직을 했다.

운의 흐름에 따라 갈등이 고조되는 시기

J씨가 상사가 바뀌면서 서로 코드가 안 맞아 크게 힘들었던 시기는 2015년 을미乙未년이었다. 축술형이 있는 사람에게 미未라는 글자가 들어오니 축술미丑戌未 삼형이 발동하여 변동성이 커진다. 마음이 불안정해지기 쉽다. 그래서 부서를 옮겼더니 새 부서의 상사와는 더 안 맞는다. 2016년 병신丙申년의 일이었다.

병신년의 상황을 조금 더 살펴보자. 2016년의 대운은 아직 신사辛巳 대운이었다. 그리고 본인 사주에 인寅이 있다. 자기 사주 속 글자 인寅, 대운의 글자 사巳, 그해의 글자 신申 세 글자가 모이면 인사신寅巳申 삼형이 된다. 안 그래도 사주에 축술형이 있는데, 그해의 기운으로 삼형이 이루어지니 불안정성이 증폭된다. 사주를 분석하다 보니 J씨의 고통스러운 마음이 이해가 되었다.

그 갈등은 2017년까지 계속 이어진다. 2017년은 정유丁酉년이다. 정유년의 정丁은 상관이다. 상관이 있으면 자신의 에너지를 발산하게 되는데, 강한 실행력은 성과의 원동력이 되기도 하지만 때로는 조직의 규율과 불일치할 수도 있기 때문에 내부 갈등이 있을 수 있다. 무언가 해보려 하지만 잘되지 않는 J씨의 현재 모습과 일치한다.

물론 상관이 있다고 모두 조직과 갈등이 있는 것은 아니다. 2016년의 인사신 삼형에 따른 갈등이 아직 해결되지 않은 채로 해를 넘긴 탓이 크다. 대운이 아직 신사 대운이기 때문이다. 물론 대운을 월 단위로 계산하면 정확히는 2017년 여름의 특정 시점까지가 신사 대운이고, 그 후 새로운 임오壬午 대운이 든다. 그러나 대운이 바뀐다고 이전의 기운이 단번에 끊어지는 것은 아니다. 새로운 대운 기운과 이전의 대운 기운이 중첩되면서 서서히 바뀌므로 2017년에도 신사 대운의 영향을 받을 수 있다.

대운의 사巳와 2017년 정유년의 유酉, 태어난 월의 축丑 세 글자가 모이면 사유축巳酉丑 삼합을 하여 금 기운으로 변한다. 다른 말로 '금국'金局, 즉 '쇠의 형세'가 된다. 겨울철 소나무인 주인공을 강한 쇠가 치는 형국이니 여전히 힘들다. 가을은 쇠의 기운이 강한 시기이니 2017년 가을이 되면 갈등은 극대화된다. 그러나 가을은 고통의 시기이면서 기회의 시기이기도 하다. 왜냐하면 강한 쇠의 기운은 소나무인 주인공에게 관운이 되기도 하기 때문이다. 이직의 기회도 있다는 뜻이다. 그리고 무엇보다 새로운 10년 대운이 가을과 함께 들어오니 변화를 기대해 봐도 좋을 것이다.

변화는 나의 상황을 정확히 이해하는 데서 시작된다

가을에 이직을 하는 데 있어서 가장 중요한 포인트는 눈높이를 유연하게 하는 것과 남의 이야기를 경청하는 것이다. 현재 J씨는 정신적으로나 육체적으로 매우 힘든 상태다. 마음의 상처가 너무 커서 분노와 우울함을 동시에 느끼고 있다. 이런 시기에는 약간 부족해 보이지만 사실은 꽤 괜찮은 기회를 놓치기도 하고, 좋지 않은 기회가 좋아 보이기도 해서 섣부르게 의사결정을 할 수도 있다. 관운이 하나의 글자로 다가오지 않고 금국을 이루어 무리지어 올 때는 여러 기회가 오기 때문에 오히려 선택을 하는 데 있어 혼란이 생길 수 있다. 결국 이직을 하더라도 한 곳밖에 선택할 수 없으니 여러 기운들 중에서 자신에게 가장 좋은 기회를 현명하게 선택해야 한다.

사실 J씨가 회사에서 겪었던 일들은 제3자의 시각으로 봐도 다소 억울한 면이 있다. 모든 새로운 아이디어가 구체적 계획을 동반해야 한다면 보고서만 만들다가 시기를 놓치게 될 것이다. 회사에서의 갈등은 서로간의 관계에서 오는 논리와 감정의 불협화음이지 J씨만의 잘못으로 이런 상황이 만들어지지는 않았을 것이다. 그러나 명리 상담은 기본적으로는 나의 본질적 특성과 시기에 따른 나의 상황을 정확히 이해하는 데서부터 시작한다. 물론 상사의 사주 여덟 글자를 알수 있다면 상사의 관점에서도 왜 갈등이 일어나는지 알 수 있어서 J씨의 상황을 이해하는 데 도움이 될 수도 있다. 그러나 일단 나에 대해 정확하게 이해하는 것만으로도 내가 할 수 있는 일과 할 수 없는 일을 구분하고, 내가 중심이 되어 변화를 시도해 볼 수도 있다. 이것은 명리 상담의 핵심이기도 하다.

마지막으로 J씨가 잊지 말아야 할 점은 조직에서 정말 필요한 사람이 되고자 하는 마음가짐이다. 상사의 관점에서 정말 필요한 사람이 되라는 것이다. J씨는 겨울에 태어난 소나무이기에 추운 계절에 화려한 꽃을 피우려고 하면 안 된다. 내가 옳은지 그른지는 중요하지 않다. 오히려 겨울나무이니 나를 베어다가 대들보로 얼마든지 써달라고 하는 마음가짐이 필요하다. 그것이 겨울나무가 사는 방식이다. 그런데 J씨는 직접 꽃을 피우려고 했다. 물론 2016, 2017년의 운이 본인에게 유리하지 않은 것도 맞다. 그러나 자신의 마음을 바꾸지 않으면 이번과 같은 어려움이 미래에 또 오지 않는다고 보장할 수 없다. 마음을 바꾸고 행동을 바꾸면 운명도 바뀔 수 있을 것이다.

직장 생활을 하는 사람이 명리학에서 받을 수 있는 도움은 자신이 어떤 상황에서 조직과 가장 잘 어울리는지에 대한 통찰을 얻는 것이다. 사업가는 가능성을 열어둔 상태에서 자신의 활동 반경을 넓혀 간다. 그러나 직장인은 이미 조성된 활동 공간 안에서 자신의 역할을 찾아야 한다. 직장을 '나'라는 자연인을 둘러싼 자연환경이라고 이해하면 된다. 그 과정에서 자신의 강점이 조직과 어떻게 조화를 이루면 좋을지 아는 것이 핵심이다. 조직의 상황을 고려하지 않고 자기 기준에서만 열심히 하고 불평불만을 갖는다면 자신에게도 조직에게도 좋을 게 없을 것이다.

을乙

- 자연 속성: 등나무 넝쿨, 풀

- 특징: 부드러운 초목의 유연함과 생명력을 지니고 있다.

- 장점: 어떤 환경에서도 적응을 잘하고 끈질긴 생존력을 지니고 있다. 무슨 일이든 오래하는 끈기가 있다.

- 고려사항: 조직 내외에서 자신을 도와줄 사람을 찾아야 크게 성공할 수 있다. 간혹 변덕스러운 마음으로 주위 사람들을 혼란스럽게 할 수 있다.

난세에 특진하다 乙

K씨를 만난 것은 2016년 2월 무렵이었다. K씨는 지금 다니고 있는 회사에서 상반기에 구조조정을 계획하고 있는데, 팀별로 한두 명 정도씩 구조조정의 대상이 될 거라는 소문이 돌아 불안한 마음에 일이 손에 잡히지 않는다고 했다. 자신은 이번에는 어쩌면 구조조정의 칼날을 피할 수 있을지 모르지만 언제 또 이런 일이 닥칠지 모를 일이라 차라리 일찌감치 이직을 하는 게 어떨까 고민된다고 했다. 첫 직장이고 꽤 오래 다녀서 정도 들었지만 지금이라도 좀 더 안정적인 회사로 옮겨야 하는 건 아닌지 고민 중이라고 했다.

나에게 K씨를 소개해 준 지인은 K씨가 회사에서 상당히 인정받는 인재이며 일도 잘하는 사람이라고 했는데, 막상 만나본 K씨는 고민이 매우 많았다. 물론 명리 관점에서 분석하고 논의하는 것이 만남의 주목적이었지만 인사차 몇 마디 나누는 것만으로도 K씨가 상당히 똑똑한 사람이라는 인상을 받았다. 나는 명리와 상관없이 개인적으로 궁금해서 K씨에게 물었다.

"최근 몇 년간 회사에서 인정을 못 받았다거나 다른 동료가 나보다 더 뛰어난 성과를 보이고 있나요?"

"아니요. 평가는 꽤 잘 받고 있습니다. 주변 동료들과의 경쟁도 현재로서는 별로 없습니다."

"회사가 1, 2년 내에 문을 닫는 것도 아니고 인정도 받고 있는데, 이 회사를 계속 다녀야 하는 건지 걱정이 큰 상황인 거네요."

"구조조정이 임박한 상황을 보고 있자니 마음이 좋지 않기도 하고, 회사의 장기적인 성장성도 불투명해서 그냥 열심히 일만 하면 정년을 보장받을 수 있는 곳으로 옮기면 어떨까 하는 마음이 큽니다."

K씨는 피로와 긴장감이 누적된 상태였고, 표정도 밝지 않았다. 나는 그의 사주를 들여다봤다.

	시	일	월	연
십신	정관	본인	비견	편인
천간	庚	乙	乙	癸
지지	辰	亥	丑	丑
십신	정재	정인	편재	편재
지장간	乙	戊	癸	癸
	癸	甲	辛	辛
	戊	壬	己	己

대운: 9대운						
69	59	49	39	29	19	9
戊	己	庚	辛	壬	癸	甲
午	未	申	酉	戌	亥	子
세운						
2023	2022	2021	2020	2019	2018	2017
癸	壬	辛	庚	己	戊	丁
卯	寅	丑	子	亥	戌	酉

능력은 있지만 늘 마음이 추운 사람

그 사람이 조직 생활을 잘할 수 있는지에 대해 알아보는 첫 번째 방법은 십신 중 정관正官이나 편관偏官 같은 관성官星이 있는지를 살피는 것이다. 보통 '관운이 있다'고 표현하는데, 이 말은 '관성이 힘이 있다'는 의미이다. K씨의 일간은 음의 목인 을乙이다. 자신을 제어하는 기운이 관성인데, 태어난 시의 천간에 경庚이라는 양의 금이 정관正官으로 존재한다. 지지에 있는 진辰과 축丑은 토이다. 토는 금을 돕는다土生金. 더구나 진과 축의 지장간에는 음의 수에 해당하는 계癸가 각각 하나씩 있다. 물을 품고 있는 촉촉한 흙은 술戌과 미未처럼 지장간 안에 정丁이라는 불을 가지고 있어(제2장 〈내 사주팔자는 무엇인가〉 중 '지장간 표' 참조) 메마른 흙보다 쇠를 돕는 생금生金 기능이 뛰어나다. 즉, 위의 사주는 관운에 해당하는 정관 경庚을 돕는 토 기운이 강하므로 관성이 힘이 있다고 판단된다.

140

물론 아쉬운 점도 있다. K씨는 양력 1월 초에서 2월 초 사이인 축丑월에 태어났는데, 사주에 태양 불에 해당하는 병丙이나 촛불에 해당하는 정丁이 없다. 모든 오행은 겨울에 태어나면 일정 정도의 따뜻한 기운이 필요하다. 더구나 물水, 불火, 쇠金, 흙土과 달리 나무木는 오행 중 유일한 생명체이다. 겨울에 불이 더 필요한 오행인 것이다.

물론 겨울에 태어난 나무일지라도 불 없이 사는 경우도 많다. 그러나 새로운 봄을 기다리며 힘들게 겨울이 지나가기만을 기다리는 나무에게 마음의 여유를 주문하기는 어렵다. 늘 마음이 추운 사주라고 보면 된다.

더구나 K씨의 사주에 있는 해亥나 계癸는 물의 기운인데, 진辰과 축丑의 지장간에도 계癸가 있다. 물론 물은 나무를 돕기는水生木 하지만 겨울나무에게 물을 많이 주면 나무가 얼어버릴 수 있다. 추운 마음, 여유가 없는 마음에 일조하게 되는 것이다.

종합해 보면 관운도 제 기능을 하고, 물이 나무를 기르니 자신의 능력도 약하지 않지만 늘 마음의 여유가 없는 인생을 살아갈 요인이 있는 사주라고 본다. 다른 사람들은 자기를 부러워해도 자기 자신은 늘 아쉬운 마음인 것이다.

지금 이직을 해야 하는가

K씨의 관운과 마음 상태를 읽었으니 이제 현실의 문제를 돌아볼 차

례다. K씨의 핵심 질문은 '지금이라도 회사를 옮기는 게 어떨까' 하는 것이었다. 내가 K씨를 만난 시점은 2016년 2월경으로, 음력으로는 병신丙申년이 막 시작됐을 무렵이었다. 특정 시기의 운을 볼 때는 10년 단위로 변하는 대운과 그해의 운인 세운을 참조하여 종합적으로 판단한다.

2013년부터 시작된 10년 대운은 신유辛酉였다. 신辛과 유酉 두 글자는 모두 편관이며, 시의 천간에 있는 경庚에게는 같은 금의 기운으로써 힘이 되는 글자이다. 단, 정관인 경庚은 관운으로 작용하도록 태어났는데, 2013년부터 시작된 대운은 편관의 도움을 받아 관운을 펼쳐나갈 환경이니 그 과정이 쉽지 않거나 적어도 마음이 편치 않다. 보통은 정관이나 편관 중 하나만을 깔끔하게 사용하는 것이 낫다.

그런데 2016년은 문제가 없다. 오히려 관운이 최고인 해이다. 병신년의 병丙은 병신합丙辛合으로 일시적으로나마 편관 신辛이 가지고 있는 애매한 기운을 정지시킨다. 합은 해당 기운을 묶어 주기 때문이다. 그리고 병신년의 신申은 정관 경庚의 뿌리가 된다. 신申의 지장간 안에 경庚이 있기 때문이다. 즉 병신년은 정관 경庚의 뿌리가 되는 힘과 편관 신辛의 애매함을 잡아준다. 그러나 무엇보다 좋은 것은 드디어 추운 겨울의 나무에게 태양 불인 병丙이 등장하여 온기를 준다는 점이다.

여기까지 분석하고 K씨에게 물었다.

"올해 승진이 되거나 조직에서 포상을 받을 만한 일이 있습니까?"

"원래는 2017년 봄이 진급 시기인데, 작년에 진행했던 프로젝트의 성과가 좋다고 윗분들이 2016년 특진 심사 명단에 저를 넣어 줬습니다. 그런데 구조조정하기 일보 직전에 특진하기를 기대한다는 게 말이 안 되는 것 같아요."

K씨는 자신의 진급 가능성을 강하게 부정했다. 그러나 K씨의 사주상 2016년은 관운이 좋은 해였다. 나는 명리학적으로 좋은 소식을 기대할 수 있을 것이라고 말하고는 다음과 같이 덧붙였다.

"올해 관운이 좋습니다. 당분간 고민하지 마시고 지금 하는 회사일에 몰두하셔도 좋을 것 같습니다. 다른 데 알아보지 마시고요."

몇 달 후 그에게서 연락이 왔다.

"저 특진했어요. 감사합니다."

물론 상담 당시에 무조건 특진을 하게 되니 내 말만 믿으라는 식으로 이야기할 수도 있었다. 사주 구조상 병신년의 관운이 매우 좋아서 특진할 확률이 꽤 높아 보였기 때문이다. 명리를 예언적 도구로 활용하는 것은 상담자의 자유일 것이다. 그러나 내가 생각하기에 명리학을 바람직하게 활용하는 모습은 의뢰인들이 좀 더 현명한 의사결정을 하도록 돕기 위한 도구이자 의뢰인 스스로를 객관적으로 파악하게 하는 코칭의 수단이다. 그래서 K씨와의 상담 말미에 가장 많은 시간을 할애한 것은 '본인은 장기적으로 관운이 좋은데 마음의 여유가 없는 사주로 태어났다. 그러니 주변의 변화에 일희일비하지 말고 자기 길을 가라'는 얘기였다. 자신이 열심히 한다면 조직으로부터 배신당하지 않을 것이라는 점을 특히 강조했다.

2023년부터 오는 경신庚申 대운에는 K씨 사주에 있는 정관 경庚의 본무대가 펼쳐진다. 경庚이라는 글자는 대운 글자이기도 하거니와 신申의 지장간 속에도 있기 때문이다. 추운 겨울의 나무인데 불이 없으니 마음에는 여전히 여유가 없겠지만 오리지널 관운이라 할 수 있는 정관의 시기가 도래하니 나이 50대에는 임원 승진도 기대해 볼 만하다.

다른 사람들이 보기에 괜찮은 상황에 있는 사람들 중에 내적인 고민이 많은 경우가 더러 있다. K씨도 그런 경우였다. 마음의 평화만 유지한다면 살던 대로 살아도 직장인으로서 성공하는 데 큰 문제가 없을 것이다. 그러나 마음의 평화를 유지한다는 것이 말처럼 그리 쉬운 일이 아니다. 철학, 종교, 때로는 의학의 도움을 받아야 겨우 얻을 수 있는 경우도 있다.

명리학 관점에서 K씨에게 마지막으로 부탁했던 것은 마음의 불안을 회사 탓도 자신의 용기 부족 탓도 아닌, 단지 겨울에 태어난 나무라는 환경 탓으로 돌리라는 것이었다. 그 누구의 잘못도 아닌, 겨울에 춥고 여름에 더운 자연 현상 때문이라고 이해하라는 것이었다. 개선할 수 있는 것이 아니기에 '그냥 그렇구나' 하고 받아들이면 마음의 평화가 찾아오기도 한다. 체념과는 다른 관조를 터득하게 되는 것이다. 살다 보면 때로는 그렇게 받아들이는 자세도 필요하다.

해외로 나가도 결혼운이 들어올까

밝은 성격의 D씨는 미혼의 직장 여성이다. 일 때문에 해외로 나갈 매우 좋은 기회가 생긴 그녀는 직업적 성공과 결혼 중 어느 것 하나 놓칠 수 없다고 했다. 그래서 질문이 아주 명쾌했다.

"해외에 나가도 좋은 남자 만나서 결혼할 수 있나요?"

"물론입니다."

나도 아주 명쾌하게 대답했다. 결혼은 매우 중요한 명리 상담의 주제다. 특히 미혼 남녀에게 해외 유학이나 파견 근무의 기회가 왔을 때 가장 먼저 고민하는 것이 결혼 문제다. 아무래도 한국에 있어야 사람을 만날 기회가 많고, 많이 만나야 그중에서 좋은 사람을 고를 수 있다고 생각하기 때문이다. 물론 틀린 말은 아니다. 그러나 사주에 강력한 결혼운이 있다면 걱정할 필요가 없다. 결혼을 하고 안 하고는 본인이 결정할 수 있을지 몰라도 결혼의 기회는 확실히 오기 때문이다.

　D씨의 사주를 살펴보기로 하자.

	시	일	월	연
십신	편관	본인	정관	정재
천간	辛	乙	庚	戊
지지	巳	未	申	辰
십신	상관	편재	정관	정재
지장간	戊 庚 丙	丁 乙 己	戊 壬 庚	乙 癸 戊

대운: 1대운						
61	51	41	31	21	11	1
癸	甲	乙	丙	丁	戊	己
丑	寅	卯	辰	巳	午	未
세운						
2023	2022	2021	2020	2019	2018	2017
癸	壬	辛	庚	己	戊	丁
卯	寅	丑	子	亥	戌	酉

누구에게나 도움이 되는 을 사주

D씨는 음의 목인 을乙로 태어났다. 명리학을 모르는 사람들에게 "선생님은 을로 태어나셨습니다."라고 말하면 대부분 비즈니스에서의

갑을甲乙 관계를 떠올린다. 어떤 IT 개발자가 마침 일간이 을乙이었는데 "저는 죽을 때까지 을로 살아야 하는 건가요?" 하고 물었던 기억이 난다. 일간이 을乙이라는 것과 비즈니스에서의 갑을 관계는 아무 상관이 없다. 다만 갑甲은 양의 목으로 곧은 소나무를 상징하기에 다소 뻣뻣할 수 있고, 을은 음의 목으로 부드러운 풀과 굽은 등나무를 상징하기에 유연할 수 있다고 보는 관점에서 비즈니스에서의 갑을 관계와 어느 정도 유사하다고 볼 수는 있다.

그러나 갑甲 일간으로 태어난 공급업자도 있고, 을乙 일간으로 태어난 발주처도 있으니 이를 너무 현실에 대입할 필요는 없다. 오히려 유연한 을乙의 마음으로 살아가면 현실적으로 누구에게나 도움이 된다. 지금껏 명리 상담을 해 오면서 지켜본 결과 을乙 일간으로 태어난 사람들이 직종 불문하고 갑甲 일간으로 태어난 사람들보다 눈치가 빠르고 임기응변에도 훨씬 능숙한 경우가 많았다.

가장 강력한 기운을 따라간다

D씨의 사주 중 월의 천간과 지지에 십신의 정관正官에 해당하는 경庚과 신申이 있다. 여성에게 정관은 직장이기도 하지만 남편이기도 하다. 자신의 뿌리에 해당하는 월의 자리에 정관이 뚜렷하게 자리 잡고 있다는 것은 결혼의 기회가 언젠가는 반드시 온다는 것을 의미한다. 여기까지만 봐도 결혼 여부에 대한 답은 이미 나온 것이다.

이 사주에서 재미있는 점은 일간인 을乙을 둘러싸고 있는 일곱 글자 중에서 나에게 힘을 더해주는 정인正印, 편인偏印 등의 인성印星이나 나와 동일한 기운으로 내 편이 되어 주는 비견比肩, 겁재劫財 등의 비겁比劫에 해당하는 글자가 하나도 없다는 것이다. 무戊, 진辰은 정재, 경庚, 신申은 정관, 신辛은 편관, 사巳는 상관傷官, 미未는 편재이다. 정재와 편재는 재물로, 내가 극剋하는 대상이니 내 힘을 빼간다. 정관과 편관은 나를 극剋하는 존재이니 나를 통제한다. 상관도 내가 힘을 방출하는 것이니 내 힘을 빼간다.

앞에서 내 힘을 빼가거나 억제하는 글자들이 나를 둘러싸고 있으면 '종격 사주'라고 했다. 종격 사주가 되면 사주의 글자들 중에서 가장 기운이 왕성한 글자를 따르는, 즉 종從하는 사주가 되며, 기운이 왕성한 글자의 운이 나에게 좋은 운이고, 그 글자의 운을 극剋하는 운이 나에게 안 좋은 운이라고 본다. 보통은 나를 돕는 기운이 약하면 여기에 조금 더 힘을 보태서 힘의 균형을 찾아 가는 것이 일반적인 사주 이론이다. 마찬가지로 나를 돕는 기운이 강하면 그 힘을 줄이거나 누르는 식으로 힘의 균형을 찾아가는 것이다. 그런데 내 사주 자체가 너무 약하면 여기에 애매하게 힘을 보태지 말고 가장 강력한 기운을 따라가는 게 낫다는 것이 종격 사주 이론의 배경이다.

어느 시기에 결혼운이 들어오는가

D씨의 일간은 음의 목인 을乙이다. 목은 화를 생하니 木生火, 을乙이 사巳를 생한다. 그리고 화는 토를 생한다 火生土. 양의 화인 사巳는 가깝게는 미未라는 음의 토를, 멀게는 무戊와 진辰이라는 양의 토를 생한다. 다시 토는 금을 생하므로 土生金 경庚, 신申이라는 정관 기운이 강해진다. 그리고 원래 금은 수를 생하는데 金生水 D씨의 사주 여덟 글자에는 (지장간을 제외하고는) 드러난 수가 없다. 따라서 모든 기운이 금에 집중된다. 눈덩이를 굴릴 때 처음에는 작게 시작하더라도 여러 번 굴리다 보면 점점 커지게 된다. 어떤 기운이 다른 기운을 생生 할 때도 계속 연속해서 생하는 과정을 거치게 되면 마지막에 멈춘 오행의 기운은 큰 눈덩이처럼 강해진다. 여기서는 금이 그런 기운이다.

그런데 신辛, 경庚, 신申 세 개의 금 중 신辛은 음의 금金이고, 신辛이라는 글자 아래에는 양의 화인 사巳가 있다. 불은 이미 제련된 금인 신辛을 그을리게 하여 그 힘을 약화시킨다 火剋金. 어차피 따를從 대상이라면 강한 대상을 따르는 것이 순리이다. 따라서 이 사주에서는 월간인 경庚을 가장 기운이 센 것으로 본다. 경庚 아래에 있는 신申은 경庚의 뿌리이기도 하니 이럴 경우 경신 전체를 하나의 금金 기운으로 본다. 게다가 을乙은 경庚을 만나면 을경합乙庚合 작용을 하게 된다.

종합해 보면, 종격 사주인 D씨는 가장 강한 기운을 따라가야 하는데, 마침 남편에 해당하는 정관 경신庚申 기운이 강하고 나와 합을 하게 되니 결혼은 필연적이다. 또한 경신은 강한 금 기운으로 직접 목과 충沖이 되거나, 화에게 그을리는 극剋을 당하지는 않으니 온전한 모습의 금이다. 이는 남편이 꽤 능력 있는 남자라는 사실을 시사한다.

그렇다면 D씨의 결혼운은 언제 올까? 여성의 사주에 정관, 편관이 둘 다 있으면 남편 말고도 또 다른 남자가 동시에 존재한다는 의미이기도 하다. D씨의 사주에는 정관인 경庚과 신申, 편관인 신辛이 있다. 이론적으로는 정관을 본 남편, 편관을 애인으로 보는 견해도 있다. 사주에 정관, 편관 두 글자가 동시에 있으면 편관의 기운을 누르고 정관의 기운을 살려주는 시기가 결혼 시기 또는 결혼할 사람을 만날 시기이다. 물론 정관의 기운을 누르고 편관의 기운을 살려주는 경우에도 남자운이 있지만 결혼을 전제로 할 경우에는 정관의 기운을 살려주는 쪽의 확률이 높다.

사주에 남자를 뜻하는 관성이 두 개 있을 경우, 관성 한 글자만 역할을 하는 시기가 한 남자만 눈에 들어오는 시기라고 이해해도 좋다. 사주의 주인공이 동시에 여러 남자를 만난다고 단정하면 안 된다. 주변에 좋은 남자가 많아서 한 남자를 못 고르는 경우도 있고, 단지 눈이 높은 경우도 정관, 편관이 동시에 있는 사주 구조에 해당되기 때문이다.

2016년은 병신년丙申年이었다. 병신합丙辛슴이라는 합충 이론에 따라 병신년의 병丙이라는 글자가 사주에 있는 편관 신辛을 묶게 되어 해당 기운이 일시적으로 활동을 멈추게 되는 때다. 병신년의 신申은 경신庚申이라는 D씨의 남편운과 동일한 기운으로, 정관의 기운을 강하게 해 준다. 그래서 편관의 기운을 억제하고 정관의 기운을 강화시키는 병신년은 D씨에게 남자운이 가장 좋은 해이다. 실제로 D씨는 2016년 해외에서 만난 사람과 2017년 상반기에 결혼했다. 남편은 집안, 학벌, 연봉, 외모 등 어느 것 하나 빠질 게 없는 사람이었다.

눈치 빠른 독자라면 여기서 질문이 하나 떠올랐을 것이다. '편관의 기운을 일시적으로 누른 것이라면 이 결혼이 오래 유지될 수 있을까?' 하는 궁금증이 생길 수도 있다. 이런 질문을 떠올린 독자라면 전문 명리 상담가의 길을 걸어도 좋겠다. 그리고 이 질문에 대한 대답은 '해로할 수 있다'이다. 물론 병신년의 일시적인 기운으로 결혼 상대를 만난 것은 맞지만 경庚(또는 경신)이라는 멋진 남편과 경쟁할 대상으로서 편관 신辛은 한마디로 격이 떨어진다. 신辛은 불을 밑에 깔고 있어서 금金으로서의 힘이 약한 데다 음양 이론에 따르면 여성이 음의 목이면 남성은 양의 금이 배필감이다. 더구나 D씨는 종격 사주이기 때문에 경신庚申이라는 글자에 한번 종속되면 웬만해서는 그 틀을 벗어나지 않는다.

단, 명리 상담가로서 꼭 조언해 주어야 하는 부분이 있다. 행여나 이혼하면 다음 결혼 상대는 편관 신辛이 되니 첫 남편인 정관 경庚보다 많이 부족할 것이라는 것과 정관, 편관이 모두 있는 여성은 아무리 잘난 남성과 결혼을 하더라도 불만이 있을 수 있다는 점이다. 그러나 D씨는 현명한 여성이니 자신의 커리어를 성공적으로 관리하는 것은 물론 가정의 화목 또한 놓치지 않을 것이라 믿는다.

병 丙

- 자연 속성: 태양

- 특징: 태양이 만물에 에너지를 공급하듯 주변 사람들을 도우며 자기 정체성을 찾아간다.

- 장점: 높은 꿈과 이상을 지니고 있다. 사소한 일에 이해타산을 따지기보다 큰 이익을 고려하는 성향이다.

- 고려사항: 변칙적인 조직에는 적응하는 데 어려움이 있다. 당당한 겉모습과 달리 섬세한 마음을 지니고 있다.

40대 초반에 대기업 임원이 되다 丙

P씨는 40대 초반의 나이에 국내 10대 기업의 임원이 되었다. 얼굴이 잘생겼고, 말주변이 좋아서 인기도 많은 편이다. 그는 국내 명문 대학을 졸업하고 해외의 유명 대학에서 MBA를 취득한 후 글로벌 경영 컨설팅 회사에서 커리어를 쌓았다. 한마디로 공부 잘하고 일 잘하고 인물도 잘난 '엄친아'이기에 출세를 하지 못하면 오히려 이상할 정도다. 그런데 사주를 풀어 보니 놀랍게도 이러한 속성이 그의 사주에 고스란히 각인되어 있었다.

	시	일	월	연
십신	정인	본인	상관	정인
천간	乙	丙	己	乙
지지	未	戌	丑	卯
십신	상관	식신	상관	정인
지장간	丁 乙 己	辛 丁 戊	癸 辛 己	甲 乙

대운: 10대운						
70	60	50	40	30	20	10
壬	癸	甲	乙	丙	丁	戊
午	未	申	酉	戌	亥	子
세운						
2023	2022	2021	2020	2019	2018	2017
癸	壬	辛	庚	己	戊	丁
卯	寅	丑	子	亥	戌	酉

태양이 겨울 대지에 강한 빛을 발산하는 사주

명리학에서 사주의 글자들을 마치 도화지에 그리듯 이미지화하는 분
야를 '물상론'物象論이라고 한다. 한눈에 사주를 잡아내는 데 유용하
다. P씨는 양의 화인 병丙으로 태어났다. 그의 일간 병丙은 태양 불이
다. 태양 불이 어떤 모습인지 물상론에 근거하여 형상화해 보자.

월간의 상관 기己와 시지의 상관 미未, 일지의 식신 술戌, 월지의 상

관 축丑은 모두 토土의 기운으로 P씨의 사주에는 토가 네 개나 있다. 그리고 양력으로 1월 초에서 2월 초 사이인 축丑월에 태어났다. 즉, 차갑고 넓은 토양에 태양이 비추니 태양의 덕德이 크다.

정인인 을乙과 묘卯는 오행으로 목木인데, 둘 다 풀이나 넝쿨에 가깝다. 이런 정인이 세 개 있으니 규모가 작지 않은 풀숲을 이룬다. 종합해 보면 차갑고 넓은 토양 위에 큰 풀숲과 덩굴나무들이 있는데, 뿌리를 둔 토양이 넓어 자라는 데는 문제가 없으나 겨울이라 춥다. 그런데 태양 불이 있어 살아갈 수 있으니 태양은 자신의 본분을 다하게 된다.

좀 더 구체적으로 왜 P씨가 성공했는지 분석해 보자. 겨울의 태양은 여름의 태양보다 사람들에게 유용하다. 물론 자신은 에너지를 얻기보다 방출하는 시기이지만 사람들이 필요로 한다. 그 태양빛을 필요로 하는 것이 바로 정인正印이라는 나무다. 정인은 공부, 학문, 머리 쓰는 일을 뜻한다. 사주에 정인이 있으면 끊임없이 새로운 지식을 추구하는 경향이 있다. 그리고 학위 증명서나 계약서 등 자신의 능력과 재산을 보증해 주는 공식적인 증거를 확보하고 관리하는 것이 성공의 중요한 포인트이다.

P씨는 현재 대기업 기획실 임원으로 있으니 순리대로 커리어를 잘 쌓아 나간 것이다. 그리고 이 사주는 토가 네 개로, 활동 무대가 아주 넓다. 대기업에서 일하기에 제격이라는 의미다. 또한 태양 불인 일간 병丙으로 인해 따뜻해진 토양은 곧 다가올 봄에 씨앗을 뿌려 새로운 미래를 준비하게 한다. 최고경영진을 도와 신사업을 기획하는 것도

자연스러운 모습이다.

P씨가 임원으로 승진한 시기는 2016년 병신丙申년이었다. 본인이 태양이지만 겨울의 태양이다 보니 여름의 태양에 비해 에너지가 부족하다. 그러던 차에 세운에 병丙이라는 지원군이 와서 겨울의 넓은 대지에 강력한 빛을 발산할 수 있게 된다. 현실적으로는 회사 내에서 그 기세가 멋지게 뻗는 것을 의미하니 승진을 하게 된다.

물론 정인이 세 개나 되어 나무가 불을 돕는 목생화木生火 작용을 하게 되니, 본래 주인공 병丙의 힘도 그리 약하지는 않다고 볼 수 있다. 그러나 자연의 섭리상 나무가 태양 불을 키워 줄 수는 없고 태양 에너지가 왕성할 때, 즉 태양 자체의 에너지가 왕성한 시기에 불빛이 더 강렬해진다고 해석할 수 있다.

물론 세 개나 되는 정인을 무시하자는 것은 아니다. 다만, 정丁과 같은 지상의 불이라면 나무가 불을 도울 수 있을 테지만 병丙처럼 하늘에 있는 태양 불에게 을乙과 묘卯라는 덩굴나무는 태양을 돕기보다 태양 불의 수혜자라고 보는 견해가 더 자연스럽다는 것이다. 따라서 2016년의 운인 병丙과 P씨 본인인 태양 불 병丙이 만나 화력이 두 배로 강해지게 되어 대기업이라는 큰 토양에서 화려한 빛을 발하게 된다. P씨는 이때 승진이 되었다고 보면 된다.

물론 2016년부터 시작되는 을유乙酉 대운도 살펴볼 필요가 있다. 을乙은 정인으로, 억부론抑扶論적 관점에서는 겨울의 태양을 돕는 나무이다. 또한 유酉 대운과 2016년 병신년의 신申, 일지인 술戌이 함께 신유술申酉戌 방합을 이루어 금 기운이 강화된다. 화 기운을 가진 병丙

에게 금 기운은 재성財性, 즉 돈이다. 임원으로 승진해 연봉이 오르고 차량을 제공받으니 재복財福이 상승하는 시기를 맞이하기에 손색이 없다.

호감형의 멋쟁이

보통 병丙으로 태어난 사람은 남녀 공히 호감형 외모에 예의범절을 중시하는 멋쟁이들이 많다. 태양은 당당한 존재인만큼 그 모습이 그 누구에게도 빠지지 않으며, 세상에 에너지를 공급하는 존재로서 높은 하늘에 떠 있으니 높은 이상을 품고 있으며 예의도 바르다. 바르지 못한 것을 불태우는 이미지를 떠올리면 이해하기 쉽다. 특히 병丙으로 태어난 미남들의 경우, 요즘의 '아이돌'처럼 예쁘장한 스타일보다는 '훈남' 스타일의 미남이 더 많다. 여성이 병丙인 경우에도 서글서글한 스타일이 많은데, 이러한 외모가 신뢰감을 줘서 비즈니스에서 좋은 성과를 내는 사람들을 많이 봤다.

그런데 만일 사주에 병丙이 두 개 이상 있으면 태양 불의 크기가 커져서 일체의 사악한 기운을 싫어한다. 즉 규정에 어긋나는 것을 좋아하지 않는다. 2016년에 만난 사람 중 사주에 병丙이 세 개 있는 사람이 있었는데, 그는 대기업 인사팀의 총괄임원으로 수많은 임직원들의 규정준수를 지도·감독하는 업무를 훌륭히 해내고 있었다. P씨의 경우는 병丙이 하나만 있고, 병丙이 정인이라는 지혜의 나무에 온기를 주는 역할을 하므로 지금의 기획팀 임원 자리가 제격이다.

P씨의 사주에서 꼭 짚고 넘어가야 할 부분이 있다. 지지에 축丑, 술戌, 미未 세 글자가 다 있다는 것이다. 축, 술, 미는 세 글자가 모여 삼형을 이룬다.

삼형은 삼형살三刑殺이라고도 한다. 처음 이런 이야기를 듣는 사람들은 살殺이라는 글자가 무시무시하게 들려서 무조건 나쁜 것이라고 오해하곤 한다. 그러나 나쁜 일만 일어난다는 의미보다는 축, 술, 미라는 세 개의 토土가 모임으로써 땅과 땅이 부딪히니 지진이 일어나듯 생활환경이 크게 변하는 기운을 내포한다고 해석하는 것이 합당할 것이다. 물론 매일매일의 삶에 변동이 있는 것은 아니고 축, 술, 미중 한 글자가 운에서 올 때 변동성이 발동한다. 마침 P씨의 30대 대운에 술戌 대운이 있다. 30대 대운에 삼형살이 제대로 발동하는 것이다. P씨는 이 기간 동안 유학도 다녀오고 이직도 두 번이나 했다. 또 부인의 직장이 멀어 주말부부 생활도 시작했다.

사주의 지장간에 정재 신辛이 축丑에 하나, 술戌에 하나 총 두 개가 있다. 남자에게 정재는 돈이기도 하지만 부인이기도 하다. 물론 정재가 두 개 있다고 꼭 결혼을 두 번 하는 것은 아니다. 그러나 삼형살을 이루는 지장간 안에 정재가 두 개 있으면 부부 관계가 불안정하다고 본다. 그럴 때는 늘 부대끼며 함께 있는 것보다 주말부부 같은 형태가 더 나을 수도 있다. 부부간에 사소한 것으로 다투는 일을 삼가고 서로 배려해야 해로할 수 있다.

P씨의 장래는 어떨까? 40대의 을유乙酉 대운, 50대의 갑신甲申 대

운을 물상론적으로는 해석해 보면 나무의 기운을 가진 을乙과 갑甲이 태양 불인 병丙의 기운을 받아 힘을 얻는다. 억부론적으로는 나무인 을乙과 갑甲이 불인 병丙을 돕는다木生火. 모두 좋은 뜻이다. 유酉와 신申은 금金 기운으로, 화火인 본인에게 재물을 뜻하는 정재와 편재이다. P씨의 사주에는 식신, 상관이 네 개나 있어서 활동력이 왕성한데, 유酉와 신申은 그 활동의 성과를 뜻하게 된다. 따라서 50대 말까지는 돈과 명예를 기대할 수 있다.

그러나 만 60세부터 다가오는 계미癸未 대운에는 조직 생활을 마감할 것으로 보인다. 계癸라는 음의 수水는 겨울에 태어난 병丙이라는 태양에게는 차가운 물로 다가오며, 태양 불을 극하는 좋지 않은 운이다. 물상론적 관점에서 계癸는 구름이나 안개로 태양인 병丙을 가린다. 차가운 대지를 따뜻하게 덥히는 역할이 끝나니 큰 조직에서의 생활도 끝난다고 볼 수 있다. 이러한 변화의 시기에는 건강도 조심하는 것이 현명할 것이다. 그러나 P씨의 중장년은 강력한 식신, 상관의 행동력으로 태양 에너지를 만천하에 밝게 나눠 주고 비춰 주는 모습이니 멋진 인생이 아닐 수 없다.

유학을 다녀오면 이름을 날릴 수 있을까 丙

30대 초반의 Q씨는 예술고등학교에서 미술 선생님으로 재직하고 있는 아름다운 외모의 여성이다. 부모도 상당한 재력가여서 생계를 위해 일하는 상황은 아니었다. 상담의 주된 내용은 서른이 넘은 지금이라도 대학원에 가야 하는지에 대한 것이었다. 그녀는 대학원 진학을 할 경우 국내에서 하는 것이 나을지, 미국으로 유학을 가는 것이 나을지도 물었다.

명리에서 유학을 가는 게 좋을지 안 좋을지는 유학의 목적을 이룰 수 있는 사주팔자인가를 핵심 질문으로 한다. 예술을 전공하는 경우, 유학을 다녀온 후에 교수나 유명한 예술가가 될 수 있느냐를 그 기준으로 삼는 것이다. 물론 자기만족을 위해 해외 유학을 갈 수도 있지만 사회적으로 인정받느냐 못 받느냐가 우선 고려 대상이다. 따라서 타

고난 사주에 교수가 될 정도로 명예운이 있는지, 아니면 예술가로서
필요한 활발한 창작력이 있는지를 분석한다.

	시	일	월	연
십신	편인	본인	편관	겁재
천간	甲	丙	壬	丁
지지	午	戌	寅	卯
십신	겁재	식신	편인	정인
지장간	丙 己 丁	辛 丁 戊	戊 丙 甲	甲 乙

대운: 9대운						
69	59	49	39	29	19	9
己	戊	丁	丙	乙	甲	癸
酉	申	未	午	巳	辰	卯
세운						
2023	2022	2021	2020	2019	2018	2017
癸	壬	辛	庚	己	戊	丁
卯	寅	丑	子	亥	戌	酉

사주의 모든 글자가 화의 기운을 강화시킨다

Q씨는 양력 2월 초에서 3월 초 사이인 인寅월에 태어난 태양 불 병丙
이다. 겨울의 끝자락으로 추위가 아직 남아 있는 계절에 태어났으나

사주의 모든 글자가 화火의 기운을 강화시키는 방향으로 구성되어 열기가 대단한 사주이다. 화로 모든 기운이 모이는 이유는 다음과 같다.

지지의 인寅, 오午, 술戌은 함께 있으면 인오술寅午戌 삼합을 구성하여 화로 변한다合化火. 천간의 정丁과 임壬은 서로 만나면 정임합丁壬合을 하여 목木으로 변한다合化木. 합으로 강화된 목 기운은 나무가 불을 지피는 형상을 만든다木生火. 사주의 또 다른 글자인 묘卯와 갑甲 또한 나무로써 불 기운을 강화시킨다. 정리해 보면, 십신 차원에서 식신 술戌도 있고 편관 임壬도 있지만 이 두 글자가 합合하여 목과 화 기운이 대세인 사주가 되며, 나무는 불을 지피니 결국 화가 대세인 사주인 것이다.

Q씨의 사례와 같이 어느 하나의 오행이 대세를 이루면 그 대세인 기운을 막지 않는 것이 좋다. 십신으로 보면 정관이나 편관으로 극剋하지 말라는 것이며, 오행으로는 강한 불을 어중간한 물로 끄려 했다가는 불길만 더 키울 수 있다는 뜻이다. Q씨의 사주에 나를 극하는 편관 임壬이 있지만 약한 물로 불을 끄려하지 않고 정丁과 합하여丁壬合 목木으로 변함으로써 오히려 사주의 격格이 높아졌다. 나쁠 수도 있는 글자가 합合이 되면 그 기능이 멈추게 되기 때문에 오히려 좋은 일이다.

만일 편관 임壬이 다른 글자에 합이 되지 않고 독립적으로 움직였다면 남자 때문에 크게 골치 아픈 일이 있을 수 있는 사주가 된다. 정관이나 편관은 여성의 사주에서 남자를 뜻하기 때문이다. 힘없는 남자가 잘난 여자에게 빌붙는 일이 생길 수도 있고, 남자 때문에 관재구설官災口舌(사건이나 사고에 휘말리고 그로 인해 여러 사람의 입에 오르내리는 일)이 생길 수도 있다. 특히 정관보다 편관이 나쁘게 작용할 경우에 남자로 인한 관재구설이 생길 확률이 더 높다. 정관은 남편을 뜻하고, 편관은 남편보다는 애인에 더 가까운 남자운이기 때문이다. 물론 사주에 정관이 없고 편관만 있다면 편관이 남편 역할을 충실히 수행한다.

대외적으로 이름을 날리지 않아도 귀한 사주

화火의 속성은 직업적으로 예술, 미용, 방송 등과 인연이 깊다. 불처럼 화려한 직업이 적합한 것이다. 따라서 Q씨에게 미술은 잘 맞는다고 할 수 있다.

그런데 명예운을 뜻하는 관운을 보니 정관은 사주에는 물론 지장간에도 없고, 편관만 하나 있다. 여자에게 관운은 남자이기도 하지만 명예운이기도 하다. 앞에서 Q씨의 사주는 정관이나 편관이 애매하게 활동하면 더 나쁠 수 있는데, 정임합이 되어 격이 높아졌다고 했다. 그러나 관운이 합이 되어 기능이 정지되었으니, 사회적으로 큰 명예를 얻기는 어렵다고 본다. 그런데 귀한 사주라고 해서 꼭 대외적으로 명예가 있어야 하는 것은 아니다. 요즘 같은 시대에는 손에 물 한방울 안 묻히고 힘든 일 겪지 않으면서 죽을 때까지 돈 걱정 없이 살면 충분하다. 따라서 교수가 되기 위한 목적으로 유학을 가는 것은 승률 낮은 판에 돈을 거는 것과 같다고 할 수 있다.

그러면 예술 활동의 성과는 어떨까? 예술가의 사주라고 해서 정형화된 패턴이 있는 것은 아니다. 그러나 식신이나 상관같이 자신의 기氣를 방출하는 십신이 있으면, 그 십신의 왕성함으로 예술가 기질을 분석한다. 예술은 나를 표현하는 행위이기 때문이다. 그런데 식신이 인오술 삼합이 되어 화火 기운으로 변했다. 식신이 있으나 자신의 역할을 하지 못하니 예술가로 대성하지는 못할 것이다. 운에 따라 특정한 시기에 잠시 활동력이 상승할 수는 있으나 평생 직업으로 전업 예술가는 적절치 않다. 예술가로 큰 성과를 거두기를 바라며 유학을 가려고 한다면 이 또한 권하기 어렵다.

사실 목木과 화火의 기세가 큰 사주를 가진 사람은 예술과 관련된 일에 잘 맞는다. 나무의 뻗어나가는 생명력과 불의 타오르는 기세가 에너지를 밖으로 표출하는 것이므로 자기표현을 하는 직업인 예술가와 잘 어울리기 때문이다. 다만 교수나 유명한 예술가가 되는 것을 목표로 유학을 준비한다면 투자 대비 효과가 적을 소지가 있다. 그 대신 강한 불 기운을 해소할 수 있는 곳을 찾아야 한다. 웬만한 물로는 이 사주의 불기둥을 잠재울 수 없기 때문이다. 큰 불기둥은 높은 자존심이라고 볼 수 있다. 지금처럼 학생들을 가르치는 일만으로는 자기만족을 얻기 힘들 것이다. Q씨가 해외 유학을 고려하는 까닭도 교수가 되거나 예술적으로 더 활발하게 창작 활동을 하기 위해서라기보다는 자신의 눈높이에 맞는 외부 환경을 갖고 싶어서일 것이다.

나는 그녀의 사주를 보며 최종적으로 이렇게 조언했다.

"첫째, 교수가 되거나 유명한 예술가가 되는 것이 목적이라면 유학은 남는 장사가 아닙니다. 둘째, 단지 환경의 변화를 통해 기분 전환을 하고 싶다면 경제적으로 여유가 있으니 말리지 않겠습니다. 유학 자체에서 행복을 느끼기를 바라는 정도라면 권한다는 뜻입니다. 마지막으로, 어린 학생들에게만 가르칠 게 아니라 성인들을 대상으로 영역을 넓히되 자신의 강한 에너지를 분출해 상대방에게 큰 변화를 줄 수 있는 분야로 확장하는 게 좋습니다."

독특한 예술 분야에서 에너지를 충분히 분출하라

Q씨의 사주는 학생들을 지도하는 것만으로는 자신의 강력한 긍정 에너지를 충분히 발휘할 수 없기 때문에 본인이 보람을 느끼기 어렵다. 그래서 대안이 필요한데, 이를테면 국내에서 미술치료사 과정을 공부한 뒤 성인 대상의 상담소를 여는 것도 좋다. 작더라도 고급스러운 분위기로 상담소를 운영한다면 그녀의 적성에도 잘 맞을 것이다. 아니면 그와 관련된 업무를 하는 조직에 소속되어 일하는 것도 좋다. 왜 미술치료를 거론했는가 하면, Q씨가 태어난 시時의 천간에 있는 편인 갑甲 때문이다. 편인은 독특한 분야의 공부, 장인정신에 기반한 기술 등을 의미한다. 장인정신이 경쟁력이더라도 평범한 조직에 몸담을 때는 자신의 칼을 너무 드러내지 않는 자세도 필요하다. 독특한 아이디어도 세상에서 빛을 발하기까지는 불필요하고 지루한 절차를 거쳐야 하기 때문이다. Q씨는 불이 강한 사주에 편인까지 있으므로

독특한 분야로 예술의 영역을 넓혀갈 것을 제안한 것이다. 대학원에서 미술치료를 제대로 공부해 보다 넓은 영역에서 다른 사람들을 돕는다면 자신의 에너지를 충분히 방출할 수도 있고 만족도 또한 높을 것이다. 현재로서는 그 정도가 Q씨의 커리어 방향으로 합리적일 것이다.

한 가지 더, 태어난 시時에 정인이나 편인이 있으면 사회생활을 하는 중간에 다시 공부를 하게 되는 경우가 종종 있다. 연, 월, 일, 시 순서대로 초년부터 말년까지의 운을 보는 견해에 근거하면 공부나 문서를 뜻하는 정인이나 편인이 시時에 있으면 말년에 공부를 하게 된다고 본다. 실제로 상담을 하면서 보니 특정한 어떤 시기에 공부를 한다고 해석하기보다는 사회생활을 하는 중에 학위를 따거나 기술을 새로 익히는 등의 경우를 포괄해 해석하는 편이 더 적절해 보인다.

예술 전공자가 자기 좋아하는 것을 열정적으로 하면 되지 사주에 의존해 앞날을 결정하려고 하는 것이 이상하게 여겨질 수도 있다. 그러나 예술도 하나의 직업, 즉 세상을 살아가는 하나의 방식이다. 예술 전공자 중에는 창작 활동을 하는 사람도 있지만 교육자도 있고, 공연을 기획하는 등 상업적 영역에 종사하는 사람도 있다. 음악 전공자 중에는 악기 판매업이나 악기 수리 전문가로 활동하는 이들도 있다. 예술이라는 테두리 안에서 자신의 강점이 잘 발휘될 수 있는 분야를 찾기 위해서라면 명리학 관점의 조언은 역시 유효할 것이다. Q씨도 자신에게 잘 맞는 세계에서 에너지를 발산할 수 있기를 기대해본다.

정丁

- 자연 속성: 촛불, 등불

- 특징: 취사, 난방, 금속 가공 등 일상생활에서 사용하는 불로, 실용성이 강하다.

- 장점: 뛰어난 현실 감각을 지니고 있다. 탁월한 업무 능력으로 조직에 도움이 된다.

- 고려사항: 넘치는 에너지를 발산할 자신만의 방법을 찾는 것이 좋다. 자신을 이용만 하려는 사람을 경계해야 한다.

연봉 5억 받는 여성 임원의 사주

외국계 기업의 전무인 R씨는 연봉 5억 원 정도를 받는 40대 초반의 여성이다. 밤샘 근무를 불사할 정도로 맹렬히 일하면서 머리 회전도 무척 빨라 툭 치기만 해도 아이디어가 샘솟는 사람이다. 당연히 공부도 잘해서 해외 명문 대학에서 석사 과정까지 밟았다.

4, 5년 전에 그녀가 내게 물었다.

"전무가 될 수 있습니까?"

그때 그녀는 회사에서 이사로 재직하고 있었다.

"가능합니다."

사주를 분석해 보니 '가능하다'라고 나와서 나는 그렇게 대답해 주었다. 그녀는 그밖에는 별로 궁금한 게 없었다. 남편도 대기업에서 착실하게 커리어를 쌓고 있고, 자식도 건강하게 잘 자라고 있었으니 말

이다. 한마디로 남들이 부러워할 팔자인 R씨가 성공 가도를 달리는
이유는 무엇인지 그녀의 사주에서 찾아보기로 하자.

	시	일	월	연
십신	편재	본인	식신	편인
천간	辛	丁	己	乙
지지	亥	卯	丑	卯
십신	정관	편인	식신	편인
지장간	戊 甲 壬	甲 乙	癸 辛 己	甲 乙

대운: 6대운						
66	56	46	36	26	16	6
丙	乙	甲	癸	壬	辛	庚
申	未	午	巳	辰	卯	寅
세운						
2023	2022	2021	2020	2019	2018	2017
癸	壬	辛	庚	己	戊	丁
卯	寅	丑	子	亥	戌	酉

머리도 좋고, 연봉도 높고

R씨는 음의 화인 정丁으로 태어났다. 정丁은 촛불을 뜻한다. 태양 불
인 병丙과는 비교도 안 되게 힘이 약해 보인다. 그러나 촛불이 넘어져

집에 불이 난 경우는 있어도 태양이 너무 뜨거워 불이 났다는 얘기는 들어본 적이 없다. 태양의 본분이 대지에 에너지를 공급하는 것이라면 촛불의 본분은 가까운 주변을 밝히거나 실생활에서 무언가를 태워 연소시키는 것이다. 공사 현장에서 용접하는 모습을 떠올려 보라. 큰 철근들이 작은 불꽃으로 인해 녹아내린 용접봉에 의해 하나의 구조물로 재탄생한다. 일상생활에서 무언가를 만들 때 쓰이는 불은 병丙과 같은 큰 불이 아니라 정丁과 같은 작은 불이다. 따라서 정丁으로 태어난 사람은 현실 감각이 뛰어나고 주변 사람들에게 영향을 줘서 변화를 이끌어내는 데 재주가 있다.

R씨는 양력으로 1월 초부터 2월 초 사이인 축丑월에 태어났다. 게다가 태어난 시간도 해亥시인데, 이 시간은 밤 9시 30분부터 밤 11시 30분 사이를 뜻하니 추운 겨울밤에 태어난 작은 촛불이다. 아무리 세상을 바꾸는 불이라고 해도 한겨울 밤에 태어나면 힘을 발휘하기 어렵다. 그런데 이 사주에는 반전이 있다.

R씨가 태어난 해는 을묘乙卯년으로 목木의 기운이 강한 해이다. 태어난 시간의 지지인 해亥가 차가운 겨울의 강물이기는 하지만 묘卯를 만나면 해묘미亥卯未 삼합의 일부인 반합半合이 되어 목木의 기운이 생겨난다. 마침 태어난 날의 지지인 일지에 묘卯가 있다. 언뜻 보기에는 약해 보이는 겨울의 촛불이 불길을 살려줄 땔감을 만난 것이다. 강력해진 불 기운은 기축己丑월, 즉 토土 기운을 가진 식신 운으로 흐른다. 불은 흙을 따뜻하게 데우는 작용을 하기 때문이다火生土. 나를 돕는 목 기운도 강하고, 강하게 변한 나의 기운이 흘러갈 식신의 자리도

기己와 축丑 두 글자로 강하다. 정丁에게 목 기운을 가진 을乙과 묘卯는 편인인데, 정인과 편인은 학문, 문서, 두뇌 회전을 의미한다.

식신이란 한 우물을 파듯 열심히 일하는 것이다. 식신인 토 기운이 강한 것은 R씨가 매우 성실한 사람이라는 것을 의미한다. 그 노력의 결과는 정재나 편재 등의 재성, 즉 돈복이 있을 때 성과로 이어지기 쉽다. 마침 태어난 시간의 천간에 편재 신辛이 있다. 더욱 행운인 것은 태어난 달인 축丑월의 지장간에도 신辛이 있다는 사실이다. 이렇게 되면 편재라는 돈의 뿌리가 지장간 내에 단단하게 자리 잡고 있는 셈이라 돈의 사이즈가 커지게 된다. 즉, R씨의 사주는 머리 좋은 사람이 성실히 일해 고액 연봉자가 되는 것으로 귀결된다.

사주가 좋아도 대운이 돕지 않으면

R씨가 좋은 팔자라는 것은 사주의 대운을 보면 더 명확해진다. 보통은 대운을 통해 평생의 운을 한눈에 훑어볼 수 있다. 10년 단위의 대운을 사주 여덟 글자에 대입해 보면서 '10대에는 이러하고, 20대에는 저러하며… 말년에는 이러저러할 것이다'라고 추정하게 된다. 대운을 통해 평생의 사주를 빠르게 조망할 경우에는 대운의 천간보다는 지지를 중심으로 본다. 물론 대운의 천간도 중요하지만 실제 현실 세계의 일은 지지가 더 많은 영향을 미치기 때문이다. 또한 지지 두 글자 사이의 합과 충, 지지 세 글자 사이의 삼합이나 방합의 역동성만

파악해도 전체 인생을 빠르게 조망할 수 있다.

R씨는 만 6세부터 10년 단위로 대운이 변한다. 대운의 지지가 인寅, 묘卯, 진辰, 사巳, 오午, 미未 신申의 흐름을 보인다. 명리학에서는 1년 열두 달을 12지에 대입할 때 양력 2월 초부터 시작하는 인寅월을 봄의 시작으로 본다. 인寅, 묘卯, 진辰이 봄에 해당하는 것이다. 24절기 중 하나인 입춘立春도 양력 2월 초인 인寅월에 들어 있다.

대운의 사巳, 오午, 미未는 여름이다. 봄의 오행은 목木이고, 여름의 오행은 화火이다. 겨울밤에 태어난 촛불 정丁에게 목과 화 대운이 60년 동안 드니 자신의 힘을 더욱 강화시켜 준다. 아무리 사주가 좋아도 대운이 도와주지 않으면 좋은 운이 반감되는 경우가 많다. 그런데 R씨는 대운도 도와준다. 때를 만나지 못하면 영웅호걸도 백수건달이 되는 것이 명리의 원리인데, 그런 면에서 R씨는 행운아라 할 만하다.

잘나가는 사람도 때가 되면 내려와야 한다

이렇게 상승세에 있는 R씨의 운도 주춤하는 때가 있을까?

인생의 큰 그림은 대운을 참조하여 정한다. R씨의 경우를 살펴보면 만 66세부터 시작되는 병신丙申 대운부터 조심해야 한다. 병丙은 태양 불이니 같은 불인 정丁을 돕는다고 생각할 수 있다. 그러나 태양이 뜨면 촛불은 존재감이 없어진다. 게다가 나의 돈줄인 시간時干의 편재 신辛을 태양에 해당하는 병丙이 병신합丙辛合으로 묶어 버리니 재물복에 좋지 않다. 그리고 66세 대운에 있는 신申이라는 글자가 금 기운을 가지고 있어서 지지의 목 기운 묘卯와 상충되니 불리하다. 목 기운 묘卯가 추운 겨울에 태어난 촛불 정丁에게 땔감이 돼 주어야 하는데, 그 기능을 다하지 못하게 되기 때문이다.

보수적으로 보면 56세 을미乙未 대운 때부터 조심하는 것도 좋다. 을乙이라는 글자가 편재 신辛과 을신충乙辛沖을 하고, 대운의 미未라는 글자가 태어난 월의 지지인 식신 축丑과 축미충丑未沖을 한다. 축丑이라는 글자는 지장간에 돈줄인 편재 신辛을 품고 있는 재물복의 뿌리이다. 축丑은 또한 '활동'을 뜻하는 글자인 식신이다. 이런 축丑이 을미 대운을 만나게 되면 돈의 뿌리와 활동의 기운이 한 번은 흔들리게 된다.

그러나 미未라는 대운은 결국 지지의 해亥, 묘卯라는 글자와 해묘미亥卯未 삼합이 되어 강한 목 기운을 형성한다. 나무의 기운이 강해지니 불인 나에게는 도움이 된다. 만 56세라면 직장에서 은퇴를 고려할 나이이다. 아마도 기존 방식의 회사 생활은 56세 후에 접게 되고, 이후 10년 정도 더 사회생활을 할 것이다. 아직 불씨가 힘이 있기 때문이다.

정리해 보면, 만 56세부터 10년은 직장을 은퇴하고 새로운 사회생활을 하는 인생 이모작의 시기이며, 만 66세 이후부터는 사회활동에서 은퇴하고 여생을 즐기는 것이 순리일 것이다. 아무리 잘나가던 사람도 결국은 무대에서 내려오는 것이 인생이기 때문이다. 열심히 일할 수 있을 때, 그리고 운명의 힘이 나를 도와줄 때 많은 것을 성취하고 그 기운이 차츰 떨어지는 것을 느끼면 조용히 무대에서 내려와 그 나름의 소소한 행복을 즐길 줄 아는 것도 인생을 아름답게 사는 방법 일 것이다.

시월드 때문에 고민이라면

　내게 상담을 청한 S씨는 갓 결혼한 30대 초반의 새댁이었다. 상담 당
시 대기업 제조공장에서 매니저로 일하고 있었는데, 출산을 앞두고
있어서 곧 퇴사할 예정이라고 했다. 그녀의 남편은 개인 사업을 하다
가 상황이 여의치 않자 시어머니가 소유한 건물의 1층에서 잡화점을
운영하고 있었다. 시어머니는 여러 채의 건물을 가지고 있는 지역 유
지였는데, 외유내강형이라고 했다. 내가 '외유내강'의 의미를 묻자 겉
으로는 우아하고 사려 깊은데 결국은 본인이 원하는 방향으로 일이
되지 않으면 직성이 풀리지 않는 성격이라고 했다. 그로 인해 S씨는
스트레스가 크지만 집안의 생계가 시어머니의 자산과 직결돼 있다
보니 현실적으로 시어머니와 거리를 두기도 어려운 상황이었다.
　S씨는 개인적으로 하고 싶은 공부도 있고 시어머니와 부딪히는 것

도 부담돼서 유학을 떠나든 이민을 가든 하고 싶다고 했다. 그러면서 곧 태어날 아이가 돌만 지나면 한국을 떠나 미국으로 가고 싶은데, 그게 가능하겠냐고 물었다.

	시	일	월	연
십신	비견	본인	비견	편인
천간	丁	丁	丁	乙
지지	未	巳	亥	丑
십신	식신	겁재	정관	식신
지장간	丁 乙 己	戊 庚 丙	戊 甲 壬	癸 辛 己

대운: 8대운						
68	58	48	38	28	18	8
甲	癸	壬	辛	庚	己	戊
午	巳	辰	卯	寅	丑	子
세운						
2023	2022	2021	2020	2019	2018	2017
癸	壬	辛	庚	己	戊	丁
卯	寅	丑	子	亥	戌	酉

시어머니도 피해야 할 며느리 사주

S씨의 사주에서 가장 눈에 띄는 것은 본인이 음의 화인 정丁인데, 양

옆으로도 정丁이 하나씩 더 있다는 것이다. 아무리 촛불에 해당하는 정丁이라지만 세 개나 있으면 화력이 엄청나게 커진다. 게다가 태어난 날의 지지를 보니 양의 화인 사巳가 있다. 사주 여덟 글자 중 화火가 네 개나 있는 것이다. 이런 사람은 절대 화나게 하면 안 된다. 한번 아니라고 하면 뒤도 돌아보지 않을 정도로 무서울 뿐 아니라 전투력이 매우 강해서 실제로 한판 붙으면 상대를 불문하고 웬만해서는 밀리지 않는다. 오히려 태양 불인 병丙보다 더 조심해야 한다. 태양은 겉으로는 열정적으로 보여도 막상 누군가를 직접 태워 죽이지는 않는다. 그리고 하늘에 있는 태양은 이상주의적 경향이 있어서 불만이 있더라도 집요하게 대응하지 못한다. 크게 화 한번 내고 마음에서 지울 뿐이다. 그러나 정丁은 다르다. 겉모습은 음의 화라 차분하게 보일지라도 한번 화가 나면 그 폭발력이 가스탱크가 폭발하듯 무섭다. 불바다는 태양이 만드는 것이 아니라 작은 촛불이 만든다는 것을 명심해야 한다.

만약 시어머니가 이런 며느리 사주를 들고 와 나에게 상담을 의뢰했다면 절대 며느리와 부딪힐 일을 만들지 말라고 조언했을 것이다. 물론 사주에 정丁이 여럿 있는 사람이 화나면 무섭다는 것이지 개개인의 성품을 이야기하는 것은 아니다. 이런 사람은 오히려 시시비비가 명확해서 상대방만 합리적으로 행동한다면 같이 일하기가 훨씬 수월하고 업무 성과도 높다. 단, 주변에서 권위와 비논리로 대응할 경우 만만한 캐릭터가 아니라는 것이다.

뜨거운 불에 역마살까지 겹친 사주

사주의 불 기운이 강할 경우 가장 먼저 드는 생각은 큰 물로 불길을 막아야 한다는 것이다. 마침 S씨가 태어난 월의 지지에 양의 수인 해亥가 있다. 큰 강이나 바다를 뜻하는 해亥는 큰 불길을 감내할 수 있다. 그런데 일지에 있는 사巳라는 글자가 옆에 있으면 사해충巳亥沖 작용으로 해亥의 힘이 약해진다(제2장 〈합과 충이란 무엇인가〉 중 '지지의 합과 충' 참조). 게다가 사해충은 '역마충'驛馬沖이라고도 부른다. 흔히 말하는 '역마살'과 같은 의미이다. 역마가 있으면 어린 나이에 집을 떠나거나 해외로 자주 나가게 된다.

실제로 S씨는 도서 지역에서 태어나 고등학교까지 마쳤으며 학업 성적이 우수해 서울에 있는 대학에 진학하면서 20세 때부터 타지 생활을 했다. 대학을 졸업하고 다시 고향 인근에 있는 대기업의 제조공장에 취직했는데, 결혼 전에는 먼 거리도 마다 않고 주말이면 늘 서울과 지방을 오가며 친구들을 만날 정도로 돌아다니는 것을 좋아했다. 이는 역마를 타고난 사람들의 전형적인 특징인데, 현재 해외로 나가고 싶은 마음도 역마의 연장선이라 할 수 있다.

S씨의 한국을 탈출하고 싶은 소원은 과연 이뤄질 수 있을까? 결론적으로는 쉽지 않아 보인다. 현재의 대운이 만 28세부터 들어온 경인庚寅 대운이다. 경庚이라는 글자는 양의 금인데, 금은 물을 돕는 금생수金生水 작용을 한다. 즉, 금은 물의 수원지인 것이다. 따라서 강한 불 기운을 힘겹게 막고 있는 해亥라는 글자에게 좋은 운이다.

그런데 28세부터 시작되는 대운의 인寅이라는 글자가 인해합寅亥
合 작용을 한다. 강한 불 기운을 막는 해亥의 기능을 일시적으로 정지
시키는 것이다. 명리학자들 중에는 10년 대운 기간 동안 전반 5년은
대운의 천간을, 후반 5년은 대운의 지지를 참고해야 한다고 하는 학
자들이 있다. 반면 대운의 천간, 지지 모두 대운 10년간 모두 영향을
미치는데, 현실세계는 아무래도 대운의 지지가 조금 더 영향력이 있
다고 보는 견해도 있다. 개인적으로는 후자의 견해를 지지한다. 그러
나 전자의 이론으로 보아도 S씨의 지금 나이가 대운의 후반 5년으로
진입하는 시기이기에 인해합으로 불을 제어하는 물의 기능이 약화될
뿐 아니라 해亥라는 물이 가져오는 사해충의 역마 작용이 정체되는
시기라는 점은 변함이 없다. 에너지 넘치고 일 잘하는 사람이 대기업
을 그만두고 육아에 전념하고 있는 모습과 일치한다.

마음의 갈등을 조정하라

그럼에도 불구하고 시어머니에게서 벗어나고 싶다면 2019년, 2020
년을 노려야 한다. 2019년은 기해己亥년, 2020년은 경자庚子년이다.
대운이 10년을 지배한다지만 특정한 해의 특정한 운이 강력하면 반
전을 기대해 볼 수 있다. 세운에 있는 2019년의 해亥 자가 사해충 역
마를 일시적으로 다시 발동시킬 수 있다. 2020년의 경庚 자는 수원지
를 의미한다고 했고, 자子 자 또한 물이니 사주의 물 기운을 강화시켜

역마의 변화를 기대해볼 수 있다. 물론 일시적으로 생기를 얻은 물과 원래의 강한 불이 부딪히니 시댁과의 갈등을 한 번 정도는 겪을 수 있다.

S씨는 장기적으로 보아 해외로 나가서 사는 것을 추천한다. 28세 이후 대운의 흐름이 인寅, 묘卯, 진辰의 목 기운, 사巳, 오午, 미未의 화 기운으로 흐른다. 타고난 사주의 불 기운이 더 강화되면 솟구치는 열기를 제어하기 어렵다. 이 정도면 건강이나 가족관계에도 영향을 줄 수 있다. 그런 의미에서 S씨의 생각처럼 해외로 이주하는 것도 좋은 답이다. 사주에서 미국, 유럽 등의 서양은 금金 기운으로 분류한다. 금은 수원지로서 사주의 큰 물인 해亥가 불을 제어할 수 있도록 돕기 때문에 외국으로 나간다면 미국이나 유럽을 추천한다. S씨 자신이 미국 이민이나 유학을 원하는 것은 스스로 살길을 찾으려고 애쓴 무의식적인 노력의 일환이라고 볼 수 있다.

나는 얼굴도 보지 못한 S씨의 시어머니를 비판하고 싶지는 않다. 큰돈을 가졌고 그 재력으로 아들, 며느리에게 경제적으로 도움을 주는 시어머니 입장에서 며느리에게 어느 정도의 유세는 할 수도 있을 것이다. 유사한 사례들을 자주 접하다 보니 굳이 사주팔자를 분석하지 않아도 상황 파악이 바로 되고도 남는다. 이럴 때 중요한 것은 각자 현명하게 살 길을 찾되, 무엇보다 마음의 갈등 관리를 잘해서 서로에게 좋은 방향을 찾아나가는 일이다.

무 戊

- 자연 속성: 평원, 광야, 큰 산

- 특징: 만물이 자라고 뛰노는 공간처럼 타인에게 성장 기회를 제공해야 자신 도 성공한다.

- 장점: 넓은 이해심과 포용력을 지니고 있다. 포부가 크다.

- 고려사항: 디테일이 필요한 업무는 타인의 도움이 필요하다. 무리한 직접 투 자는 조심해야 한다.

그는 왜 공기업을 뛰쳐나왔을까

대학에서 공학을 전공한 C씨는 대학을 졸업하자마자 공기업에서 첫 직장 생활을 시작했다. 그러나 머지않아 그곳이 자신과 맞지 않는다는 생각이 들었다. 회사에서 그에게 요구하는 것은 주어진 과제를 빠르고 정확하게 실행하는 것이었는데, 일을 하면 할수록 성취감이 떨어졌다. 자신은 새로운 일에 도전하고 그 일을 해결해 가면서 뿌듯함과 만족감을 느끼는 성격이기 때문이었다.

사실 C씨는 대학에 다닐 때 적성이나 강점 등에 대해 그다지 깊게 생각해 보지 않았다. 취업이 더 우선이었기 때문이다. 그는 학과 선배들이 많이 가는 곳이기도 하고 안정적인 미래가 보장되는 공기업을 목표로 전공 수업을 들으며 성실하게 취업 준비를 했다. 그런데 막상 취직을 하고 나서는 큰 고민 없이 그곳을 선택한 것이 후회됐다.

그래서 사내외의 여러 사람들에게 경력 개발에 대한 자문을 구한 결과, 경제경영 분야의 공부를 다시 한 후 마케팅, 기획 등 경영 분야로 재취업을 하는 게 낫겠다는 생각이 들었다. 단, 다시 공부하기 위해 필요한 학비를 벌 때까지는 몇 년 더 현재의 회사를 다니기로 했다. 사실 이미 답을 정해 놓고 있었던 C씨는 나와의 상담 결과가 자신의 생각과 다르더라도 마음을 바꿀 생각이 없었다. 다만 자신의 결정이 맞는지 돌다리를 두드려 보는 심정으로 내게 문의를 했던 것이다.

	시	일	월	연
십신	편인	본인	편인	편관
천간	丙	戊	丙	甲
지지	辰	寅	寅	子
십신	비견	편관	편관	정재
지장간	乙 癸 戊	戊 丙 甲	戊 丙 甲	壬 癸

대운: 7대운						
67	57	47	37	27	17	7
癸	壬	辛	庚	己	戊	丁
酉	申	未	午	巳	辰	卯
세운						
2023	2022	2021	2020	2019	2018	2017
癸	壬	辛	庚	己	戊	丁
卯	寅	丑	子	亥	戌	酉

남 보기에는 근사한 직장이지만

C씨는 오행 중에서 넓은 대지나 평야 같은 양의 토인 무戊로 태어났다. 그런데 C씨가 태어난 양력 2월은 명리에서는 초봄이고 일반적으로는 겨울의 끝자락이다. 아직 추위가 가시지 않은 시기의 단단한 흙이라 나무가 뿌리내리기 어렵다. 원래 같은 흙이라도 양의 흙인 무戊는 음의 흙인 기己보다 목으로부터 극剋을 당하는 것을 즐기지 않는다. 만주 벌판 같은 광야에 씨를 뿌리는 것보다는 시골의 논밭에 씨를 뿌리는 것이 자연의 원리에 맞다. 무戊는 광야이고 기己는 시골의 논밭이라 할 수 있다. 한마디로 광야의 흙이 겨울에 태어났으니 나무를 키울 토양으로는 적합지 않다.

흙으로 태어난 사람에게 나무에 해당하는 오행은 관운을 뜻하는 관성官星이다. C씨의 사주를 보면 갑甲 한 개, 인寅 두 개로 총 세 개의 목이 있고, 진辰의 지장간에도 을乙이 숨어 있다. 그런데 지지에 인寅이 있고 천간에 갑甲이 있으면 목의 기운이 더욱 두드러진다. 지지에 있는 양의 목 인寅이 천간에 있는 양의 목 갑甲을 받쳐주면서 뿌리 역할을 하기 때문이다. 천간에 있는 갑甲은 지지에 뿌리를 두 개나 가지고 있는 관성이니 다른 사람들 눈에는 멋져 보이는 직장운이 있다고 해석할 수 있다.

그러나 앞에서도 얘기했듯이 아쉬운 점이 있다. 나무가 뿌리내리는 흙으로는 광야인 무戊보다는 시골의 논밭인 기己가 적합한데 C씨는 무戊이다. 게다가 겨울의 흙이라 나무가 뿌리를 내리기에는 너무 단단하다고 했다. 종합해 보면 이 사주는 다른 사람들이 보기에 근사한 직장에 취업을 하지만 정작 자신과는 잘 맞지 않는 상황이 발생한다. 이름난 회사에 다니지만 자신의 속마음은 불편한 팔자인 것이다. 그래서 공기업을 떠나려는 마음도 생긴 것이다.

　C씨의 사주를 물상론적 관점에서 그림으로 떠올려 보면 좀 더 쉽게 이해할 수 있을 것이다. C씨가 태어난 월과 시의 천간에 태양인 병丙이 각각 하나씩 있다. 갑甲과 인寅은 나무다. 무戊라는 넓은 광야에 아름드리 소나무가 무성한데 두 개의 태양이 비추니 한겨울이라도 나무가 멋지게 자라는 형상이다. 멋진 나무가 자라는 넓은 대지로, C씨는 실제로 인물도 준수하고 매우 건강한 청년이다. 그러니 이성들에게도 인기가 많다. 그러나 태양이 두 개라는 것은 자연의 이치에 부합하지 않는다. 어떤 게 진짜 태양인지 여기저기 기웃거리는 마음이 생긴다. 게다가 C씨 본인이 겨울의 평야인지라 나무가 뿌리내리기 어렵다. 즉, 한 조직에 정착하지 못하면서 이직이 잦고 사귀는 여성이 자주 바뀔 가능성도 높다.

이보 전진을 위해 일보 후퇴를 택하다

연, 월, 일, 시 순서대로 초년부터 말년까지의 운을 보는 관점에서 C씨는 갑자甲子년 생으로 편관偏官 갑甲이 연도의 천간에 드러나 있으니 초년부터 관운이 있다. C씨는 실제로 국립대학을 다니면서 전액 장학금을 받았고, 공기업에서 사회생활을 시작했다. 그런데 갑甲 말고도 관운을 뜻하는 관성이 두 개 더 있다. 편관인 두 개의 인寅이 바로 관성이다. 갑甲의 뿌리라고 할 수 있는 지지의 인寅이 두 개면 직장을 최소 한 번은 바꾸게 되는데, 진辰의 지장간에도 을乙이 있으니 이런 경우에는 직장의 변화가 많게 된다. 인연이 되는 조직이 여럿이라고 보면 된다.

그렇다면 언제쯤 변화가 생길까? C씨는 만 27세부터 10년 주기의 대운이 기사己巳 운으로 변화한다. 기己는 관운을 뜻하는 갑甲이라는 글자와 합하게 된다. 합충 이론에서 말하는 갑기합甲己合이 작동하기 때문이다. 기사 대운에 갑기합이 일어나면 겁재劫財인 기己가 편관 갑甲을 합하여 그 기능을 정지시킨다. 합合이라는 것은 상대의 기운을 묶는 것이다. 결혼으로 배우자와 합치게 되면 개인적인 자유가 줄어드는 것과 같은 이치이다. 관운이 합이 되면 직장운이 약해진다.

더구나 편관 갑甲이 합한 것은 겁재 기己이다. 겁재는 내 재물을 겁탈한다는 의미와 겁탈당하지 않기 위해 더 실리적으로 행동한다는 의미를 모두 가지고 있다. C씨는 실제로 28세에 4년제 대학교 상경계열에 편입해 만학도의 길을 걷기 시작했다. 관운이 겁재와 합이 되어 직장을 그만두고 월급이 끊기니 재물 손실이 있었다고도 할 수 있다. 한편으로는 단기적인 수입이 끊기기는 하지만 더 나은 미래를 위해 실리적인 선택을 했다고 할 수도 있다. 어느 경우든 겁재가 편관을 합하면서 발생한 결과로 해석할 수 있다.

상담가 관점에서 이런 의뢰인이 오면 아주 분명하게 이야기해야 한다. 잘한 결정이라고 말이다. 사주 구성이 이렇게 되어 있으면 웬만한 의지로는 변화를 막기 힘들다. 그런데 본인이 먼저 확고하게 회사를 그만두고 공부에 뜻을 두겠다고 하니, 어차피 변화할 것은 기분 좋게 변화하도록 힘을 실어 주는 것이 좋다.

부모가 이런 사주 구성을 가진 자녀를 상담하러 오면 이보 전진하기 위해 일보 후퇴를 하는 것이니 이럴 때는 오히려 자녀에게 용기를 주는 것이 자녀도 행복하고 부모 마음도 편해지는 지름길이라고 해야 한다. 물론 졸업 후 몇 년간 재취업하기 어려운 운이라면 판단을 재고하라고 말해 줘야 한다.

내가 아는 사람들 중에도 행정고시나 외무고시에 붙어 공무원 생활을 하다가 얼마 지나지 않아 사기업으로 옮긴 사람이 몇 명 있다. 그중에는 사기업에서 고액 연봉을 받으며 만족스럽게 살아가는 사람도 있고, 그렇지 않은 사람도 있다. 잘했다 못했다 이야기하려는 게 아니다. 다만 몇 년씩 힘들게 공부해 고시에 붙어 놓고 마음이 돌변하기도 하는 게 사람이라는 것이다. 남들 보기에 갑작스러운 결정일수록 냉정하게 의사결정을 할 필요가 있다. 다른 사람들이 놀라는 데는 다 그럴 만한 이유가 있다. 그러나 그렇다고 다른 사람의 의견을 꼭 따를 필요는 없다. 어차피 자기 인생이기 때문이다. 내 마음이 편한 대로 하는 것도 하나의 답이다.

이런 상황에서 명리의 도움을 받으면 내 마음의 흐름도 자연의 흐름과 다르지 않다는 것을 깨닫게 된다. 내 고민을 대지와 나무, 태양 같은 자연의 한 요소라고 여기면 자기 자신을 좀 더 객관적으로 볼 수 있게 된다. 상황을 좀 더 냉철하게 바라보고 세상의 시선 때문이 아니라 자신의 행복을 위한 선택을 하는 것, 그러면서도 그 선택으로 인한 결과를 기꺼이 감내하는 것, 그것이 자기 인생을 책임지는 어른의 자세일 것이다.

방황 끝에 좋은 날 온다 戊

O씨는 20대 여성 직장인이다. 또래에 비해 학벌, 어학 능력, 외모 어느 것 하나 부족하지 않은 소위 좋은 스펙을 갖춘 젊은이다. 그러나 지난 몇 년간 평균 1년에 한 번 정도 이직을 하며 방황을 했다. 그녀가 다녔던 회사들은 업계에서 알아주는 유명 기업도 아니었고, 연봉 수준도 기대보다 적었으며 야근도 밥 먹듯 하는 곳이었다. "젊어 고생은 사서도 한다."는 말이 있지만 그것도 경험과 역량이 쌓인다는 전제가 있어야 한다. 그나마 지금 다니는 회사는 일을 가르쳐 줄 만한 선배들이 몇 명 있어서 O씨는 열심히 배워 가며 하루하루 실력을 쌓으려 노력중이라고 했다. 그녀는 자신이 언제쯤 실력 발휘를 하며 잘 나갈 수 있을지 궁금해 했다.

요즘은 좋은 대학을 나와도 남들이 선망하는 기업에 들어가기가 쉽지 않다. 미래에 대한 불확실성이 크다 보니 취업 재수를 한다고 원하는 기업에 들어갈 수 있는 것도 아니다. 일단 어떤 곳이라도 들어가서 실력을 쌓으며 때를 기다리는 것이 좋겠다고 생각한 O씨의 생각은 현명한 판단이었다. 그러나 지금의 회사가 자신과 함께 성장하든, 아니면 자신의 실력이 쌓이고 좋은 기회가 와서 이직을 하든 둘 중 하나는 해야 지금까지 고생한 보람이 있을 것이다. 한마디로 지금의 어려움이 언제 끝나는지 알면 용기를 얻어 하루하루를 더 힘차게 살아갈 수 있다. 대운과 세운을 통해 그 시기를 알 수 있다.

	시	일	월	연
십신	비견	본인	정재	식신
천간	戊	戊	癸	庚
지지	午	戌	未	午
십신	정인	비견	겁재	정인
지장간	丙 己 丁	辛 丁 戊	丁 乙 己	丙 己 丁

대운: 8대운						
68	58	48	38	28	18	8
丙	丁	戊	己	庚	辛	壬
子	丑	寅	卯	辰	巳	午
세운						
2023	2022	2021	2020	2019	2018	2017
癸	壬	辛	庚	己	戊	丁
卯	寅	丑	子	亥	戌	酉

뜨거운 사막인 나에게 필요한 것은

O씨는 한여름에 태어났으며 본인을 뜻하는 오행은 양의 토인 무戊, 즉 큰 땅이다. 게다가 정오에 태어났으니午時 한여름의 뜨거운 열기가 가득한 사막이나 광야를 연상하면 된다.

태어난 해와 시의 지지가 모두 음의 화인 오午이고 태어난 날의 지지는 양의 토인 술戌로, 오와 술은 오술합午戌合을 하여 화火로 변한다. 인오술寅午戌 삼합에서 두 글자가 반합하는 것이다. 태어난 월의 지지 미未도 오午와 만나면 오미합午未合으로 육합六合을 하여 역시 화로 변한다. 화 기운이 강력해지는 것이다. 이렇게 더우면 조후론調候論에 따라 우선 물을 찾게 된다. 사주 여덟 글자 중 계癸라는 음의 수가 있는 것이 무척 반가운 이유다. 사주의 힘의 균형에 따라 필요한 기운을 찾는 억부론적 관점에서 보아도 계癸는 필요한 기운이다.

또 다른 무戊, 술戌, 미未는 나를 뜻하는 일간 무戊와 동일한 기운이고, 두 개의 불인 오午는 나를 돕는 기운이니火生土 나의 기운이 매우 강한 사주이다. 따라서 이 사주에서는 내가 돕는 식신食神 경庚과 내가 통제하는 정재正財 계癸가 귀하게 쓰인다.

정리해 보면, 계절적으로나 힘의 균형으로 보나 계癸는 나에게 필요한 기운, 즉 용신이다. 그런데 27세까지 신사辛巳 대운이다. 특히 대운 10년 중 후반으로 갈수록 대운의 지지가 힘을 더 발휘한다고 보는데, 신사 대운의 지지 사巳는 양의 화로 한여름의 사막인 주인공 무戊에게는 도움이 되지 않는다. 게다가 사巳가 사주에 있는 오午와

미未를 만나면 사오미巳午未 방합을 이루어 강력한 불 기운이 되니 계癸라는 용신을 가지고 태어났으나 물 한 방울 보일까 말까 하는 사막과 같은 시기가 27세까지 이어진다고 본다.

그러나 만 28세인 2018년에 대운이 경진庚辰으로 바뀌면 상황은 달라진다. 양의 금인 경庚은 사주의 연간에 있는 경庚과 동일한 기운으로, 금생수金生水 기능이 강해져 용신 계癸가 강해진다. 고생 끝에 살 만한 시기가 오는 것이다. 대운의 다른 글자 진辰은 지장간 내에 계癸를 포함하니 역시 용신의 뿌리가 된다(제2장 〈내 사주팔자는 무엇인가〉의 '지장간 표' 참조). 단, 진辰이라는 글자는 일지의 술戌과 만나면 진술충辰戌沖이 되니 이 시기는 안정기라기보다는 이직을 포함해 역동적인 일이 많이 일어나는 시기이다. 그러나 긍정적인 의미가 더 강한 시기이다. 용신에게 힘을 주는 기운 때문에 일어나는 변화이기 때문이다.

좀 더 자세히 분석해 보면 2018년은 무술戊戌년이다. 대운이 2018년부터 좋아지기는 하나 무술년의 무戊가 무계합戊癸合 하여 일시적으로 용신의 작동을 정지시킨다. 그래서 2018년에도 일시적으로는 답답한 때가 있을 것이다. 그러나 기해己亥, 경자庚子, 신축辛丑 3년 동안은 수 기운이 강해진다. 해亥와 자子가 수이고, 축丑의 지장간에 계癸가 있기 때문에 용신 계癸가 힘을 더 받게 되는 것이다. 물론 경자년의 자子는 사주의 오午와 자오충子午沖 하여 환경에 변화를 일으킨다. 그러나 일시적인 혼란이 있더라도 결국은 커리어 면에서 긍정적인 변화로 이어질 것이다.

정리해 보면, 2018년에 일시적으로 어려움을 겪지만 이를 극복하고 경진 대운 기간에 새로운 업무 환경으로 업그레이드될 것이다. 지금의 방황은 조만간 끝나고 보람찬 미래가 다가올 것이다. 그러니 지금까지 그랬던 것처럼 용기를 내 하루하루 충실하게 살아가면 된다.

일과 사랑 모두 성취하고 싶다면

한 가지 덧붙이자면 이런 사주를 가진 사람은 결혼 상대를 고를 때 궁합을 참조할 필요가 있다. 대개는 여성의 경우 자신을 극하는 오행을 가진 사람이 남편감이며, 토 기운 무戊의 경우 목 기운이 남편감이 된다木剋土. 이 사주에는 음의 토인 미未의 지장간에 목 기운을 가진 을乙이 있다. 그러나 사주의 기본 환경이 불바다에 가까워 흙 속의 나무 을乙이 거의 타버렸다고 봐야 한다. 설사 살아남았다 해도 남편에 해당하는 글자 을乙이 직접 무戊를 극하기 위해 자기 모습을 드러내면 연간 경庚이 을경합乙庚合을 해서 인연을 이루지 못하게 한다. 따라서 남편감은 금과 수 기운이 적절히 배합된 사람을 찾아야 하며 목과 화 기운이 강한 사람은 가급적 배제해야 한다. 그렇지 않으면 살면서 갈등이 심하거나 해로하기 어려울 수 있다.

기혼, 미혼, 비혼을 막론하고 결혼을 진지하게 고민해 보지 않은 사람은 없을 것이다. 특히 O씨처럼 일에서 성공하기를 바라는 여성은 결혼생활이 더 안정적이어야 한다. 만일 O씨 같은 사주의 주인공이 결혼 후 부부간의 갈등으로 회사 일에 집중하지 못하게 되거나 집안 사정으로 전업주부가 되는 경우에는 삶의 행복도에 큰 영향을 미칠 수 있다.

모든 사람에게 궁합을 보고 결혼을 결정하라고 하지는 않겠다. 그러나 일과 사랑을 모두 성취하고 싶은 여성이라면 한 번쯤 사주 분석을 통해 남편운을 점검할 것을 권한다. 직장이 내가 활동할 외부환경이라면 가정은 커리어의 완성을 위해 반드시 고려해야 할 환경 요인이기 때문이다. 명리 분석을 통해 직업 및 직장을 선택하듯 결혼이라는 새로운 환경도 명리 관점에서 살펴볼 필요가 있다.

100퍼센트 맞는 궁합이 있을까?

결혼 이야기를 할 때 빼놓을 수 없는 것이 궁합이다. 지금까지의 상담 경험으로 보면 결혼 당사자들이 생각하는 궁합은 대개 다음의 세 가지 중 한 가지 경우에 속한다.

첫 번째는 좋은 이야기를 듣고 싶어서 궁합을 보는 경우이다. 사주와 상관없이 이미 결혼을 결정했는데 재미 반 진지함 반의 마음으로 좋은 이야기를 듣고, 혹시 조심해야 할 게 있으면 참조하려는 것이다. 상담을 많이 하다 보면 조금만 이야기해 봐도 그런 니즈를 쉽게 알 수 있고, 두 사람의 사주로도 알 수 있다. 두 번째는 그 결혼은 안 하는 게 좋다는 말을 듣고 싶은 경우이다. 이미 헤어지기로 마음먹고 자신의 마음을 다잡기 위해 찾아오는 경우이다. 운명조차 아니라고 하면 더 단호하게 헤어질 수 있을 거라고 여기는 것이다. 세 번째는 두 명 이상의 이성 중 본인과 가장 잘 맞는 상대를 찾는 경우이다.

흔히 말하는 '혼기'婚期를 놓치기 전에 결혼을 해야겠는데 확신이 드는 사람이 없는 경우, 결혼을 전제로 사귈 사람을 고르기 위한 목적으로 궁합을 미리 보는 것이다.

반면, 시어머니 될 사람 입장에서 궁합을 볼 때는 일단 부정적인 시선으로 질문을 하는 경우가 경험상 더 많았다. 무언가 마음에 들지 않는 부분이 하나라도 있으면 그 부분을 깊게 파고들면서 결혼생활을 하는 중에 문제가 될 만하지는 않은지 살펴보는 것이다. 질문의 종류는 '백년해로하겠냐', '건강하겠냐', '시댁과 불화가 있지는 않겠냐', '출산운은 어떠냐' 등 평이하지만 관점이 주로 아들과 집안 입장에서 하는 질문들이다.

질문의 주체가 누구든, 질문이 무엇이든 명리학에서 남녀 궁합을 보는 큰 틀은 다르지 않다. 궁합을 보는 간단한 방법은 남녀가 태어난 날에 해당하는 두 글자가 서로 조화를 이루는지를 보는 것이다. 궁합에 대해 간단하게 알아보자.

태어난 날의 조화

현대의 명리학에서는 띠를 참조하기도 하지만 가장 중요한 정보는 태어난 날의 두 글자로 간주한다. 이 두 글자 사이에 조화보다 충돌의 소지가 많으면 궁합이 나쁘다고 보는 것이다. 하지만 결혼이라는 대사를 앞두고 명리 분석을 하는 것이니만큼 종합적으로 볼 필요가 있다. 태어난 날의 조화는 기본이고, 각자에게 필요한 오행의 기운을 상대방이 가지고 있는지, 불필요하거나 흉한 기운이 있지는 않은지를 본다.

가령 여성의 사주가 겨울밤에 태어난 나무라서 너무 추운데 신랑 될 사람의 사주가 물바다라면 나무에 물을 주어 살리는 것이 아니라 나무를 동사凍死시키게 된다. 나무는 물이 필요하다는 일반론만 따르면 안 되고 계절을 봐

가면서 판단해야 한다. 사주가 너무 추운 여성이라면 불과 나무를 적절히 갖춘 남성과 결혼하는 것이 좋다. 여기에 띠 궁합을 추가로 보기도 하지만 띠 궁합만 가지고 결혼 여부를 판단하지는 않는다.

인연과 해로는 다르다

궁합이 좋다는 것은 어떤 의미일까? 한 문장으로 정리하면 서로 애정이 깊고, 오래 해로하는 관계를 말한다. 서로 사랑하고 존경하면서 오래오래 사는 것이다. 반면 서로 사랑하지만 함께하는 시간이 짧은 관계도 있고, 서로 원수처럼 지내면서도 수십 년을 같이 사는 관계도 있다. 엄격히 말하면 후자도 해로하는 것이기는 하다. 그런가 하면 서로 좋아하지도 않고 결혼생활도 짧게 끝나는 운도 있다. 일시적으로 눈에 콩깍지가 씌거나 이 시기에 결혼을 안 하면 혼기를 놓칠 것 같아서 호감 정도만 있는 상대와 급하게 결혼한 경우이다. 이런 관계는 결혼운이 있는 해가 지나고 나면 대개 바로 사네 못 사네 하게 된다.

가장 안타까운 것은 서로 애정이 깊은데 해로하기 어려운 경우이다. 본인들은 서로 사랑이 깊어서 궁합도 안 보는데 부모가 나서서 궁합을 보면 종종 이런 경우가 생긴다. 이럴 때는 분석 결과는 있는 그대로 전달하되 명리학에 100퍼센트라는 것은 없고 다만 그럴 확률이 매우 높은 것이라고 하면서 특히 유의해야 할 사항들을 알려준다. 그러나 마음은 늘 무겁다. 당사자가 직접 볼 경우에는 본인들의 선택에 맡길 수 있지만, 부모가 찾아오는 경우에는 당사자들의 인생도 아닌데 영향력은 당사자들보다 큰 경우가 많아 마음이 편치 않다.

결혼 후에 궁합을 보는 사람들

사실 21세기의 결혼관은 예전과 비교하면 많이 유연해졌다고 할 수 있다. 살면서 갈등이 심하거나 한쪽이 다른 이성을 만나거나 하는 경우에는 결혼생활 중에도 다시 궁합을 보기도 한다. 요즘은 결혼하기 전에 찾아오는 사람들 못지않게 이혼 여부를 고민하며 찾아오는 사람들도 많다. 그런데 이렇게 상담을 의뢰하는 사람들 대부분은 가정을 지키겠다는 의지가 강했다. 이미 헤어지겠다고 결심한 상황이라면 명리의 도움을 받기보다 바로 법원으로 갔을 것이다. 지금은 관계가 나쁘지만 일시적인 문제이고, 이 고비만 잘 넘기면 다시 원만한 가정으로 돌아갈 수 있다는 말을 듣고 싶어서 오는 것일 테다.

결혼 전에 보는 궁합에 비해 결혼 후에 보는 궁합은 좀 더 구체적일 필요가 있다. 만일 배우자 또는 두 사람 관계가 개선될 여지가 없으면 빨리 정리하고 그 굴레에서 탈출하는 것이 답일 것이다. 주변 사람 눈치를 보면서 주저하는 경우도 있는데, 사람들은 생각보다 다른 사람 인생에 관심이 없기 때문에 다른 사람 눈치 보느라 망설이는 건 시간 낭비이다. 반면 부부의 문제가 일시적인 것이고, 특정한 고비만 넘기면 다시 행복한 가정을 꾸릴 수 있는 관계라면 그런 사실을 아는 것만으로도 큰 용기를 얻어 힘든 시기를 잘 이겨내게 될 것이다. 조금만 참으면 되는데 어찌 될지 모르는 상황에서 성급하게 결정을 내리는 안타까운 일은 없어야 하지 않을까 하는 생각이 든다.

인연과 해로를 개인이 결정할 수 있을까

궁합을 잘 활용하면 정말 나쁜 인연을 피해갈 수 있을까? 개인적인 나의 견해는 '많은 경우 피해갈 수 있다'이다. 명리학에서 나쁜 운은 피하지 못할 정도로 결정적인 수준, 피하지는 못하지만 의식적인 노력으로 피해를 줄일 수 있는 수준, 노력하면 완전히 피할 수 있는 수준으로 나눌 수 있다. 그중에서 궁합은 내 선택으로 맺어진 관계의 영역이므로 내가 운명에 개입할 수 있는 여지가 높은 편이다. 단, 눈에 뭐가 씌어서 결혼했다가 금세 후회하는 경우는 피하지 못할 수준의 악운이 들어온 경우로, 궁합을 참고한다고 해서 피할 수 있는 게 아니다. 이런 경우는 옆에서 아무리 뭐라고 해도 말을 안 듣기 때문이다.

사주상 상대가 누구든 내 결혼운이 안 좋다는 것 때문에 흉한 운을 피해 가려고 하다 보면 결혼 자체가 성립되지 않는 경우도 생길 수 있다. 인생에서 운이 중요한 것이기는 하지만 전부도 아니라는 전제하에 명리학자는 경우의 수만 보여주고 판단은 각자가 하는 것이 명리 상담을 건강하게 활용하는 방식일 것이다. 궁합도 마찬가지다.

그렇다면 나쁜 인연을 피하는 것뿐만 아니라 좋은 인연을 택할 때도 명리의 도움을 받을 수 있을까? 물론 가능하다. 그러나 정말 내가 원하는 이상형을 만나게 해 주는 것은 아니다. 남녀관에 대한 의뢰인의 인식을 바꿔 줌으로써 가능하다. 사실 명리 이론상 절대 결혼하면 안 되는 상극인 남녀 관계는 소수에 불과하다. 또한 '절대 궁합'이라고 할 만한 관계도 그리 흔치 않다. 장점과 단점을 고루 갖춘 궁합이 대부분이다. 이때 명리는 상대방의 장점을 정확하게 인식시켜 주고, 어떤 점을 서로 조심하면 최선의 관계가 되는지 알려주며, 결론적으로 내가 지금 만나는 상대가 정말 좋은 상대라는 것을 알게 함으로써 좋은 인연을 스스로 개척해 가도록 하는 효과가 있다.

제4장

운의 흐름을 알면
나쁜 운도 기회가 된다

기ㄹ

- 자연 속성: 논밭처럼 수확을 할 수 있는 토양(대자연, 어머니)

- 특징: 어머니 마음의 이중성에 기반한 헌신과 실리를 추구한다. 즉, 가족을 위해 헌신하는 마음과 모든 일에서 가족을 우선하는 성향이 있다.

- 장점: 현실적인 목표만 주어지면 뛰어난 업무 성과를 창출한다. 주변 상황에 대한 이해가 빠르다.

- 고려사항: 큰 그림을 보려는 노력을 해야 한다. 소탐대실하지 않기 위해 주의해야 한다.

변화무쌍함 속에서도 출세하는 운

H씨는 7년째 해외에서 생활하고 있다. 그는 나에게 자신이 결혼은 언제쯤 하게 될지, 해외에서 언제까지 근무하게 될지를 물었다.

해외에서 일하는 경우 미혼일 때는 결혼이, 기혼일 때는 자녀 교육이 큰 화두가 된다. 결혼과 자녀 교육은 이직을 고민할 만큼 중요한 화두인 것이 사실이다. 그러나 결혼이나 자녀 교육 때문에 귀국 유무를 결정하게 될 때 해외 근무가 자신의 커리어에 얼마나 큰 영향을 미칠지 또한 고려해야 한다.

명리 상담을 받으러 오는 고객은 크게 두 부류로 나뉜다. 상담가가 얼마나 맞추는지를 보고 나서 자기 이야기를 하는 사람이 있고, 먼저 자신에 대한 정보를 솔직하게 알려주는 사람이 있다. 당연히 후자 쪽의 상담 결과가 더 좋다. 생년월일시는 사람마다 모두 다르지만 그렇다고 나와 같은 생년월일시에 태어난 사람이 이 세상에 하나도 없기도 어렵다. 나와 같은 해, 같은 날 태어난 사람도 꽤 많고, 같은 시간에 태어난 사람도 존재할 것이다. 명리학에서 시간은 24시간을 12로 나누어 2시간 단위로는 동일한 시간대라고 간주하기 때문이다. 그래서 어떤 가정환경에서 태어났는지, 공부를 잘해서 안정적인 직종에 종사하는지, 일찍이 생활 전선에 뛰어들었는지 등 그 사람에 대한 정보를 알면 같은 생년월일시를 가졌더라도 그 사람 개인이 처한 상황에 대해 보다 정밀하게 상담할 수 있다. 병원에서 하는 문진 과정과 비슷하다고 보면 된다. 환자가 자신의 예전 병력이나 특이체질 여부, 가족력 등을 알려주면 보다 정확하게 병을 진단할 수 있는 것과 같은 이치이다. 물론 실력 없는 명리 상담가에게는 사전 정보가 섣부른 추측의 빌미가 되기도 한다. H씨는 자신에 대한 기본 정보를 잘 공유해 준 편이었다.

변동운을 거스르지 않아야 성공한다

H씨는 대학을 졸업하고 유명한 외국계 회사에 취직해 다니다가 미국으로 유학을 떠난 케이스이다. 미국의 대학원에서 석사 학위도 두 개나 땄는데, 하나는 실무에 도움이 되는 분야였으나 다른 하나는 업무와 전혀 상관이 없는 분야였다. 이후 미국에서 연봉이 꽤 괜찮은 기업에서 일하다가 다른 기업으로 막 옮긴 상황이었다. 전 직장은 미국

남부에 있었고, 새로운 직장은 서부에 있었다. 나도 역마살이라면 다른 사람들에게 뒤지지 않는 편인데 H씨의 변화무쌍함도 나 못지 않아 보였다.

	시	일	월	연
십신	식신	본인	편재	정재
천간	辛	己	癸	壬
지지	未	亥	丑	戌
십신	비견	정재	비견	겁재
지장간	丁 乙 己	戊 甲 壬	癸 辛 己	辛 丁 戊

대운: 8대운						
68	58	48	38	28	18	8
庚	己	戊	丁	丙	乙	甲
申	未	午	巳	辰	卯	寅
세운						
2023	2022	2021	2020	2019	2018	2017
癸	壬	辛	庚	己	戊	丁
卯	寅	丑	子	亥	戌	酉

H씨는 음의 토인 기(己)를 일간으로, 한겨울 차가운 땅에 해당하는 축丑월(양력 1월 초부터 2월 초 사이)에 태어났다. 기(己)라고 하는 흙은 씨앗이 뿌려지는 논과 밭이거나 나무가 자라는 임야이다. 그런데 한겨울

에 태어난 흙은 얼어 버려서 씨앗을 받아들일 수가 없다. 게다가 태어난 연도는 양의 토 기운을 가진 술戌년이고, 태어난 시는 음의 토 기운을 가진 미未시이다. 자신이 토土인데 연, 월, 시가 모두 토土다. 나와 오행이 같은 비견과 겁재가 강하니 자기주장이 강하다. 차가운 흙이라 씨앗이 뿌리내리기 힘든 데다 자기주장도 강하니 웬만한 조직이나 직장 상사는 이 사람을 통제하기가 쉽지 않다. 다행히 첫 직장과 두 번째 직장 모두 자신만의 관점과 주장이 없으면 오히려 평가에 불이익을 당할 수 있는 독특한 조직 문화를 가진 외국계 기업이었다. 자신에게 잘 맞는 직장을 선택한 것이다.

그런데 주목할 점은 H씨의 지지에 있는 축丑, 술戌, 미未 세 글자이다. 지지에 인寅, 사巳, 신申이 함께 있거나 축, 술, 미가 함께 있으면 이를 '삼형'이라고 한다. 인사신寅巳申 삼형은 강한 상해, 파손, 구설수, 분쟁의 소지가 많고, 축술미丑戌未 삼형은 생활환경의 변화를 가져올 소지가 많다. 보통 변화가 잦은 사람을 '역마가 강하다'고 하는데, 역마는 인寅, 신申, 사巳, 해亥 네 글자가 변화를 가져오는 경우를 뜻한다. 특히 인寅과 신申이 만난 인신충寅申沖의 경우나 사巳와 해亥가 만난 사해충巳亥沖의 경우를 변화의 폭이 큰 역마라고 본다. 그러나 축술미 삼형도 역마 못지않게 환경의 변화가 잦다.

축술미 삼형이 사주에 있다고 매일매일 변화가 있는 것은 아니다. 세 글자 중 하나를 건드리는 대운이나 세운이 왔을 때 변화를 촉발한다. H씨의 경우 만 28세부터 10년 동안 병진丙辰 대운이 들어오는 사주다. 실제로 H씨는 20대 후반에 유학을 떠났는데, 병진 대운의 진辰

이라는 글자가 술戌년과 진술충辰戌沖 하면서 축술미 삼형을 발동시킨 것이다.

특정 해에만 삼형을 발동시키면 그해에 변동운이 있고, 대운 차원에서 삼형을 발동시키면 10년 동안 변동운이 크다. 그런데 만 38세부터는 정사丁巳 대운이 들어온다. 사巳는 일지의 해亥와 사해충을 일으켜 역마를 불러온다. 여전히 해외로 떠돌아다닌다고 볼 수도 있지만, 이때가 되어야 귀국할 타이밍을 잡는다고 볼 수도 있다. 축술미 삼형의 영향으로 해외에 살던 사람이 다시 역마 대운을 만나면 유턴할 기회가 될 수도 있기 때문이다. 물론 미국 내의 다른 지역으로 가거나 유럽으로 갈 수도 있다. 어디로 가기는 가되, 선택의 문제라는 것이다. 어느 경우든 30대 후반까지는 해외 생활을 할 확률이 높다.

그렇다면 H씨는 언제쯤 한국으로 다시 들어올 수 있으며, 결혼은 언제쯤 할 수 있을까?

일단 당분간은 해외에 있을 것으로 판단되므로 결혼 하나만을 보고 한국에 있는 직장을 택해 귀국해서는 안 된다. 그래도 빨리 결혼하고 싶으면 한국에 잠깐 들어올 때마다 선을 보든, 현지에서 연애를 하든 하는 방향을 선택해야 한다. 어느 경우든 결혼 후에도 당분간은 해외 생활을 한다고 생각하는 것이 좋다.

커리어 면에서도 H씨는 성공하는 사주를 가지고 있으니 변동운이 잦은 자신의 운명을 일부러 거스르지 않는 것이 좋다. 본인도 강한 흙이고, 돈을 뜻하는 정재와 편재도 모두 지지에 뿌리가 있다. 천간의 정재 임壬에게는 지지의 정재 해亥가 돈의 뿌리이고, 천간의 편재 계

癸에게는 지지 축丑의 지장간에 있는 계癸가 돈의 뿌리가 된다. 게다가 시時의 천간 신辛은 강한 흙의 기운을 방출하도록 돕는 용신인데, 십신 중 활동력을 뜻하는 식신이 용신이니 일도 잘한다.

자기 성향을 알고 운의 문을 열다

H씨의 사주에서 딱 하나 아쉬운 점이 있다면, 자신이 겨울에 태어난 흙이라 추운데 사주 여덟 글자에 불 기운이 지장간에만 있고 드러나지 않는다는 것이다. 그런데 H씨는 정말 행운아라고 할 수 있는데, 만 28세 병진 대운부터 38세 정사 대운, 48세 무오戊午 대운에 계속 불의 기운이 들어오기 때문이다. 부족한 운이 대운에서 들어오면 그 기간 동안 남부럽지 않게 목표하는 바를 이루게 된다. 특히 38세 이후가 기대되는 사주이다.

H씨 같은 사주는 아무 장소에 있다고 해서 만사형통하는 건 아니다. 업무 프로세스 준수가 중요한 공공기관이나 상명하복 문화가 강한 기업에 있다면 능력 발휘는커녕 매일매일이 괴로울 것이다. 강한 자존심은 높은 자리에 오른 사람이나 표현할 기회가 있지 거대 조직의 말단 사원에게는 오히려 독이 된다. 자신의 성향을 잘 알고 일찍부터 분위기가 자유로운 외국계 기업을 선택한 것은 잘한 일이고, 유학을 활용해 해외에서 취업을 한 것은 신의 한 수였다고 볼 수 있다.

H씨의 사주는 명리의 눈으로 인간과 세상을 보려는 사람들에게

시사하는 바가 크다. 아무리 좋은 사주팔자를 타고나더라도 어떤 환경에서 활동하는가에 따라 진흙 속의 진주로 묻힐 수도 있고, 밝게 빛나는 보석이 될 수도 있는 것이다. 강한 군대를 보유하고도 전장을 잘못 고르면 전쟁에서 이길 수 없다. 경영학에서도 어디서 싸울지를 결정하는 포지셔닝은 전략 수립의 기본이다. 운명을 개척한다는 것은 결국 자기 자신이라는 꽃을 어떤 토양에서 꽃피울지를 정하는 것이다. 씨앗 하나도 아무 데나 뿌리지 않는데, 내 인생이 뿌리내릴 토양을 정할 때 신중을 기하는 것은 당연하다. '인생 포지셔닝을 어떻게할 것인가'라는 주제는 명리에 기반한 커리어 상담의 핵심이다.

고비를 넘기면 회사도, 연애도 만사형통

회사원 U씨는 미혼의 40대 직장 여성이다. 다니는 회사에서는 팀장으로 중요한 역할을 맡고 있으며, 그동안 쌓아온 커리어도 꽤 괜찮은 편이다. 그런데 최근 회사 내 인간관계 때문에 답답한 일도 많고 매너리즘도 생겨서 이직을 하는 게 어떨까 고려하는 중이었다. 아울러 좋은 남자를 만날 수 있을지에 대해서도 궁금해 했다.

보통 조직은 나를 통제한다. 그래서 남녀 불문하고 나를 극하는 관성官星은 조직을 의미한다. 그러나 이성 관계를 볼 때는 남녀의 기준이 다르다. 남성에게는 관운만을 뜻하는 정관正官, 편관偏官 등의 관성이 여성에게는 관운뿐 아니라 이성을 의미하기도 하는 것이다. 명리학이 생겨난 옛날에는 여성의 권리가 요즘과는 많이 달랐다. 남성은 여성을 통제해야 할 대상으로 봤고, 여성 관점에서 남성은 자신을 극하는 관성이었던 것이다. 조직 생활을 하고 있는 여성의 사주에 관성이 있다면 그 관성은 남자운, 조직운 모두를 말한다. 반면 전업주부의 경우 관성은 남편으로 보면 된다.

U씨가 조직운과 이성운에 대해 물었으니 나의 본질인 일간을 이해한 후 바로 관성을 분석해야 한다.

	시	일	월	연
십신	정관	본인	정인	정관
천간	甲	己	丙	甲
지지	戌	酉	子	寅
십신	겁재	식신	편재	정관
지장간	辛 丁 戊	庚 辛	壬 癸	戊 丙 甲

대운: 8대운						
68	58	48	38	28	18	8
己	庚	辛	壬	癸	甲	乙
巳	午	未	申	酉	戌	亥
세운						
2023	2022	2021	2020	2019	2018	2017
癸	壬	辛	庚	己	戊	丁
卯	寅	丑	子	亥	戌	酉

초년의 인연이 오래가지 못하는 사주

U씨의 일간은 기己이다. 기己는 음의 토로, 그 본질은 논밭이나 양질의 토양이다. 곡식과 아름드리 소나무가 자라는 흙이다.

그런데 태어난 시기가 양력 12월 초부터 1월 초에 해당하는 자子월이다. 태어난 시간은 술戌시로, 저녁 7시 30분부터 9시 30분 사이에 해당한다. 한겨울 밤중에 태어난 흙은 차디찬 냉기로 인해 얼게 된다. 씨앗을 뿌려도 곡식이 자라기 어렵고 나무를 심어도 뿌리가 차가운 흙에 자리 잡기 힘들다. 나무는 흙에 뿌리를 내린다. 토土에게 목木은 관성이니 U씨에게 나무를 뜻하는 남자나 조직이 뿌리내리기 어렵다는 의미다. 그러나 다행히도 태어난 달의 천간에 태양 불을 뜻하는 양의 화 병丙이 있다. 겨울이지만 태양이 가까이 있으니 차가운 땅에 온기가 생겨 조직과 남자가 뿌리내릴 수 있는 여지가 생긴다.

마침 양의 목인 갑甲이 두 개, 인寅이 하나 있다. 태어난 해에 있는 갑甲과 인寅이 한 기둥을 형성하니 하나의 회사, 하나의 남자로 봐도 무방하다. 인생의 흐름을 연, 월, 일, 시 순으로 볼 때 갑인甲寅이라는 나무는 태어난 연도에 있는 글자이니 초년의 인연이다. 목 기운을 가진 두 글자로 이뤄져 있으니 우람한 소나무를 뜻한다. 좋은 회사, 멋진 남자라고 볼 수 있다. 실제로 U씨는 초년에 좋은 회사에서 직장 생활을 시작했고, 지금 다니는 회사는 그 후 이직한 곳이다.

U씨는 30대 초반에 결혼을 전제로 사귀던 사람이 있었는데, 조건이 매우 좋은 사람이었다고 한다. 그러나 결혼을 했어도 해로하기 힘

들었을 것이다. 남자운인 태어난 해의 갑甲과 인寅이 나를 뜻하는 기己와 거리가 멀 뿐 아니라 태어난 시의 천간에 있는 갑甲이 말년까지 해로할 수 있는 인연을 뜻하기 때문이다. 이런 경우에는 젊어서 좋은 회사, 좋은 남자와 인연이 되더라도 결국은 변화가 생겨 인연이 오래 가지 못한다.

완벽한 결과는 있어도 완벽한 사람은 없다

현재 40대 중반인 U씨에게는 시의 천간 갑甲이 직장운과 남자운을 보는 척도가 된다. 그런데 현재 대운은 만 38세부터 10년간 유효한 임신壬申 대운이고, 상담은 2017년 정유丁酉년에 이뤄졌다. 이 사주는 겨울에 태어났기 때문에 태양 병丙이 필요하다. 정유년의 정丁은 따뜻함을 주는 불 기운이라는 점에서 반갑기는 하지만 땅의 촛불인지라 태양 병丙을 대체할 수는 없는 점이 아쉽다.

게다가 이 사주는 나를 돕거나 나와 같은 오행인 정인正印, 편인偏印, 비견比肩, 겁재劫財 중 정인 병丙과 겁재 술戌 둘뿐이고, 다른 글자들은 모두 나를 누르거나 내 기운을 빼내가는 것들이다. 또한 정유년의 유酉는 식신食神으로, 내 기운을 빼내간다. 나를 돕는 글자가 부족한데 내 기운을 빼내가기까지 하니 2017년은 일이 뜻대로 풀리지 않는 시기이다.

2018년 무술戊戌년은 십신으로는 겁재의 해이다. 겁재는 나와 같은 오행으로, 나에게 힘이 되기도 하지만 내 재물을 겁탈한다는 의미도 있다. 다른 사람과 협력해서 서로 이익을 나누는 구조로, 사회생활을 하는 사람의 사주에 겁재가 있고, 나에게 필요한 기운이라면 주변의 도움으로 조직 생활의 어려움을 해결할 수 있을 것이다. 그런데 겁재를 십신으로 가지고 있을 때는 동료의 도움도 받지만 때로는 받은 것보다 조금 더 나눠주며 양보해야 지속적인 성공이 가능하다.

남자운은 2019년 기해己亥년에 기대해 볼 수 있다. 해亥의 지장간에 갑甲이라는 글자가 들어 있기 때문이다(제2장 〈내 사주팔자는 무엇인가〉의 '지장간 표' 참조). 남편을 뜻하는 정관 갑甲의 뿌리가 되는 해이니 인연을 만날 기회가 있다. 단, 명심해야 할 점이 있다. U씨는 한겨울 밤에 태어난 차가운 흙으로, 다행히 태양 불 병丙을 만나 조직 생활도 하고 연애도 할 수 있게 되었다. 그러나 자기 마음이 내키는 대로만 하면 태양의 기운이 약해지는 시기에 조직운, 남자운이 좋지 않게 된다. 기해년의 해亥라는 글자도 기본적으로는 바다와 강을 뜻하는 물이다. 땅의 물이라 하늘의 태양을 직접 끄지는 못하지만 물은 이론적으로 불을 제압한다. 자기 뜻대로만 하면 좋은 인연을 만날 해가 된다고 해도 결혼으로 이어지기 어려울 수 있다는 말이다.

남들이 부러워할 만한 커리어를 쌓아온 U씨지만 지금은 일시적으로 힘든 시기이다. 완벽을 추구하는 성격인지라 지금의 어려움이 더 고통스럽게 여겨질 수도 있다. 그러나 늘 일이 잘 풀릴 수는 없다는 것을 깨닫고 잠시 한발 물러나 여유를 가질 필요가 있다. 또 동료들과 공을 나눔으로써 지금의 어려움을 현명하게 극복하면 운의 상승기에는 기쁨이 배가될 것이다.

완벽한 사람이 없듯 완벽한 사주도 없다. 장점이 많은 사주에도 힘든 시기는 있다. 심지어 운이 좋아지는 시기에도 조심해야 할 것은 있다. 완벽한 결과를 추구하는 것은 프로답다고 볼 수 있지만 완벽한 사람을 추구하는 것은 명리의 이치에 어긋난다. U씨가 자신의 삶에서 여백을 발견함으로써 더 지혜로운 리더가 되리라 믿는다.

경庚

- 자연 속성: 제련되지 않은 원석, 수원지가 되는 산꼭대기의 바위

- 특징: 사회적으로는 미완의 큰 그릇이니 좋은 인연을 만나 단련되고 성숙되면 큰 인물이 될 가능성이 높다.

- 장점: 순박하고 솔직하다. 의리파이고, 근면성실하다.

- 고려사항: 윗사람의 기분도 가끔은 맞출 필요가 있다. 화날 때는 감정 조절을 잘해야 한다. 사람을 잘 믿는 편이기 때문에 사기를 당하지 않도록 조심해야 한다.

나에게 맞는 사업 방식은 무엇인가 庚

T씨는 벤처 사업으로 한 번 성공을 하고 현재 다른 직장에 다니면서 두 번째 사업을 구상하고 있는 중이다. 첫 번째 사업은 다른 곳에 매각했는데, 매각 대금을 동업자들과 나누다 보니 아직 개인적으로 큰 부를 축적했다고 할 수는 없다고 했다. 그는 지금 구상하고 있는 신규 사업 아이템이 두세 가지 있기는 한데 어떤 방식으로 사업을 시작하면 좋을지 궁금하다고 했다.

나에게 명리 상담을 의뢰하는 사람 중에 사업 아이템의 성패를 예측해 달라고 하는 사람은 있어도 사업 운영모델에 대해 묻는 경우는 드물었기에 나는 그 배경을 물었다.

T씨는 첫 사업을 시작하면서 초기에 동업자들과 지분율 같은 공식적인 이해관계에 대해 정리하는 일에 크게 신경 쓰지 않았었는데, 나

중에 수익을 배분하는 과정에서 자신의 생각과는 다른 아쉬운 상황이 발생했기 때문이라고 했다. 그는 앞으로 추진할 사업 아이템 자체에는 자신이 있다고 덧붙였다. 나는 그의 설명을 들은 후 어떤 방식의 사업 형태가 T씨에게 적합할지 분석했다.

	시	일	월	연
십신	편재	본인	편재	정재
천간	甲	庚	甲	乙
지지	申	子	申	卯
십신	비견	상관	비견	정재
지장간	戊 壬 庚	壬 癸	戊 壬 庚	甲 乙

대운: 5대운						
65	55	45	35	25	15	5
丁	戊	己	庚	辛	壬	癸
丑	寅	卯	辰	巳	午	未
세운						
2023	2022	2021	2020	2019	2018	2017
癸	壬	辛	庚	己	戊	丁
卯	寅	丑	子	亥	戌	酉

순수한 원석이 세상 풍파를 이겨내는 방법

T씨는 양의 금인 경庚으로 태어났다. 경庚은 금속 중에서도 원석에 해당한다. 단단한 바위라 할 수도 있다. 원석은 아직 불로 제련되지 않았기에 무딘 도끼 정도의 쇠붙이는 되지만 날카로운 칼이나 빛나는 보석은 아니다. 따라서 쇠가 녹는 고통이 따르더라도 용광로를 거쳐 쓰임새가 있는 금속으로 변신해야 세상에 두각을 나타낼 수 있다. 그렇게 되려면 본인의 사주인 금 기운이 강해야 하고, 이를 제어할 화 기운도 있어야 한다. 반면 불로 제련되지 않고도 세상에 이름을 알릴 수 있는 방법도 있다. 바로 수원지로서의 역할을 하는 것이다. 산 정상의 바위에서 흘러내린 한두 방울의 물이 모이면 샘물이 되고, 그게 하류로 흘러가면 강물이 되고 큰 바다가 된다. 큰 물도 경庚이라는 바위에서 생긴 작은 물방울에서 비롯된다. 즉, 쇠붙이는 물을 돕는다金生水. T씨의 사주에서 나를 뜻하는 경庚이라는 글자 주변에 임壬, 계癸, 해亥, 자子 등 수水 기운이 있다면 수원지로서의 역할을 택하는 것이 유리하다.

제련되지 않은 원석이든 수원지 역할을 하는 바위든 경庚으로 태어난 사람들에게는 공통된 특징이 있다. 바로 순수하고 순박하다는 것이다. 제련되기 전의 원석은 강하지만 단순한 쇳덩어리로, 어떤 기교가 표현된 금속이 아니다. 산 정상에 있는 수원지로서의 바위는 때가 타지 않고 사람의 발길도 뜸한 순수 자연의 공간을 의미한다. 경庚으로 태어난 사람들의 본심은 이러한 바위의 특성을 닮았다.

그러나 때로 이러한 순수함은 고집과 강한 자존심으로 표출되기도 한다. 성향이 단순하면 변화에 유연하게 대처하기 어렵고 때로는 자기 생각에 함몰되기도 한다. 그래서 순수하다거나 유연하지 못하다는 특성은 사업가에게는 그다지 좋은 조건은 되지 못한다. 요즘 같은 세상에서 사업으로 성공하려면 산전수전 다 겪어가며 유연하게 대처해야 하기 때문이다. 경庚으로 태어난 사람은 임기응변에 능숙하지 못하기 때문에 예상치 못한 갑작스러운 상황에 부딪히게 되면 속마음을 그대로 드러내기 쉽다.

그렇다고 경庚으로 태어난 사람은 사업을 하면 안 되는 걸까? 세상에 특정 오행을 가진 사람만 사업을 하라는 법은 없다. 단, 사업을 구상하는 사람이라면 자신의 사주에 내장된 명리학적 특징을 고려할 필요는 있다.

이익을 누군가와 나눠야 하는 사주

T씨는 타고난 사주에 화 기운을 가진 글자가 없다. 대신 일지에 수 기운을 가진 자子가 있다. 그리고 태어난 월의 지지와 시의 지지에 신申이 있는데, 신申은 경庚과 같은 양의 금이다. 나와 같은 기운의 글자가 태어난 월과 시에도 있으니 수원지는 더 힘이 강해진다고 할 수 있다. 강한 수원지에서 샘물을 흘려보내는 구조가 되는 것이다.

마침 사주에 목에 해당하는 갑甲, 을乙, 묘卯가 있다. 갑은 편재偏財

로, 리스크는 있으나 규모가 큰돈을 뜻한다. 그리고 을과 묘는 정재
正財로, 성실히 일해 번 안정적인 재산을 뜻한다. 정재가 편재보다 작
다고 느낄 수 있으나 을乙과 묘卯가 한 기둥에 있으니 그 규모가 작지
않다. 그런데 나를 뜻하는 경庚과 가까이 있는 것은 편재인 갑甲이다.
나와 가까이 있는 글자에 내 마음이 더 가게 된다.

아쉬운 점은 T씨 자신인 경庚의 양 옆에 돈을 뜻하는 편재 갑甲이
두 개 있는데, 이 두 글자 모두 바로 아래에 비견比肩에 해당하는 신申
이 있다는 것이다. 물론 신申은 경庚인 나에게 힘이 된다. 그러나 내가
목표로 하는 재물인 갑甲 바로 아래에 비견 신申이 있다는 것은 비견
신申도 나와 마찬가지로 갑甲을 노린다는 의미이다.

비견은 가족 중에서는 형제를 뜻하고 사회에서는 친구, 동료를 뜻
한다. 사주에 비견이 있을 때는 마음 통하는 사람과 힘을 합해 문제를
해결하는 팀워크가 중요하다. 자기 자신인 경庚이라는 수원지가 비
견 신申을 만나 힘이 강해지듯이 T씨는 동업을 하는 것이 명리상 잘
맞는다. 그런데 내가 원하는 재물을 동료 또한 원하니 그 재물을 동료
와 함께 나누는 것이 순리인 사주이다.

태어난 해에 위치한 을乙과 묘卯는 연, 월, 일, 시 순으로 보면 초년
의 정재에 해당한다. 즉, 젊은 나이에 사업을 시작해서 성실히 일해
성공을 거두고, 재물 또한 적지 않게 모은다. 그런데 안정적인 재산을
뜻하는 정재 을乙과 묘卯도 나 자신인 경庚보다는 친구와 동료인 신申
과 거리가 더 가깝다. 결국 동업자가 나보다 돈을 더 많이 가져간다는
뜻이다.

사주의 구조가 이와 같을 경우에는 혼자 사업을 하기보다 동업을 당연하게 받아들이는 것이 낫다. 그리고 자신의 지분을 의도적으로 높게 가져가는 것은 적어도 T씨의 사주상으로는 좋지 않다. 어차피 동업을 해야 하고, 동업자가 내 재물인 편재 갑甲이나 정재 을乙, 묘卯에 더 가깝게 위치해 있다면 그 상황을 받아들여야 한다.

따라서 '어떤 사업 구조를 택하면 동업자에게 돈을 덜 줄 수 있을까?' 하는 질문은 이 사주를 가진 T씨에게는 적절하지 않다. T씨 자신은 오히려 순수한 수원지 역할을 하고 개별 아이템에서는 다소 아쉬운 듯 지분을 가져가는 것이 좋다. 대신 아이템을 동시에 여럿 관리한다거나 한 가지 아이템을 안착시킨 후 다른 아이템에 관여하는 식의 방법을 택하면 자신이 취할 수 있는 부의 총량을 늘릴 수 있다. 이른바 박리다매 형태를 취하라는 것이다. 하나의 물건을 팔았을 때의 이득은 적을 수 있지만, 사업 활동을 지속적으로 하고 시간이 흐르다 보면 목표한 부를 축적할 수 있게 될 것이다.

그래서 T씨는 자신이 처음부터 모든 것에 관여하는 사업 방식보다 지분율은 적더라도 아이템에 관심이 많은 자본가와 함께 하거나 자신의 재산 일부와 다른 사람들의 투자를 받아 소규모로 회사를 만든 후 여러 아이템에 관여하는 방식이 더 적합하다. 그중 굳이 하나를 택하자면 자신의 재산 일부와 투자금으로 소규모 회사를 만들고 T씨 자신은 여러 아이템에 관여하며 성공에 대한 지분을 받는 것이 낫다.

나를 뜻하는 경庚의 양 옆에 편재 갑甲이 있으면 한 번에 한 사업에만 집중하는 게 아니라 왼쪽 사업도 눈에 들어오고 오른쪽 사업도 눈에 들어온다. 이런 성향을 고려할 때, T씨는 한 사업에 몰두하기보다 다른 사람들이 하는 여러 종류의 사업을 도우면서 개별 사업에서 발생하는 총수익을 배분받아 수익을 극대화하는 방식이 적합하다.

명리 상담을 하면서 어떤 사업을 하라고 권하는 경우도 물론 있다. 가령 사주에 식신食神이 발달해 있으면 먹는장사를 하라고 하고, 정관正官이 발달해 있으면 기업이나 공직 등 안정적인 조직에 들어가라고 하는 식이다. 그러나 그런 것 못지않게 중요한 것은 자신에게 해당되는 십신이 자기 삶의 방식에 어떤 의미로 작용하는지를 아는 것이다. 사주 여덟 글자에 식신이 있는 사람은 결과보다는 일하는 과정에 집중하는 것이 더 낫고, 정관이 있는 사람은 조직이 추구하는 큰 그림과 원칙, 규정 등에 대해 고려하면서 일하는 것이 더 마음 편하다는 것처럼 말이다.

이런 특징들을 알면 단순히 답만 알고 그 답을 향해 달려가는 것이 아니라 달리기를 하는 동안 온갖 어려움과 힘든 일을 겪게 되더라도 주저앉거나 불평하지 않으면서 자신만의 달리기를 계속할 수 있게 된다.

이직을 너무 자주 해도 괜찮을까 庚

G씨는 현재 투자전문회사에서 고위직 임원으로 근무하고 있다. 성과도 좋고 회사 생활에도 꽤 만족하고 있어서 이직하길 잘했다고 생각하고 있다. 그런데 지금의 직장으로 이직을 앞두고 있던 몇 년 전에는 사실 고민이 컸다. 당시의 직장으로 이직한 지 1년밖에 안 된 때였기 때문이다.

최근 경력 있는 고위직 임원들의 이직 시점에 대한 문의가 늘어나고 있다. 이직에 대한 사회적 시선은 다양하다. 너무 잦은 이직은 그 사람의 값을 떨어뜨린다는 시각도 있고, 세상이 빠르게 변하고 고용의 형태도 계속 달라지는 만큼 이직의 빈도는 큰 문제가 되지 않는다는 시각도 있다. G씨도 걱정이 되어 주변의 채용 전문가들에게 물어보니 고위 경력직도 한곳에 2, 3년 이상은 다니고 옮겨야 다음 이직

할 곳에서 충성도를 문제 삼지 않는다는 이야기를 들었다고 한다. 그러나 명리학적으로 볼 때 적당한 근속연수는 사람마다 다 다르다. 아니다 싶으면 한 달 만에 그만둬도 되고, 좋으면 평생 다녀도 된다. 따라서 G씨가 이직 당시 1년 만에 또 다른 곳으로 옮겨도 되냐고 물었을 때, 나는 명리 분석 이외의 것은 고려하지 않았다. 1년도 안 돼 이직하는 걸 두고 색안경을 끼고 보는 경우가 있고, 회사 내부적으로 큰 일이 없으면 조금 더 다녀보라고 조언하는 사람도 있을텐데 나까지 그런 얘기를 해 주는 것은 무의미하기 때문이다.

	시	일	월	연
십신	정인	본인	겁재	정관
천간	己	庚	辛	丁
지지	卯	午	亥	巳
십신	정재	정관	식신	편관
지장간	甲 乙	丙 己 丁	戊 甲 壬	戊 庚 丙

대운: 1대운						
61	51	41	31	21	11	1
甲	乙	丙	丁	戊	己	庚
辰	巳	午	未	申	酉	戌
세운						
2023	2022	2021	2020	2019	2018	2017
癸	壬	辛	庚	己	戊	丁
卯	寅	丑	子	亥	戌	酉

재성이 귀하게 쓰이면

이 사주의 주인공 경庚은 양의 금으로, 가공하기 전의 원석에 해당하는 금속이다. 경庚은 산 정상에 있는 바위를 뜻하기도 하는데, 강물의 원천도 산 위에서 시작되는 그 작은 물방울이다. 즉, 금생수金生水의 원리가 여기도 적용된다. 따라서 경庚으로 태어난 사람은 다음의 두 가지 중 하나의 방식을 따를 때 본인이 행복할 수 있다.

첫 번째는 강한 불에 의해 보석이나 칼로 제련되어 세상에 쓰이는 것이고, 두 번째는 수원지로서의 역할을 다해 세상에 보탬이 되는 것이다. G씨의 사주는 두 방법 중 어떤 경로를 따라야 할까?

G씨는 양력 11월 초부터 12월 초인 해亥월에 태어난 원석이다. 사주에 가장 많은 글자는 화火로, 양의 화인 사巳, 음의 화인 정丁과 오午가 있다. 그런데 이 사주의 해亥와 묘卯가 만나 해묘미亥卯未 삼합 중 일부인 반합을 이룬다. 해묘미 반합은 목 기운으로 변화한다. 즉, G씨의 지지 네 글자에는 목, 화, 수 기운이 두루 있지만 크게는 목과 화로 요약할 수 있다. 그런데 목은 화를 돕기 때문에木生火 지지의 가장 강한 기운은 화火이다. 화는 관성官星이고, 관성은 조직운에 해당한다. 결국 G씨는 자영업보다 조직에 속할 때 더 힘을 받는다.

그런데 G씨는 목 기운도 강하다. 목은 돈에 해당하는 재성財星이고, 재성이 결국 다시 조직운인 관성을 돕는 재생관財生官의 형태를 이룬다. 재생관이 되면 내가 사업을 직접 하기보다 회사에 소속되어 사업을 진행하고 회사 내에서 출세하는 구조가 적합하다. G씨는 현재 금융 투자 회사의 임원으로 있는데, G씨에게는 천직인 셈이다. 이전 직장도 금융회사였으나 그때는 기획, 마케팅 업무를 맡았었다. 지금의 회사에서는 직접 투자자를 만나 투자를 유치하는 일을 맡고 있다. 이 점이 바로 G씨가 이직을 결정한 포인트였다. 이 사주가 공부 또는 머리를 쓰는 기운인 정인正印, 편인偏印 등의 인성印星을 귀하게 쓰면 기획, 마케팅 직군에도 잘 맞는데, 돈을 뜻하는 정재正財, 편재偏財 등의 재성을 귀하게 쓰면 자금을 융통하는 일에 더 잘 맞는다. 물론 어떤 선택을 하든 조직에 소속되어 일하는 데는 변함이 없다.

결론부터 말하자면 이 사주는 재성을 귀하게 쓰는 사주이다. 토 기운인 정인 기己 아래에는 목 기운인 묘卯가 있다. 목은 토를 극하므로 묘卯가 기己를 약하게 만든다. 게다가 주변의 강한 화 기운이 흙인 기己를 달구니 흙은 습기가 없어지고 힘이 약해진다. 결국 토생금土生金 작용이 약해지게 된다.

겁재劫財 신辛도 주변의 불 기운이 강하면 금속이 녹거나 그을리게 되므로 큰 도움이 되기 어렵다. 따라서 최종적으로는 관성인 화를 따라간다(종격)고 본다. 일단 재성이 강하고, 강한 재성의 기운이 관성으로 이어지니 돈과 관련되는 일을 따라가되 조직에 속해서 일하라는 뜻으로 풀이할 수 있다. 물론 기획이나 마케팅을 못하는 것은 아니나 대성하려면 바로 돈을 좇아가는 것이 유리하다는 말이다. 물론 정인과 겁재가 약하더라도 존재하기는 하므로 종격이 아니라고 주장할 수도 있다. 이에 대해서는 학문적으로 이견이 있을 수 있기에 G씨의 향후 행보를 지켜보고 이론적 배경의 수정이 필요한지 판단해야 한다.

운보다 중요한 기준을 따르라

G씨는 고민 끝에 결국 이직을 했다. 재성을 귀하게 쓰는 사주이니 금융회사의 자금조달 담당 임원으로 제격이고, 성과도 훌륭해서 이직한 지 1년 만에 승진을 했다.

현재의 대운은 정미丁未 대운으로, 미未는 해묘미 삼합을 완성시켜서 돈에 해당하는 재성 목 기운이 강화되고, 육합 이론에 따라 오미합午未合이 되어 불의 기운도 강화된다. 정미 대운은 커리어 개발을 하기에 좋은 시기이다. 다음 대운은 병오丙午이다. 병오 대운은 병丙도 불이고 오午도 불이다. 화 기운을 따라가야 잘되는 사주에 강한 불 기운이 오니 병오 대운에도 기대해 볼 만하다. 화는 관운을 의미하므로 사회적 지위도 높아진다.

많은 사람들이 외부에서 이직 제안이 들어오면 그해에 이직운이 있는가 없는가를 묻는다. 운명적으로 이직을 할 시기인지를 묻는 것인데, 명리 상담가로서 개인적으로 좋아하는 질문은 아니다. 이직운이 들어오더라도 이직하지 않는 사람도 많다. 이직운보다 더 중요한 의사결정 기준은 자신의 타고난 장점이 현재의 직장에서 빛을 발하고 있는가, 이직을 함으로써 더 인정받을 수 있는가이다. 이직 제안이 들어오면 그것을 계기로 자신을 한 번 더 돌아보는 기회로 삼을 수도 있다.

명리를 기반으로 한 커리어 상담의 핵심은 명리학을 통해 나를 더 잘 파악하고, 직장이라는 외부 환경의 속성을 이해한 후 나와 조직 간의 적합도를 판단하는 것이다. 일반적 직업 및 직장 선택 기준과 다르지 않다. 다만 명리학은 나의 강점을 다른 시각에서 조명해 주기에 객관적인 의사결정을 하는 데 도움을 줄 수 있다는 것이다. 물론 명리이론으로 사주를 분석하면 미래 예측도 어느 정도 가능하다. 그러나명리를 이미 정해진 미래를 미리 열어보는 도구로 사용하는 것은 그리 권장하고 싶지 않다. 명리는 내가 내리는 결정에 따라 달라지는 결과를 미리 예측해 봄으로써 현재에 어떤 결정을 내리는 게 더 현명한가를 판단하는 자료로서 그 가치가 있다. 사용자의 자유이지만 매번정해진 미래를 점치기 위해 명리 이론을 사용한다면 너무 아쉬울 것이다. 미래의 성과는 명리를 통해 파악한 나의 강점과 외부의 환경이얼마나 잘 맞는가에 의해 결정된다. 스스로 나의 운명에 개입할 여지가 충분함에도 불구하고 그 가능성을 외면하는 것은 매우 안타까운일이다.

즉, 사주가 정해 주는 데는 어느 정도의 한계가 있고, 그 이후를 결정짓는 것은 자신의 마음가짐과 행동이라는 것이다. 앞에서도 말했듯이 습관이 운명이다. 아무리 팔자가 나빠도 기존의 습관을 바꿔 운명을 개척하는 경우도 있고, 좋은 습관을 망쳐 원하는 삶을 살지 못하는 경우도 있다. 우리가 한평생을 살면서 늘 마음에 새겨야 할 것은원하는 인생을 살기 위해, 또는 원하지 않는 인생을 살지 않기 위해서끊임없이 자신을 돌아보고 자신이 가는 길을 조정해 나가야 한다는사실이다.

신후

- 자연 속성: 제련이 끝난 금속으로, 보석이나 칼

- 특징: 보석의 본질은 세상에서 빛나는 것이니 남에게 주목받는 일을 해야 행복하다.

- 장점: 깔끔한 성격이다. 주위 사람들과 잘 지내며 사교성이 좋다. 환경 변화를 빠르게 인지하고 그에 대처한다.

- 고려사항: 힘들고 불편한 일도 감수해야 빛날 수 있다. 자신만의 세계에 함몰되지 않도록 주의해야 한다.

대기업 임원으로 갈 수 있을까 辛

I씨는 중견기업의 여성 임원이다. 전문 설계 분야에서 자신만의 기술력을 인정받아 젊은 나이에 이사가 되었다. 그런데 한 가지 아쉬운 점이 있다고 했다. 충분한 자본력을 토대로 자신의 능력을 활용한다면 사업을 더 크게 해볼 수 있을 것 같은데 지금의 회사에서는 규모 면에서 그러기가 어렵다고 했다. 그래서 최근 대기업 면접을 봤고 최고 경영진 앞에서 프레젠테이션까지 했다. 대기업 측의 만족도는 높았고 비공식적이지만 임원 자리를 줄 수 있을 것 같다는 이야기도 들었다. 그런데 3주 전에 인사부서에서 이렇게 전화가 왔다.

"아직 나이가 젊으신 편이라 저희 기업 문화에서는 위화감이 생길 소지가 있습니다. 우선 부장 직급으로 오시는 건 어떨까요?"

I씨는 그에 대해 자신의 뜻을 분명히 밝혔다.

"죄송하지만 임원이 아니면 움직이기 힘들 것 같습니다. 임원으로 가야 이직 후 제가 생각하는 바를 충분히 펼칠 수 있지 않을까 싶습니다."

연봉은 지금 다니는 회사나 새로 면접을 본 대기업이나 큰 차이가 나지 않는 상황이라 굳이 중견기업 임원에서 대기업 부장으로 갈 필요도 없거니와 임원이라는 위상이 있어야 새로운 조직에서 본인이 구상하는 사업을 빠르게 실현시켜 나갈 수 있을 거라고 판단했기 때문이었다. I씨의 거절에 대기업의 인사부서에서는 일단 내부 협의를 하고 다시 연락을 주겠다고 했는데, 그 후 아무런 연락이 없는 상황이었다. I씨의 질문은 당연히 "대기업에서 임원 자리를 줄까요?"였다. I씨의 사주를 분석해 봤다.

	시	일	월	연
십신	정인	본인	상관	편재
천간	戊	辛	壬	乙
지지	戌	亥	午	卯
십신	정인	상관	편관	편재
지장간	辛 丁 戊	戊 甲 壬	丙 己 丁	甲 乙

대운: 1대운						
61	51	41	31	21	11	1
己	戊	丁	丙	乙	甲	癸
丑	子	亥	戌	酉	申	未

세운						
2023	2022	2021	2020	2019	2018	2017
癸	壬	辛	庚	己	戊	丁
卯	寅	丑	子	亥	戌	酉

주인공을 도울 기운이 있는가

I씨는 한여름인 오午월(양력 6월 초부터 7월 초 사이)에 태어난 보석 신辛이다. 음의 금인 신辛은 칼이나 연장, 보석 등의 가공된 금속류를 의미한다. 원석을 뜨거운 불에 가공하면 보석이 되는데, 여름의 더운 기운이 사주에 있으니 자신의 위세는 조금 약해진 상태이다. 태어난 시간은 술戌시인데, 술戌시는 우리 시간으로는 오후 7시 반부터 9시 반까지를 말한다. 원래 밤에 태어나면 열기가 잦아들어야 하는데 오午가 술戌을 만나면 인오술寅午戌 삼합의 일부인 반합이 성립되어 불 기운이 되살아난다. 인오술 삼합이 불로 변하기 때문이다. 게다가 나무인 을乙과 묘卯라는 글자가 불을 더 크게 만든다.

정리해 보면, 이미 가공된 보석이 불 기운이 아주 강한 환경에 있으니 유리하지 않다. 이처럼 덥거나 추운 계절적 요인으로 사주에 필요한 기운과 불필요한 기운을 파악하는 것을 '조후론'이라고 한다. 반면 사주에서 본인의 기운이 강한가 약한가를 보아 강하면 덜어 주거나 제압하고, 부족하면 도와줘야 한다는 '억부론' 관점에서도 분석을 해야 한다. 조후론과 억부론은 나에게 필요한 기운과 나쁜 기운이 무엇인지 판단하는 용신을 판정하는 데 가장 기본이 되기 때문이다(제1장 〈용신이란 무엇인가〉 참조).

억부론 관점에서는 주인공인 신辛이 약하다. 전문용어로 '신약 사주'라고 한다. 나를 돕는 십신인 비견, 겁재, 정인, 편인 중 정인인 무戊, 술戌 두 글자만 있으니 약한 것이다. 앞서 술戌은 오午와 합하여 불로 변한다고 했다. 그나마 나를 돕는 두 글자 중 무戊만 남게 되는 것이다. 그런데 주변의 강한 열기 때문에 무戊라는 흙도 메마른 흙이 돼 버린다. 흙이 메마르면 금을 생하는 기능이 약해진다. 억부론 차원에서는 용신을 찾기가 쉽지 않다. 따라서 조후론 관점에서 열기를 제어해 주는 한 줄기 물인 상관 임壬을 용신으로 삼는다.

그런데 10년 단위로 변하는 대운을 보니 만 41세인 2016년부터 정해丁亥 운이 시작된다. 정丁이라는 글자는 임壬이라는 글자를 만나면 정임합丁壬合을 한다. 임은 용신, 즉 내가 필요로 하는 기운인데, 용신을 합하니 어려움이 예상된다. I씨는 2016년에 창업을 준비했으나 여의치 않았다. 오히려 준비 과정에서 금전적 손해만 봤다. 정해 대운의 시기라서 용신 임壬이 제 역할을 하기 어려운 상황인데, 더구나 2016년은 병신丙申년이다. 이 사주는 불이 흉한데, 태양 불에 해당하는 병丙이 한 해의 운으로 들어왔다. 나 자신인 신辛에게 신申은 겁재다. 겁재는 내 재물을 빼앗는다는 의미로 해석할 수 있는데, 2016년에 손해를 본 상황과 일치한다. 그러나 금 기운을 가진 신申은 용신 임壬을 돕는 금생수金生水 작용을 하기 때문에 회복 가능한 수준의 손해로 마무리된다.

일시적으로 찾아오는 운을 놓치지 않는 법

그렇다면 이직과 관련된 답답함은 언제 해소될까?

2017년은 정유丁酉년이다. 정丁이라는 글자는 화의 기운이므로 반갑지 않다. 다행히 양력 4월 초부터 5월 초 사이인 진辰월을 기대해 볼 만하다. 진辰은 지장간에 계癸라는 물을 품고 있는 촉촉한 흙으로, 뜨거운 열기를 받아낼 수 있어 조후론 관점에서 쓸 만하다. 억부론적으로도 진辰은 정인이므로 신약 사주인 나를 돕는다. 5월 초 이후인 사巳월, 오午월에는 다시 불 기운이 강해진다.

나는 다음과 같이 조언했다.

"일시적이긴 하지만 양력 4월 초부터 5월 초 사이를 기대해 볼 만합니다. 그 시기를 놓치면 그 후 몇 달간은 기회가 없습니다. 지금 알아보는 회사에 연락해서 본인의 장점을 다시 어필하고, 다른 대안으로 새로운 회사도 알아보세요."

다행히 몇 주 동안 시간을 끌던 그 대기업에서 I씨를 임원으로 채용하기로 했다. 4월 말에 들려온 소식이었다.

이직운, 시험운, 부동산운 등은 대운이나 세운 못지않게 특정한 달의 좋고 나쁨을 중요하게 본다. 물론 대운이나 세운이 너무 나쁘면 어떤 한 달의 운이 특별히 좋다고 극복되지 않을 수도 있다. 정유년의 정丁이라는 글자는 불 기운으로, 용신 임壬을 합하기 때문에 우려스럽지만 유酉는 신약한 나를 돕는다는 의미가 있어서 좋게 사용된다. 즉, 한 해의 운에 좋은 운과 나쁜 운이 섞여 있다. 이런 상황에서 진辰

월이 좋게 작용하므로 해당 월에 단기적으로라도 기회가 있다고 보았다.

사실 이와 같은 사례는 100퍼센트 확신을 가지고 당락을 예측하기가 쉽지 않다. 그러나 본인이 한 달의 운을 최선을 다해 이용했고, 상담을 통해 진辰월의 글자를 기대하고 용기와 희망을 북돋아 주었던 것이 좋은 결과로 이어진 것 같아 보람을 느낀다.

명리학으로 모든 미래를 100퍼센트 맞출 수는 없다. 특히 I씨 같은 상황에서는 명리 기반의 확률적 추론에 개인의 노력과 용기가 더해졌기에 좋은 결과가 나온 것이다. 이렇듯 스스로의 상황을 여러 도구를 활용해 좀 더 객관적으로 바라보고, 그 상황에서 자신이 할 수 있는 최선의 방법들을 강구하려 할 때 원하는 것을 손에 쥐게 될 확률이 높아진다.

장인정신이 돋보이는 일류 바텐더의 운 辛

Y씨는 우리나라의 바bar 업계에서는 모르는 사람이 없을 정도의 A
급 바텐더이다. 20대 후반일 때부터 탁월한 기량과 창의적인 레시피
로 명성이 자자했는데, 바 마니아층에서는 그의 이름을 보고 업소를
찾아갈 정도이다. 개인적으로 칵테일을 매우 좋아하는 나는 그의 사
주를 분석할 기회가 왔을 때 그가 왠지 남 같지 않게 느껴졌다.

바 문화는 우리나라에서 최근 몇 년간 한남동, 청담동 등을 중심으
로 빠르게 확산되었다. 여기서 이야기하는 바는 칵테일과 몰트위스
키 등을 주로 판매하는 곳으로 손님과 바텐더 사이에 크고 두꺼운 나
무 테이블이 있는 곳이 대부분이다. 일부 '스피크이지'speakeasy(미국
금주법 시대의 무허가 술집) 스타일의 바는 일부러 간판도 달지 않아 신비
로운 느낌을 주는 재미도 있다. 바텐더가 정성을 다해 조주造酒한 마

티니를 한 잔 마시다 보면 테이블 위에 세상 고민을 다 내려놓을 수 있을 것 같은 기분이 들어 종종 바를 찾아가곤 한다.

Y씨는 나에게 2, 3년 내로 자기 사업을 할 수 있을지를 물었다. 나는 그의 질문을 분석하기 전에 바텐더라는 직업적 특징이 그의 사주와 잘 맞는지를 먼저 알아봤다. 바텐더의 핵심역량인 '섬세한 기술력', '창의적 아이디어' 그리고 '고객의 요구를 파악하는 감각'이 어느 정도 수준인지를 보고자 했다. 또한 바 업계도 요식업의 일종이므로 식음료 사업에 적합한 십신인 식신食神이 있는가를 보았다.

	시	일	월	연
십신	정인	본인	정인	편재
천간	戊	辛	戊	乙
지지	子	卯	寅	丑
십신	식신	편재	정재	편인
지장간	壬 癸	甲 乙	戊 丙 甲	癸 辛 己

대운: 5대운						
65	55	45	35	25	15	5
辛	壬	癸	甲	乙	丙	丁
未	申	酉	戌	亥	子	丑
세운						
2023	2022	2021	2020	2019	2018	2017
癸	壬	辛	庚	己	戊	丁
卯	寅	丑	子	亥	戌	酉

밤에는 편인, 낮에는 정인으로 살아가는 사람

Y씨는 음의 금인 신辛으로 태어났다. 이것 하나만으로도 바텐더라는 직업이 그와 잘 맞는다고 할 수 있다. 일간 신辛은 제련된 금속으로 칼이나 보석을 뜻하며, 열 개의 천간 중 가장 날카롭고 예민하다는 것이 특징이다. 칵테일을 조주할 때 1밀리리터도 틀리지 않으려고 애쓰는 바텐더의 예민함은 신辛으로 태어난 사람에게 잘 맞는다.

태어난 연도 또한 바텐더에 잘 맞는다. 태어난 해의 지지는 축丑으로, 일간 신辛에게는 편인偏印이다. 사주에 정인正印, 편인 등의 인성印星이 있으면 머리가 좋고 학문, 지식, 기술 등으로 생업을 삼는 경우가 많다. 특히 편인이 있는 경우 개성 강하고 독특한 분야의 학문, 지식, 기술에 적합하다. 여기서 '편'偏이라는 글자는 '편중되다', '편향되다'라는 의미가 있다. 가령, 특수 기술직으로 생업을 삼는 경우에는 편인이 있는 것이 좋고, 인문계 및 보편적인 기술 분야에는 정인이 적합하다.

명리학자에 따라 기술직은 보편적이든 특수하든 모두 편인 성격으로 보는 경우도 있다. 그러나 실제 상담을 하다 보면 편인을 활용하는 인문 분야도 있다. 종교, 철학 등 남들이 쉽게 접근하지 않는 인문 분야도 편인이 적합하다. 주의할 점은 도식적으로 정인은 어떤 직업이 잘 맞고 편인은 어떤 직업이 잘 맞다는 식으로 분류하기는 힘들다는 것이다. 결과적으로 선택한 현재의 직업이 그렇다기보다 정인, 편인 각각에 적합한 직업적 성향을 타고난다는 정도로 그 차이를 해석하는 것이 합당하겠다. 쉽게 말해 스페셜리스트는 편인 성향, 제너럴리스트는 정인 성향 정도로 기억하면 된다. 정리해 보면 태어난 해의 지지에 있는 편인 축丑은 장인정신, 기술직 등에 어울리는 글자이니 Y씨와 바텐더라는 직업은 잘 맞는다고 볼 수 있다.

그런데 Y씨의 사주에 정인이 두 개 더 있다는 점에 주목해야 한다. 정인은 보편적인 학문, 지식, 기술 분야라고 했는데, 실제로 Y씨는 자신이 직접 개발한 새로운 칵테일 레시피를 포함해 오랜 경험을 통해 체득한 기술들을 체계적으로 지식화해 전문 교육기관에서 후배들을 가르치고 있다. 밤에는 바를 찾아오는 고객 앞에서 기술을 발휘하는 편인의 삶을 살지만, 낮에는 기술을 체계화해 후배를 양성하는 정인의 삶을 살고 있는 것이다. 사주의 글자 하나하나가 그의 삶을 정확히 대변하고 있으니 현재 하고 있는 일은 그에게 운명적인 생업이라고 받아들여도 무방하다.

그리고 정인 무戊 두 개가 본인을 뜻하는 신辛 양 옆에 자리 잡고 있다. 이런 경우 학습 속도가 무척 빠르고 기획력도 뛰어나다. '나'라는 컴퓨터가 CPU를 두 개 장착한 셈이다. 고객의 취향을 빨리 알아채고 새로운 레시피를 창의적으로 만드는 능력을 갖게 된다.

아이디어가 너무 많아 돈을 좇으면 안 되는 사주

요식업 종사자인 Y씨에게 식신은 어떤 작용을 할까? 나를 뜻하는 신

240

辛은 음의 금인데, 신辛 양 옆에 토 기운을 가진 정인 무戊가 두 개 있으니 토생금土生金 작용으로 나의 기운이 커진다. 그러면 강화된 기운을 배출해 줄 식신이나 상관傷官이 있는지를 봐야 하는데, 마침 태어난 시의 지지에 식신 자子가 있다. 자신이 가지고 있는 지식과 기술을 세상에 표현할 길이 열린 것이다. 게다가 요식업의 일종인 바를 하는 사람 입장에서는 이 식신이 더 반가울 수밖에 없다.

명리를 처음 접하는 사람이 십신 중 식신에 대해 들으면 대부분 '밥 많이 먹는다는 의미의 식신을 말하는 거냐'고 하며 웃는다. 맞는 얘기다. 식신의 핵심은 '밥을 먹기 위해 일한다', 즉 '생계를 위해 성실히 일한다'는 개념이다. 그리고 '먹는 비즈니스에 종사한다'는 뜻까지도 포함한다.

Y씨는 언젠가 자기만의 사업을 하고 싶다고 했다. 이 상담은 2017년 중반에 이뤄졌는데, 만일 2017년 내에 사업을 시작한다면 2018년 무술戊戌년에는 욕심이 나더라도 천천히 운영해야 한다. 무戊와 술戌은 모두 정인을 뜻하는 토로, 금인 나에게 힘이 된다. 반면 흙이 너무 강하면 보석인 신辛에 흙이 묻어 그 빛이 세상에 잘 드러나지 않는다. 그러나 2019년 기해己亥년부터는 조금씩 성과를 볼 수 있다. 해亥라는 글자는 강물이나 바닷물을 뜻한다. 큰 물이 보석에 묻은 흙을 닦아주어 보석이 세상에 빛을 발하도록 돕게 된다.

장기적으로 Y씨는 사업가보다는 장인으로 성공하는 길을 걸어야 한다. 정재正財와 편재偏財가 있는데, 정인과 편인도 있기 때문이다. 정재와 편재가 둘 다 있으면 돈 벌 기회가 여기저기서 보인다. 정인도 있고 편인도 있으니 이런저런 아이디어가 마구 생각난다. 이런 사주는 돈 자체를 좇으면 위험할 수 있다. 이것저것 아이디어가 샘솟는 사람은 사업적으로 끈기가 부족한 경우가 많다. 그러나 이런 아이디어를 자신의 창조적 작업에 접목한다면 40대 중반 이후에는 국내에서 크게 존경받는 장인이 될 것이다. 물론 사업에 접근할 때도 자신만의 장인정신을 발휘할 수 있는 작업실 개념으로 운영하는 편이 낫다. 눈에 보이는 사업 기회가 많더라도 의식적으로 무시하려고 노력하고 묵묵히 장인의 길을 걷는 것이 향후 Y씨가 성공적인 인생을 살 수 있는 비결이다.

임壬

- 자연 속성: 강물, 바닷물

- 특징: 유유히 흐르는 물처럼 한곳에 고이지 않고 마음 가는 대로 살아가는 것을 지향한다.

- 장점: 변화에 잘 적응한다. 목표를 설정하고 자기 길을 묵묵히 걷는 스타일이다.

- 고려사항: 권위적인 조직에 맞지 않다. 가정을 꾸릴 경우 양보가 필요하다는 사실을 꼭 기억해야 한다. 내가 강이라면 배우자라는 제방을 이해해야 한다는 의미이다.

여우 피하려다 호랑이 만나는 사주

새로운 회사로 이직을 하고 얼마 지나지 않아 나를 찾아온 B씨는 현재 직장 상사 때문에 못 견디겠다는 고민을 호소했다. 현재의 회사로 옮기기 전에 다니던 회사에서 B씨의 퇴근 시간은 매일 새벽 1, 2시였다. 주말에도 하루는 회사에 나가야 했다. 몇 년 동안 이렇게 살다 보니 건강이 좋을 리 없었고, 무엇보다 가족과 함께할 시간이 없었다. 그나마 쉴 수 있는 일요일에는 부족한 잠을 몰아서 자야 했기 때문이다. B씨는 집에서 자신의 존재가 돈 벌어 오는 기계 그 이상도 이하도 아니게 될까봐 두려웠다.

직장 상사들은 인간적으로 나쁜 사람들은 아니었다. 그러나 회사 자체가 워낙 작았고, 적은 인력으로 많은 일을 처리하는 상황이다 보니 늘 과중한 업무에 시달렸다. 다른 동료들도 다들 고생을 하고 있었기에 혼자만 업무 환경을 개선해달라고 요구하기도 어려웠다.

저녁이 있는 삶을 찾아야겠다고 생각한 B씨는 이직을 하기로 결심했다. 그래서 저녁 7시 이후로는 근무를 하지 않는 회사들을 중심으로 이직할 회사를 찾아 봤다. 다행히 연봉도 기존에 다니던 회사와 비슷한 수준으로 맞춰줄 수 있는 곳에서 이직 제안이 들어왔다. B씨는 며칠 고민 안 하고 이직하기로 마음먹었다.

마음이 병드는 회사로 가다

막상 이직을 하고 보니 듣던 대로 야근은 거의 없었다. 중요한 보고가 있는 날이 아니면 집에서 저녁을 먹을 수 있었다. 그런데 입사 후 열흘쯤 지나고 나니 다른 어려움이 발견됐다. 바로 직속 상사인 팀장의 성격이 문제였다. 팀장은 일 잘하고 유능해서 회사 임원들의 사랑을 한 몸에 받고 있었다. 그러나 부하 직원들에게는 기피 대상 1호였다. 보고서의 내용이 본인 생각과 조금만 달라도 욕만 안 했다 뿐이지 말을 아주 거칠게 했고, 매사에 빨리빨리 일처리를 하라고 닦달하는 것이 일상이 된 사람이었다. 집에는 일찍 가지만 회사 생각에 멍하게 TV를 보는 일이 많아졌고, 아침에 일어나면 회사에 가기 싫은 마음이 흡사 휴가 나온 일등병이 부대에 복귀하기 싫은 마음과 같았다. 입사하고 얼마 지나지 않은 터라 당분간 부서이동을 하기도 어려울 것 같았다.

주변에 조언을 구했더니 예전에 그 팀장과 함께 일했던 사람들 대부분이 속병을 앓다가 득도하고 해탈하거나, 좀비처럼 살거나 둘 중 하나였다며 포기하라고 했다. 어떻게 옮긴 직장인데 이게 웬일인가 하는 생각에 우울증까지 생길 것 같았다. 전 회사에서는 몸을 혹사시키더니 이번에는 마음이 병드는 상황이라니! B씨는 도대체 자기가 왜 이런 상황을 겪게 되는 것인지, 그리고 이런 일이 언제쯤 해결될지 궁금해 했다.

	시	일	월	연
십신	편재	본인	식신	정관
천간	丙	壬	甲	己
지지	午	申	戌	未
십신	정재	편인	편관	정관
지장간	丙 己 丁	戊 壬 庚	辛 丁 戊	丁 乙 己

대운: 8대운						
68	58	48	38	28	18	8
丁	戊	己	庚	辛	壬	癸
卯	辰	巳	午	未	申	酉
세운						
2023	2022	2021	2020	2019	2018	2017
癸	壬	辛	庚	己	戊	丁
卯	寅	丑	子	亥	戌	酉

직장운이 좋지만 스트레스 인자가 많은 사주

B씨는 양의 수 기운을 가진 임壬으로, 양력 10월 초에서 11월 초 사이에 태어났다. 그런데 열기가 강한 정오에 태어났고, 마침 시時의 천간도 양의 화인 병丙이다. 병丙은 태양 불이다. 게다가 태어난 해의 지지 미未와 태어난 월의 지지 술戌이라는 두 글자의 지장간에 각각 음의 화인 정丁이 있다. 지장간은 지지 속에 있는 글자들로, 우리 삶의 미묘한 변화들을 만들어내는 인자들이다. 즉, 나는 수水로 태어났지만 사주의 다른 글자들로 인해 화火 기운이 강해지는 것이다.

사주를 해석할 때 가장 먼저 해야 할 작업 중 하나는 어떤 오행의 글자가 대세인가를 보는 것이다. 재미있는 것은 B씨의 사주는 화 기운도 강하지만 토 기운도 강하다는 것이다. 기己, 미未, 술戌 세 글자가 토에 해당한다. 오행 이론에 따르면 화는 토를 강하게 만든다火生土. 정리해 보면, 화도 강한데 토도 강한 상황에서 화가 토를 더욱 강하게 만드니 토의 기운이 매우 큰 사주라고 볼 수 있다.

사주에 드러나는 글자들이 내 삶에서 어떻게 펼쳐지는지를 분석하는 십신 이론으로 보면 화는 돈을 뜻하는 재성財星이고, 토는 직장운, 명예운을 뜻하는 관성官星이다. 돈도 강한데, 화가 토를 도우니 결국 직장운도 좋다고 볼 수 있다. 실제로 B씨는 동년배나 동직급에 비해 연봉이 매우 높은 회사에 다니고 있다. 그렇다면 전 직장에서 야근을 그렇게 많이 한 것과 현재 직장에서 상사 때문에 스트레스를 받는 것은 어떻게 설명할 수 있을까?

태어난 날의 천간, 즉 일간이 임壬인 사람은 강이나 바다의 성질을 갖고 있어서 마음속으로는 자유롭게 세상을 흘러 다니고 싶어 한다. 그러나 주변에 토가 많다. 이것은 좋게 보면 강물로부터 안전을 지키기 위해 제방을 쌓은 것이라고 볼 수 있지만, 강물 관점에서는 내 마음대로 흐르지 못하게 하는 제약이 된다. 제방은 관성을 뜻하는 토土이니 나의 사회생활의 틀이라고 해석할 수 있다. 그것을 거부하면 나에게 현실적 불이익이 가해진다. 그러나 토가 강하면 강할수록 마음 한구석에서 자유의지가 꿈틀댄다. B씨의 사주는 제방에 해당하는 토가 강한 강물이다. 구조적으로 조직, 상사, 동료 때문에 겪게 되는 스트레스 인자를 가지고 있다.

강물과 제방의 관계를 이론적으로 좀 더 살펴보면, 본인의 기운이 상대적으로 약하기 때문이라고 해석할 수 있다. 신약한 경우다. '신약하다', '신강하다'라는 말은 건강을 뜻한다기보다 사주 여덟 글자 안에서 나를 뜻하는 글자인 일간과 나머지 일곱 글자와의 관계를 나타낸다. 가령, 십신 중에서 나에게 힘이 돼 주는 비견比肩, 겁재劫財, 정인正印, 편인偏印이 부족하면 신약이 된다. 반대로 비견, 겁재, 정인, 편인이 너무 많으면 신강身强하게 된다. 같은 관점으로 보면 내가 일을 해 에너지를 방출하는 식신食神, 상관傷官과 일의 결과로 얻을 수 있는 재물을 뜻하는 정재正財, 편재偏財, 나를 통제하는 정관正官, 편관偏官이 강하면 신약해지는 것이다. 따라서 재물운과 직장운은 기본적으로 내 기운을 약하게 만드는 운이다.

B씨의 사주는 나를 돕는 기운이 양의 금을 뜻하는 편인 신申 한 글

자밖에 없다. 사주가 신약한 것이다. 나도 강하고 나를 누르는 기운도 강해야 관운을 충분히 활용하면서도 관운의 압력에 괴롭힘을 당하지 않을 수 있다. 내 기운이 약하다 보니 남들 보기에는 좋은 직장에서 괜찮은 연봉을 받지만 나는 괴로운 것이다. 태어난 날의 지지에 신申이 있으니 그나마 다행이다. 신申은 양의 금으로 강한 토 기운을 유통시켜주는 통로 역할을 한다. 오행의 상생상극 이론에 따르면 토는 금을 돕는다土生金. 즉 금이 토의 강한 기운을 빼내는 것이다.

여기에 또 하나 중요한 점이 있다. 양의 금인 신申은 산 정상의 바위를 뜻한다. 산 정상의 바위에서 흘러내린 한 방울의 물이 모여 강물을 이루게 된다. 즉, 신申은 수원지를 말하며, 강물 임壬 관점에서는 나의 바로 아래에 위치한 신申이 나의 원천인 셈이다.

나에게 행운이 되는 기운을 용신이라고 한다. 내가 사용하는 십신이라는 뜻이다. 이 사주에서 용신은 무엇일까? 당연히 수원지인 신申이다. 용신 신申이 그때그때의 운에 따라 어떤 작용을 하는지가 B씨가 조직 내에서 어떻게 지내는지에 영향을 준다.

때를 기다리는 것도 하나의 해결책

B씨가 한창 힘들어하던 때는 2013년 계사癸巳년이었다. 계사년의 사巳, 태어난 시時의 지지인 오午, 대운의 미未 세 글자는 사오미巳午未 방합으로 강력한 화국火局, 즉 불의 세계를 만든다. 이렇게 강력한 불

기운은 쇠붙이인 신辛을 강하게 공격해 녹여버린다. 내 용신이 녹을 정도니 이런 해에는 뾰족한 방법이 없다. 특히 2013년, 2014년, 2015년은 계사년, 갑오甲午년, 을미乙未년으로 불 기운이 강하다. 사巳와 오午가 화火이고, 미未도 지장간 내에 정丁이라는 불을 품은 뜨거운 흙이기 때문이다. 화 기운이 시작되는 해인 2013년에 갈등이 시작돼 2014년에 정점으로 치닫다가 2015년부터 해결의 기미가 보인다.

실제로 B씨는 2014년 후반에 직장 상사가 부서를 옮기면서 문제가 해결되었다. 힘든 1년이었지만 B씨는 현명하게 마음 수양을 하면서 잘 버텨냈다. 한마디로 빼도 박도 못하는 이런 시기에는 요가, 명상, 독서, 운동 또는 종교생활만이 숨통을 틔워 준다. 성급하게 조직 내에서 논리적인 대안을 찾으려고 하면 오히려 역효과가 날 수 있다. 시간이 약이라고 생각하고 시절을 낚는 강태공의 마음을 가져야 한다. 때가 안 왔으면 때가 올 때까지 기다리는 것 또한 하나의 해결 방법이다.

직장 생활을 하다 보면 특정한 한두 사람 때문에 이직을 결심할 정도로 힘들 때도 있다. 관계 개선을 해보려고 노력해도 답이 보이지 않을 경우에는 문제의 요인이 나에게 있는지 그에게 있는지 먼저 객관적으로 돌아볼 필요가 있다. 다른 사람들도 그 사람과 늘 갈등이 있다면 내 노력만으로 해결될 문제가 아닐 수 있다.

명리학에서는 문제가 되는 상황에서 마음에 안 드는 상대방의 행동을 교정하거나 불만족스러운 현재의 상황을 크게 변화시키는 것보다 내 안에 내재된 어떤 요인이 지금의 상대방 및 주변 환경과의 불협화음을 만드는지를 찾아내는 데 집중한다. 그리고 나를 변화시킬 수 있는 실행계획을 도출한다. 물론 상대방 탓도 있을 것이다. 그러나 명리의 관점은 상대방을 비바람과 눈보라 같은 자연의 변화 정도로 간주한다. 비 오는 날 비를 맞지 않는 방법은 두 가지다. 밖에 나가지 않거나 우산을 쓰고 나가는 것이다. 만약 우산을 쓰고 나가기로 결정 했다면 어느 정도는 비에 젖을 것을 감수해야 한다. 인간의 힘으로 비 오는 것을 막을 수 없듯이 다 큰 성인인 상대방을 바꾸는 것 또한 불가능하다. 그러나 1년 내내 비가 오는 법은 없다. 열대우림 지대조차 우기와 건기가 따로 있다. 우기 때는 우기에 맞는 마음가짐으로 살아야 한다. 그 시기가 지나가면 또 괜찮은 날들이 찾아온다.

회사가 붙잡는 데도 나가고 싶은 사람

L씨는 대기업 과장이다. 회사 내의 핵심 부서에서 10년 동안 일하면서 해외 업무 경험도 많이 쌓았다. 그런데 회사가 경기 부진에 따라 어려워지면서 희망퇴직을 실시하기로 했다. 내심 회사에서 나가기를 원하는 대상자들이 있다는 소문도 돌았다. 원래 L씨의 부서는 희망퇴직을 걱정할 상황은 아니었다고 한다. 그런데 최근 대출을 받아 아파트를 구입한 L씨는 목돈에 대한 필요성을 느끼고 있었다. 희망퇴직을 할 경우에는 퇴직금 외에 위로금을 주는데 꽤 큰 금액이라고 했다. L씨가 보기에는 회사의 전망도 좋지 않은 것 같았다. 며칠 궁리를 하던 L씨는 부서장에게 찾아가 희망퇴직 신청서를 달라고 했다. 부서장은 깜짝 놀라며 말했다.

"그동안 우리가 자네를 어떻게 키워 왔는데 희망퇴직을 하려고 하나? 자네가 성과가 나쁜 것도 아니고. 지금 회사에서 나가 달라고 하는 사람은 자네 같은 젊은 인재가 아니야."

그를 회유하기 위한 대화가 이어졌지만 L씨는 그러면 그럴수록 지금 나가야 한다는 묘한 기분에 사로잡혔다. 그는 사실 명리 상담이 필요한 사람은 아니었다. 일단 나가고 보자는 의지가 너무 강했기 때문이다. 젊고, 나이에 비해 경력도 좋기 때문에 '산 입에 거미줄 치기야 하겠나' 하는 자신감도 매우 강했다. 그래도 워낙 성격이 치밀했던 그는 운이 너무 나쁘면 참고라도 해야겠다는 생각으로 명리 상담을 하게 되었다고 했다.

	시	일	월	연
십신	정인	본인	편인	정인
천간	辛	壬	庚	辛
지지	亥	申	寅	酉
십신	비견	편인	식신	정인
지장간	戊	戊	戊	庚
	甲	壬	丙	
	壬	庚	甲	辛

대운: 6대운						
66	56	46	36	26	16	6
癸	甲	乙	丙	丁	戊	己
未	申	酉	戌	亥	子	丑

세운						
2023	2022	2021	2020	2019	2018	2017
癸	壬	辛	庚	己	戊	丁
卯	寅	丑	子	亥	戌	酉

역마운을 이용해 퇴직 재테크에 성공하다

태어난 날의 천간이 임壬인 L씨는 강과 바다 같은 큰 물로 세상에 태어났다. 그런데 특이하게도 사주의 나머지 일곱 글자 중 금 기운에 해당하는 글자가 다섯 개나 된다. 경庚과 신申은 양의 금, 두 개의 신辛과 유酉는 음의 금이다. 오행의 상생상극 이론에 따르면 금은 수를 돕는다金生水. 한마디로 수원지가 여러 군데인 큰 물이 되는 것이다.

섭십신 이론에 따르면 나를 돕는 기운은 인성印星이다. 나와 음양이 다르면 정인正印, 나와 음양이 같으면 편인偏印이다. 따라서 신辛과 유酉는 정인, 경庚과 신申은 편인이다. 인성은 일상에서 공부, 지혜, 문서 등을 의미한다. 그런데 과하면 적으니만 못한 법이다. 머리가 비상하다 못해 너무 생각이 많은 것이다. 수원지가 너무 많으니 물이 넘치는 것과 같다.

보통 넘치는 기운을 해결하기 위해서는 그 기운을 눌러주거나 방출시키는 방법을 쓴다. L씨의 사주에서는 금金이 강하고, 금의 도움을 받은 수水인 임壬이나 해亥도 강하다. 기본적으로 물은 차가운 기운이다. 게다가 태어난 달인 인寅월은 명리적으로 양력 2월 초에서 3

월 초로 초봄이기는 하지만 아직 한기寒氣가 남아 있는 시기이다. 사주에 불의 기운이 있었더라면 금을 제련하고 사주에 온기를 불어넣었을 것이다. 그런데 드러난 화는 없고 태어난 월의 지지 인寅의 지장간에 병丙이 있다. 지장간 안에 있는 병丙은 항상 사용할 수 있는 것은 아니고 대운이나 세운 두 글자 중 윗줄에 해당하는 천간이 병丙으로 시작하는 시기가 되거나, 지장간을 담고 있는 글자를 다른 글자가 충沖할 때 튀어나오는 기운을 사용해야 역할을 제대로 할 수 있다.

사주에서 인寅과 신申 두 글자가 붙어서 인신충寅申沖이 되니 인寅이나 신申에 해당하는 운이 올 때 병丙이라는 태양 불이 밖으로 나오기 쉽다. 화는 강력한 금 기운을 제어하고 추운 겨울 물에 온기를 제공해 줄 수 있다. 단, 인寅과 신申은 인신충이 되어 대표적인 역마의 기운인 이동수를 불러온다.

L씨는 2010년 경인庚寅년에는 근무지를 옮긴 적이 있고, 2016년 병신丙申년에는 명예퇴직을 계획하고 있다. 삶의 궤적이 역마의 해에 맞춰 변화되고 있다. 특히 병신년에는 안 그래도 인신충으로 지장간의 병丙이 밖으로 나오는데, 그해의 운에도 병丙이 있으니 태양 불 병丙의 기운이 더 확실하게 사용될 것이다.

병丙은 넘치는 금 기운을 제어하고 겨울에 태어난 주인공에게 온기를 주니 좋은 운이다. 단, 인신충 역마가 있으므로 변화는 발생하는데, 병丙은 좋은 운이므로 결론적으로 좋은 변화가 된다. 이럴 때는 회사를 퇴사하더라도 새 직장을 구하기 어렵지 않다. 게다가 병丙은 편재로 큰돈을 뜻한다. 위로금의 액수가 크다고 했는데, 그것과도 일치한다.

L씨는 결국 2016년 상반기에 회사를 그만두었다. 그리고 그해 8월에 새로운 회사에 취직이 되었다. 오묘한 것은 L씨의 취직이 결정된 때가 양력 8월로, 병신丙申년 병신丙申월이라는 것이다. 신申월은 양력 8월 초부터 9월 초 사이이다. 실제 출근은 9월 첫 주에 했다. 회사를 그만둔 몇 달 동안에도 단기 계약직 업무를 했기 때문에 생계에는 전혀 지장이 없었다. L씨가 퇴사하면서 받은 위로금은 1년 연봉보다 많았다고 했다. 새로 옮긴 회사의 직급 및 연봉도 이전 직장과 조건이 비슷했고, 전보다 더 핵심적인 부서를 맡았으며, 회사의 규모도 그 전 회사보다 더 컸다. 다른 사람들에게는 고통스러울 수 있는 명예퇴직을 자신의 역마운을 활용해 퇴직 재테크로 연결한 셈이다.

L씨는 2017년부터 병술丙戌 대운이 시작된다. 태양인 병丙이 뜨는 대운이니 좋은 글자다. 하지만 술戌이라는 글자는 사주 내에 있는 신申, 유酉와 합하면 신유술申酉戌 방합을 하여 강한 금 기운, 이른바 금국을 이룬다. 이미 금 기운이 넘치는 상황에서 강한 금 세력이 형성되면 좋지 않다. 태어난 달의 지지에 목 기운인 인寅이 있는데, 강력한 세력을 형성한 금이 목을 치게 된다. 이른바 금극목金剋木의 상극 작용이 일어나는 것이다(명리학자에 따라 이 사주를 정인과 편인, 즉 인성이 압도적으로 강한 종강격從强格, 즉 종격 사주의 한 종류로 보는 견해도 있다. 그러나 금극목의 상극 작용은 동일하다).

L씨의 사주에서는 특히 인寅이 중요하다. 강한 금 기운이 수원지가 되어 L씨 자신, 즉 임壬이라는 큰 물줄기를 만들면 그 왕성한 물줄

기의 기운을 배출할 곳이 필요한데, 그 배출구가 바로 목 기운인 인寅이다. 오행의 상생 작용에 의해 수는 목을 도우므로 水生木 임壬이라는 물은 인寅이라는 나무로 기운을 빼내야 한다. 그런데 강한 금 기운이 목 기운을 치니 물이 배출될 곳이 막히는 형국이다.

십신 이론으로 보면 임壬에게 인寅은 식신食神이다. 식신은 먹거리, 생업을 뜻한다. 업무적으로 도전적인 일들이 종종 있을 수 있다. 물론 병丙이라는 태양이 적절히 금 기운을 조절해 주기 때문에 아주 나쁜 일들은 피할 수 있겠지만 이 대운 기간 동안에는 경계심을 갖고 매사에 신중해야 한다. 이런 사주를 가진 사람이 직장인이라면 직장에서 바른말을 하다가 윗사람에게 밉보이는 일이 없게 해야 하며, 개인적으로 재테크에 무리하게 투자를 한다거나 회사가 맘에 안 든다고 섣불리 그만두는 일 등을 경계하라는 것이다.

많이 생각한다고 답이 나오는 건 아니다

L씨의 사주는 금 기운이 다섯 개다. 금 기운은 십신으로, 모두 정인과 편인을 포함하는 인성이다. 인성은 머리로 하는 공부, 지혜, 문서를 뜻한다. 앞으로 10년간은 열심히 일하되 너무 고민을 많이 하면 일을 그르칠 수 있다. 생각이 적당하면 논리적인 판단이 가능하다. 그러나 인성이 너무 많은 사람은 불필요한 고민을 많이 하게 되고, 이는 곧 심리 상태를 불안정하게 하여 감정적인 선택을 하게 할 위험

이 있다. 개인적인 일에서 문서로 이뤄진 계약을 할 때도 너무 고민을 많이 한 끝에 결정하지 않도록 하는 게 바람직하며, 회사 업무도 적당한 선까지만 고민해야 한다. 깊게 생각한다고 도움이 되는 시기가 아닌 것이다.

명리학적으로 볼 때 사람의 운은 늘 좋기도 어렵고, 늘 나쁘기도 어렵다. L씨처럼 남들이 어려울 때 오히려 돈을 버는 사람도 있다. 물론 L씨에게도 조심해야 할 시기가 올 수 있다. 그렇다고 미래에 다가올 일 때문에 불필요한 걱정을 하라는 얘기는 아니다. 다만 명리 이론이 예측하기에 특정한 시기에 조심할 일들이 있으면 경계하라는 것이다.

그러나 말처럼 쉬운 일이 아니다. 잘나가는 시기에 명리 상담을 받으러 오는 사람은 매우 드물다. 무언가 어려운 일이 있거나 적어도 중요한 의사결정을 앞두고 찾아오는 경우가 대부분이다. 당연한 것일 수 있지만 어려울 때 들었던 얘기를 잘나가는 시기에 기억하지 못하는 사람들이 많다는 것이 안타까울 따름이다.

어려운 일들 대부분은 어느 날 갑자기 일어난다기보다 여러 가지 일들이 인과관계로 얽혀 일어난다. 잘나가는 시기에 미리 준비하면 훗날 나타날 어려움을 줄일 수 있다. 결국 잘나가는 시기에도 경계하는 마음을 가질 필요가 있다는 사실을 일깨워주는 것, 그것이 곧 명리학이 우리에게 줄 수 있는 큰 가치 중 하나일 것이다.

계 癸

- 자연 속성: 빗물, 이슬, 안개비

- 특징: 섬세하고 예민한 성격이다. 두뇌 회전이 비상하다.

- 장점: 뛰어난 기획력의 소유자다. 시장의 새로운 기회를 포착하는 능력이 탁
  월하다. 마음이 착하다.

- 고려사항: 스트레스에 민감하다. 리스크가 큰 사업은 조심해야 한다.

관운이 트인 사람은 무엇이 다른가 癸

몇 년 전 지인들과 저녁식사를 하는 자리에서 한 기업체의 대표이사였던 M씨를 소개받았다. 그는 외부에서 영입된 케이스였는데, 안팎으로 좋은 평판을 받고 있는 전문 경영인이었다.

그 자리에 있던 누군가가 "대표님은 사주가 얼마나 좋은지 궁금한데요?"라고 말했고, 모든 사람의 시선이 내게로 쏠렸다. M씨가 "저도 제 사주가 어떤지 궁금하기는 하네요."라고 해서 그 자리에서 즉석 공개 상담이 시작되었다.

보통은 구체적으로 의사결정을 할 일이 있다거나 특별한 어려움이 있는 경우에 명리라는 도구를 활용해 문제를 해결하고자 상담을 받는 경우가 많은데, M씨는 당시 사업이 잘되고 있었기 때문에 명리라는 분야가 자신을 어떻게 바라보는지 궁금해 하는 정도였다.

아무리 본인이 다른 사람들 앞에서 이야기해도 된다고 동의했다 지만 공개적인 장소이다 보니 대화의 내용이 제한적일 수밖에 없었 다. 그래서 그날의 명리 상담은 그의 사주 중 일부 특징적인 것만 이 야기하는 정도로 진행되었다. 그러나 한 가지 명확한 점은 그의 관운 이 대단히 좋다는 것이었는데, 한마디로 요약하면 M씨의 사주는 자 수성가해 출세하는 팔자였다.

	시	일	월	연
십신	정인	본인	비견	편재
천간	庚	癸	癸	丁
지지	申	酉	卯	未
십신	정인	편인	식신	편관
지장간	戊 壬 庚	庚 辛	甲 乙	丁 乙 己

대운: 1대운						
61	51	41	31	21	11	1
丙	丁	戊	己	庚	辛	壬
申	酉	戌	亥	子	丑	寅
세운						
2023	2022	2021	2020	2019	2018	2017
癸	壬	辛	庚	己	戊	丁
卯	寅	丑	子	亥	戌	酉

오행의 모든 기운이 관운을 강화시키는 사주

M씨는 태어난 날의 천간이 음의 수인 계癸이다. 아침 이슬같이 맑고 순수하며 총명한 것이 계癸의 특징이다. 태어난 묘卯 월은 양력 3월 초에서 4월 초 사이로, M씨는 따뜻한 봄날에 태어난 아침 이슬이다. 크게 춥거나 덥지 않다. 조후론적 관점에서는 너무 추우면 따뜻하게, 너무 더우면 시원하게 해 줘야 균형이 잡힌다고 보는데 이 사주는 조후론적 관점에서 큰 문제가 없다.

그렇다면 사주 여덟 글자 간 힘의 균형을 보는 억부론적 관점에서는 어떨까? M씨의 사주는 강력한 수원지를 가지고 있다. 금의 기운을 가진 경庚, 신申, 유酉 세 글자 때문인데, 금 기운은 수 기운을 돕는다金生水. 게다가 자신과 같은 글자 계癸가 하나 더 있으니 자신의 기운은 더욱 강해진다. 신강한 사주인 것이다. 그밖에 나머지 글자들을 살펴보니 편재 정丁, 식신 묘卯, 편관 미未가 주인공의 기운을 덜어 주거나 제어해 줌으로써 사주의 균형이 잘 잡힌다.

그렇다면 M씨의 관운이 좋은 것은 무엇 때문일까? 경庚, 신申, 유酉라는 수원지에서 출발해 강력해진 계癸의 물 기운은 묘卯의 목 기운으로 간다. 수생목水生木의 원리에 의해서다. 강한 기운을 이어받은 묘卯는 다시 그 힘을 화 기운을 가진 정丁에게 보낸다. 목생화木生火의 원리에 의해서다. 단계를 거치면서 점점 커지는 힘은 그 기운을 토기운을 가진 미未에게 보낸다. 화생토火生土 하는 것이다. 수원지에서 시작한 수水의 여행이 최종적으로 토土에 이르게 되는데, 토는 십신

이론으로 보면 편관偏官이다. 막힘없이 흐르던 힘이 관官의 기운에 이르니 관운이 매우 강하다.

물론 명리 공부를 좀 한 사람들은 오행의 상생상극 이론에 따라 묘卯와 유酉는 서로 충沖 관계인데 기의 흐름이 어떻게 막힘없이 이어지냐는 궁금증을 가질 수도 있다. 그러나 이 경우에는 큰 문제가 없다. 묘卯는 유酉와는 충沖 관계이지만 동시에 미未와는 해묘미亥卯未 삼합 이론에 따라 묘미卯未 반합을 한다. 합과 충이 동시에 있을 때 충을 우선시하는 학자들도 있지만 실제로 사주를 풀어 보면 합이 우선시되는 경우도 많다. M씨의 경우도 묘미 반합이 묘유충卯酉沖을 방지하며, 기해己亥년 대운에는 해亥와 함께 해묘미 삼합을 이루면서 묘유충이 더욱 약해진다. 물론 소띠 해인 축丑년이 되면 축미충丑未沖으로 인해 묘미 반합이 일시적으로 풀리면서 묘유충이 작용을 하게 된다. 그런 해에는 일시적으로 마음고생을 하거나 직업적인 변동이 있을 수 있다. 실제로 M씨는 2009년 기축己丑년 말에 이직을 했다.

대운과 세운이 좋아야 타고난 운을 다 사용한다

타고난 사주 여덟 글자가 아무리 좋아도 10년 단위로 변하는 대운과 각 시기별 세운(한 해의 운)이 좋지 않으면 타고난 운을 다 사용하지 못한다. 그런 면에서 M씨는 행운아다. 만 31세부터 기해己亥 대운이 온다. 기해 대운은 해묘미 목국木局의 형상이다. 강한 목은 강한 물에게는 식상이다. 식상이 강화되면 일에 탄력이 붙게 된다. 강력한 물줄기가 나아갈 길을 찾게 되는 셈이다. M씨는 만 31세가 되던 해 말에 국내 대기업에서 외국계 기업으로 옮겨 특수 직무 분야에서 전문가로서 경력을 쌓기 시작했다. 이 기간에 대기업에 다니는 동년배들보다 훨씬 많은 연봉을 받았다.

그리고 금은 수를 생하고, 수는 목을 생하며, 목은 다시 화를 생하게 된다. 태어난 해의 천간에 있는 화 기운 정丁이 목 기운 묘卯를 받아주는데, 정丁은 주인공 계癸에게는 편재, 즉 큰돈이다. 그리고 대운의 기크는 관운을 의미하니 직급도 높아진다. 실제로 이 기간에 M씨는 수억 원의 연봉을 받았고, 외국계 기업 본사의 임원이 되었다.

변화를 시기별로 더 분석해 보자. 기해 대운의 막바지에 해당하는 2007년은 정해丁亥년이었다. 대운과 세운에 있는 해亥, 사주에 있는 묘卯와 미未 세 글자가 해묘미 삼합을 하게 된다. 본인이 강한 금 기운의 도움을 받은 강한 수이므로, 이 수 기운을 충분히 배출할 정도로 목 기운도 커야 하는데, 해묘미가 삼합을 하면서 목 기운이 충분히 커진다. 이는 활동력이 매우 왕성한 시기로, 회사에서는 중요한 보직을 맡게 된다.

2008년과 2009년은 다소 정체기이다. 대운이 바뀌는 2008년은 무자戊子년인데, 무戊는 계癸를 만나면 합습을 한다. M씨 자신도 계癸이지만 바로 옆에도 계癸가 있다. 자기 바로 옆에 있는 계癸라는 글자는 사실 고마운 존재다. 이 글자가 없었으면 태어난 해의 천간에 있는 정丁과 자기 자신을 의미하는 계癸가 직접 부딪혀 정계충丁癸沖이 발생할 뻔했다. 충이 모두 나쁜 것은 아니지만 이 사주처럼 수원지에서 시작된 물 기운이 관운에 도달하는 과정에서 글자 간에 충돌이 있으면 기의 흐름이 방해를 받게 된다. 그런데 2008년에는 무戊라는 글자가 와서 내 옆의 계癸와 합을 하면서 방어막이 사라지게 된다. 나라는 계癸가 정계충 환경에 직면하게 되는 것인데, 잘나가다가 이 시기에 일시적으로 고생을 하게 된다(학자에 따라 금생수, 수생목, 목생화의 연속되는 생生의 흐름 구조만으로도 본 사례에서는 충을 피할 수 있다고도 본다).

2010년 경인庚寅년에는 인寅이 수원지인 신申과 인신충寅申沖을 하고, 2011년 신묘辛卯년에는 묘卯가 또 다른 수원지인 유酉와 묘유충卯酉沖을 한다. M씨는 2009년 말에 이직을 했으나 그곳에서 오래 근무하지 못했다. 2010년의 불안정성은 인신충의 영향이라고 볼 수 있다. 그리고 2011년에는 다시 이직을 했다. 충이 있다고 무조건 이직을 하는 것은 아니지만 적어도 변화의 요인이 되기는 한다. M씨에게는 자기 힘의 근원인 수원지이자 생각과 고민을 뜻하는 인성을 충하는 것인지라 그 효과가 컸고 이직으로까지 이어졌다. 만 41세부터 시작되는 무술戊戌 대운의 두 글자는 모두 정관正官으로, 이 시기에는 번듯한 관운이 든다. M씨는 무술 대운에 해당하는 2011년에 대기업 계열사에 대표이사로 영입되었다.

M씨는 투자자나 대기업의 오너가 탐낼 만한 전문 경영인이다. 인생 전반에 걸쳐 관운이 좋다는 것은 조직 내에서 일을 잘한다는 얘기다. 운만 가지고 최고의 자리까지 오를 수는 없다. 그런데 그보다 더 중요한 것이 있다. 이런 사주의 경우는 사심이 없다. 기의 흐름이 최

종적으로 모이는 편관 미未가 식신인 묘卯와 묘미 반합을 한다. 그러면서 목 기운이 강화된다. 안 그래도 사주의 주인공 마음이 향하는 곳이 관운, 즉 명예운인데, 그 명예도 결국 열심히 일하는 것을 의미하는 식신, 상관의 기운으로 변한다. CEO가 되었다고 위세 부리지 않고 현장에서 일하는 마음으로 성실히 일한다는 의미이다.

M씨처럼 사주에서 식신, 상관이 중요한 위치를 차지하게 되면 돈은 성실히 일한 결과로 따라오지, 돈을 최종 목적으로 생각하고 일하지는 않는다. 식신, 상관은 과정이고 정재, 편재는 결과인데, 식신, 상관이 강한 사람은 그 과정 자체에 많은 노력을 쏟는다.

최고의 CEO 재목인가 아닌가를 판단하는 기준은 사람마다 다를 수 있다. 그러나 적어도 돈보다 일을 우선시하는 사람은 아무리 드러내지 않으려 해도 그 마음이 드러날 것이고, 결국 자기가 쓰일 만한 곳에서 자기 본분을 다하게 될 것이다.

100세 인생에 대비하는 이모작 인생 전략 癸

N씨는 대기업에서 30여 년간 근무했고, 지금은 계열사 부사장으로 일하고 있다. 은퇴까지 몇 년 남지 않은 N씨는 은퇴 후 어떻게 살아야 할지가 고민이라고 했다. 성실한 성격으로 한 직장에서 오래 일하며 고위직 임원 자리까지 오른 그는 금전적으로는 큰 걱정이 없었다. 그러나 먼저 은퇴한 선배들이 퇴직 후 갑자기 일을 손에서 놓으면서 건강도 나빠지고 심리적으로도 불안정해지는 것을 봐온 터였다.

　나에게 명리 상담을 의뢰하는 사람들은 주로 비즈니스 종사자들이다 보니 단기적이고 구체적인 이슈를 결정하는 데 도움을 받고자 하는 경우가 대부분이다. 그런데 가끔은 중장기적인 방향을 설정하기 위해 조언을 구하는 사람도 있다. 한 달 내로 이직 여부를 결정해야 하는 경우보다 긴박감은 적지만 인생의 방향을 설정하는 큰 그림에 대해 논의하는 것이다 보니 어떤 의미에서는 부담이 더 큰 고객 유형이라고 할 수 있다.

단기든 중장기든 직업에 대한 고민은 모두 명리 이론으로 접근이 가능하며, 이를 '직업론'이라고 한다. 직업론은 사주 여덟 글자의 특성을 분석해서 고객의 사주와 잘 부합하는 직업 분야를 추천하는 것이 주목적이다. 주요 고객층으로는 20대나 30대 초반의 고객이 많으며, 이들이 인생 직업을 찾을 수 있도록 조언을 한다. 그런데 언제부턴가 초등학생이나 중학생 자녀를 둔 부모들도 자녀의 장래 직업에 대해 묻기 시작하더니 이제는 은퇴 후 인생 이모작까지 명리학의 도움을 받는 시대가 되었다. 100세 시대를 살아가야 하니 인생 후반전에 대비해 다시 한 번 새로운 직업에 대해 고민하는 것은 당연한 일일 것이다. 명리라는 것은 늘 시대의 수요를 반영하는 것이니 이 또한 자연스러운 현상이라 하겠다.

은퇴 후에 고민해야 할 것들

내게 은퇴 후의 직업에 대해 문의를 하는 경우 중요하게 고려하는 몇 가지 사항이 있다.

첫째, 원래 타고난 사주의 강점이 무엇인지 파악한다. 이것은 유년기나 청년기의 직업론에서도 다르지 않다.

둘째, 은퇴 이후에 해당하는 대운의 흐름이 사주의 주인공에게 유리한지 불리한지를 분석한다. 사주의 강점이 뛰어나도 대운의 흐름이 좋지 않으면 사주의 강점을 써먹지 못한다. 대운은 나라는 주인공에게 펼쳐진 10년 동안의 활동 무대다. 주변 환경의 흐름에 따라 나아갈 때와 물러날 때를 아는 것은 전쟁 시에만 적용되는 게 아니라 개인 차원의 커리어 전략에도 적용된다. 대운이 나쁘면 무리하게 밀고 나가기보다 보수적으로 움직이는 것이 낫다.

셋째, 장년기 및 노년기라는 인구통계학적 특징을 고려한다. 숫자는 나이에 불과하다지만 현재의 체력을 고려한 업무량, 보유 자산을 고려한 적정 수입 목표 등을 냉정하게 세울 수 있어야 한다. 오랫동안 해 오던 업무와의 연관성이 높으면 성공 확률이 높다는 점도 고려해야 할 사항이다. 이것은 명리를 떠나 상식 차원에서의 고민이기도 하다. 그러나 명리는 상식적 기준과 함께 고려될 때 현실적인 의사결정의 도구로서 빛을 발한다. 은퇴 후의 직업을 결정할 때도 마찬가지이다.

	시	일	월	연
십신	정인	본인	편재	편관
천간	庚	癸	丁	己
지지	申	卯	丑	亥
십신	정인	식신	편관	겁재
지장간	戊 壬 庚	甲 乙	癸 辛 己	戊 甲 壬

대운: 3대운						
63	53	43	33	23	13	3
庚	辛	壬	癸	甲	乙	丙
午	未	申	酉	戌	亥	子
세운						
2023	2022	2021	2020	2019	2018	2017
癸	壬	辛	庚	己	戊	丁
卯	寅	丑	子	亥	戌	酉

N씨는 축丑월(양력 1월 초에서 2월 초 사이)에 태어났으며, 나를 나타내는 글자인 일간은 음의 수인 계癸이다. 계癸는 이슬, 빗물 등을 뜻한다. 즉, 나는 겨울의 맑고 섬세한 물이다. 계癸로 태어난 경우에는 꼼꼼하고 총명한 사람들이 많다. 수水는 지혜를 뜻하는데, 차분한 음의 기운이니 더욱 머리가 좋고, 정적靜的인 겨울에 태어나 차분하게 생각하는 힘이 더욱 강해진다. 머리가 매우 좋은 사람이니 육체보다는 머리 쓰는 일을, 외적인 일보다는 내부에서 차분하게 생각하면서 할 수 있는 일을 한다. 게다가 태어난 시의 자리에 양의 금인 경庚과 신申이 있다. 물로 태어난 사람에게 경庚과 신申은 수원지 역할을 하는 글자로, 십신 중 정인正印에 해당한다. 정인은 학문, 공부, 지식, 문서 등을 뜻한다. 겨울에 태어난 음의 수가 정인을 가지고 있으니 사주의 주인공은 매우 머리가 좋다는 것을 알 수 있다. 즉, 머리 쓰는 직업을 가져야 강점을 활용할 수 있다.

단, 한 가지 점검해야 할 것이 있다. 아무리 정인이 지식, 지혜를 강화시키는 십신이라고 하지만 사주에 정인이 불필요한 사주라면 머리 쓰는 직업을 가졌다고 해도 사주의 격이 높을 수 없다. 필요한 십신인 지 아닌지는 나를 중심으로 나머지 일곱 글자들과의 힘의 균형을 분석해 봐야 한다. 나와 같거나 나를 돕는 기운이 이미 충분하면 경庚이나 신申 같은 정인은 불필요하다고 본다. 그러나 다행히도 정丁은 편재偏財, 묘卯는 식신食神으로 내 기운을 빼가고, 기己와 축丑은 편관偏官으로 나를 누른다. 해亥는 양의 수인 겁재劫財로 나와 동일한 기운이지만 내 기운을 빼가거나 누르는 글자가 나와 동일하거나 돕는 글자보다 더 많으니 경庚과 신申은 필요한 글자이다.

정리해 보면, 은퇴 후의 직업을 상담할 때 첫 번째로 고려하는 사항인 '나의 강점이 무엇인가?'에 대한 분석 결과, 경庚과 신申이라는 정인을 의미 있게 사용하므로 지식과 지혜를 활용하는 일이 나의 강점이라고 할 수 있다. 물론 대운 분석을 아직 하지 않았다는 점을 잊으면 안 된다.

모든 글자들이 서로 순환하며 제 몫을 하는 사주

사실 N씨는 한마디로 사주팔자가 매우 좋은 사람에 속한다. 주로 사용하는 글자가 경庚과 신申이지만 다른 글자들도 모두 자기 몫을 한다. 이 사주는 앞의 M씨와 마찬가지로 수원지인 경庚과 신申에서 출발한 물 기운 계癸가 식신인 묘卯로 흘러간다. 금생수金生水, 수생

목水生木 작용을 하는 것이다. 묘卯의 기운은 다시 목생화木生火 작용으로 편재 정丁으로 간다. 이 기운은 화생토火生土로 기己와 축丑에 이른다. 기己와 축丑은 편관으로 관운이다. 기己가 천간에 드러났는데 축丑이 지지에서 받쳐주니 관운이 힘이 있다. N씨의 사주에 있는 글자들은 이렇게 순환을 통해 모두 사용할 수 있는 것들이다.

식신이 발달하면 달변가이다. 이 사주의 편재는 먹고살기에는 충분한 재력을 준다. 단, 정丁과 계癸는 서로 충돌하니丁癸沖 직접 사업을 하면 재물과 관련된 골치 아픈 일이 생기기 쉽다. 수생목水生木, 목생화木生火 단계를 거쳐 재물을 취해야 한다. 한마디로 관운이 좋고, 먹고살 만한 수입도 보장된다는 뜻이다.

말년의 직업 선택은 태어난 시에 있는 글자로 알아봐야 한다. 보통 연, 월, 일, 시 순으로 초년부터 말년까지의 흐름으로 본다. N씨의 시에는 있는 정인 경庚과 신申은 인생 후반기의 공부운이나 문서운으로 볼 수 있다. 늦은 나이에 학위나 자격증을 취득해도 좋다는 뜻이다. 종합해 보면, 학위나 자격증을 취득해도 좋고 그것을 기반으로 머리 쓰는 일을 하기에도 적합하다.

N씨의 대운을 살펴보자. 현재 신미辛未 대운에 있는 N씨가 경오庚午 대운이 드는 2023년 이전에 은퇴한다고 전제하면 신미 대운 기간 중에 제2의 직업을 갖게 된다고 볼 수 있다. 대운의 두 글자 모두 10년 동안 의미가 있지만 뒤로 갈수록 대운의 지지가 더욱 부각된다. 신辛보다 미未를 더 주목해야 한다는 말이다.

미未는 우선 태어난 월의 지지 축丑과 축미충丑未沖을 한다. 이는 곧 생활환경의 변화를 의미하니, 신미 대운 기간에 현재의 직장을 그만둘 수 있다는 뜻이다. 대운 분석의 결과가 은퇴를 앞둔 현실과 일치한다. 그런가 하면 미未는 태어난 해의 지지 해亥, 태어난 날의 지지 묘卯와 해묘미亥卯未 삼합을 한다. 해묘미 삼합은 목 기운으로 식신, 상관이다. 식신과 상관이 발달하면 활동력이 여전하고, 주변 사람들을 언변으로 설득하는 데 능하다. 따라서 축미충으로 직장을 그만두어도 새로운 일을 할 수 있다는 의미이다.

이제 방향성을 최종 정리할 단계이다. N씨의 강점과 대운의 흐름으로 볼 때, 명리에서 제안하는 새로운 직업의 방향은 자신의 강점인 지식과 지혜를 기반으로 대운의 식신과 상관의 힘을 빌려 다른 사람을 설득하는 일이다. 말년에 새로운 일에 도전하기 위해 다시 학위나 자격증을 취득하는 것도 좋다.

N씨에게 말년의 직업으로 생각해 둔 게 있는지 물었더니 지난 30여 년간 해온 일과 관련해 프리랜서 컨설턴트로 활동하려고 한다고 했다. 그 준비 차원에서 해당 분야의 석사 과정에 등록할 예정이고, 최근에는 관련 분야의 자격증도 취득했다고 했다. N씨는 다만 준비한 만큼 성과를 낼 수 있을지, 이 방향이 정말 맞는지 고민이 된다고 했는데 N씨가 준비하고 있던 방향은 명리 분석 결과와 꽤 일치했다. 나이나 수입 목표 차원에서도 전문 경영 컨설턴트라는 직업은 재정적 안정을 이룬 장년층에게 큰 무리가 없어 보인다.

사주에 따라서는 은퇴 후 새로운 직업을 찾기보다 기존에 가지고 있는 자산을 관리하는 편이 나은 경우도 있고, 그동안 관리직에 몸담

았더라도 은퇴 후에는 가벼운 육체노동이 동반되는 일을 하는 편이 나을 수도 있다.

정해진 답은 없다. 다만 자신의 마음이 가는 방향과 자기 사주의 강점, 대운의 흐름 등을 분석한 후 명리에서 제안하는 시나리오와 현실적인 조건들을 상식적인 차원에서 종합해 결정하는 것이 현명할 것이다.

누구에게나 오지 않은 미래는 두렵다. 그런데 두려워하면서도 '어떻게든 되겠지' 하는 식으로 사는 사람이 많다. 프랑스 시인 폴 발레리는 "생각하는 대로 살지 않으면 사는 대로 생각하게 된다."라고 말했는데, 그 말의 의미를 되새겨 볼 때다. 하루하루 시간에 끌려가기보다 잠시 멈춰서 자신이 정말로 어떤 미래상을 그리고 있는지 돌아본다면 자신이 생각하는 삶에 좀 더 가까워질 수 있을 것이다. 100여 년 전 프랑스 시인이 한 말의 무게가 100세 시대인 요즘 새삼 무겁게 다가온다.

청담동 사모님들의 궁금증

명리 상담을 받으러 찾아오는 사람들 중에 자신에 대해서는 가장 마지막에 묻는 유일한 고객군이 있다. 때로는 자신의 이야기는 한마디도 묻지 않고 가는 경우도 있다. 바로 40대 후반의 여성들이다. 어머니로서, 한 집안의 재정을 관리하는 CFO로서 자식 일과 남편의 사업 등에 대해 묻고, 혹시 시간이 남으면 그제야 자기에 대해 묻는다. 부자 동네라는 청담동, 삼성동 사모님도 마찬가지이고, 신흥 부촌인 판교 사모님이나 옛날 부자들이 많이 산다는 성북동, 평창동, 연희동 사모님도 자신보다 가족을 먼저 생각하는 마음은 같다. 질문들은 다양해도 역시 가장 중요한 것은 자식의 문제이다.

자식이 잘돼야 내가 잘된다

'금수저'와는 거리가 먼 나는 강남에 건물을 몇 채씩 가지고 있는 부자들은 자녀에게 먹고살 만한 부를 물려줄 수 있으니 자녀 걱정이 크지 않을 거라고 생각했었다. 그러나 막상 고객의 고민을 듣다 보니 그렇지만도 않다는 사실을 알 수 있었다.

본인이 자수성가했든, 부모의 사업을 물려받았든 그 재산을 잘 지키는 사람들은 대개 성취 지향적이다. 현재에 만족하기보다 한 단계 더 발전하려는 성향이 크다. 그래서 자녀들 중 적어도 한 명에게는 재산을 증식시키지는 못해도 잃지는 않게 할 역량을 갖게 하려는 의지가 강하다. 학력學歷은 학문 그 자체가 중요하다기보다 아이의 자존감을 강화시키고 현재의 클래스를 유지하도록 하는 수단으로서 중시된다.

최근 내게 상담을 받은 어떤 고객의 경우는 아들이 명문 사립대 경영학과를 나와 우리나라 굴지의 대기업 핵심 부서에 입사했다고 했다. 어차피 적당한 시점에 회사를 그만두고 가업을 물려받겠지만 자신의 힘으로 어려운 입시와 취업의 관문을 넘고, 대기업에서 뭐라도 배워두면 가업에도 도움이 되지 않겠냐고 했다. 아무리 부모가 돈이 많아도 자식이 공부를 잘하면 서울대나 하버드대에 들어가게 하고 싶은 마음이 왜 없겠냐고도 했다.

부모의 역할 중 중요한 것이 있는데, 아이의 능력과 적성을 빨리 간파해 아이가 '공부과'인지 아닌지 알아차리는 것이다. 이는 모든 부모에게 해당된다. 그런데 요즘 아이가 공부과가 아니라는 판단이 선 경우 어린 나이임에도 불구하고 외국 학교로 진학시키는 게 좋은지, 예체능을 시키는 게 좋은지 알고 싶어 사주를 보는 경우가 늘고 있다. 외국으로 보낸다면 어느 나라가 좋을지 묻기도 한다. 대부분 미국을 염두에 두지만 개중에는 비교적 가까운 거리에 있는 필리핀이나 싱가포르를 두고 고민하는 경우도 있다.

보통 미국은 금金 기운이 강하고, 동남아시아는 화火 기운이 강하다. 아이 사주에서 화 기운이 좋게 작용하지 않는다면 동남아시아는 피하는 것이 좋다. 중국은 토土 기운이 강하지만 상하이를 경계로 남쪽은 따뜻한 흙, 북쪽은 차가운 흙이라고 보는 견해도 있어서 아이 사주에 맞게 지역도 고를 수 있다.

　그런가 하면 자녀 사주의 어느 특정 시기에 마음을 잡지 못하는 운이 들어오지는 않는지도 본다. 그런 경우 혼자 타지에 보내는 건 위험할 수도 있기 때문이다. 특히 남자 아이의 사주가 안정성이 떨어지는 경우, 초년에 돈과 여자에 해당하는 재성이 들어오면 이성에 빨리 눈을 뜨게 되기 때문에 혼자 유학을 보내는 것은 심사숙고할 필요가 있다.

커리어부터 결혼까지 엄마력

그런데 대학 입시가 끝이 아니다. 경제적으로 크게 성공한 경우, 대학 입학 후까지도 부모가 자녀 관리를 계속하는 경우가 늘어나는 추세다. 특히 부모의 사업이 사양산업이 된 경우나 전문직 고연봉자로서 부자가 된 경우는 재산은 상속해 줘도 직업까지 상속해 줄 수 없기에 성공한 본인의 인맥과 정보를 자녀에게 물려주고자 노력한다. 초기 직장의 커리어와 결혼이 이들의 주 관심사이다.

　최근에 나와 커리어 상담을 한 대기업에 다니는 한 남성은 자신의 인맥을 통한 진로 고민뿐 아니라, 성공한 부모의 폭넓은 인맥을 토대로 알게 된 관련 업계 전문가와 면담도 하고, 마지막으로 나와 명리 상담까지 하며 자신의 앞길을 다각도로 모색했다. 물론 나를 만난 것도 그의 부모를 통해서였다.

　궁합에 대해서는 앞에서 이미 언급했으니 간단히만 이야기하려 한다. 보통의 부모들도 자식의 결혼을 앞두고 궁합을 보지만, 경제적으로 여유가 많은 경우에는 그동안의 성공적 삶에 결혼이 어떤 영향을 미칠지에 대해 구체적으로 묻는 경우가 많다. 지킬 것이 많으니 그만큼 고려할 것이 많은 것이라고 이해된다.

남편 – 사업 및 부동산

재미있는 점은 남편에 대해서는 대부분 재산과 관련된 것을 묻는다는 사실이다. "남편 이름으로 된 건물이 있는데, 언제 팔리겠는가?", "애 아빠 사업은 언제쯤 정리하는 것이 좋은가?" 등의 질문이다. 간혹 남편의 불륜 사실에 대해 묻는 경우도 있지만 의외로 애정사에 대해서는 대부분 담담하게 묻곤 한다. 그에 비하면 재산에 대한 질문은 대체로 매우 꼼꼼하다.

부동산은 매매 시점에 대해 궁금해 하는 경우가 많다. 보통 명리학에서 부동산 취득은 문서를 획득하는 것으로 보기 때문에 십신 중 문서운에 해당하는 인성이 그해 및 부동산 취득 월에 튼튼하게 구성되어 있고 충격을 받아 깨지지 않는지 등을 본다. 그러나 매도운은 매도를 통해 현금이 들어와야 하므로 재물운에 해당하는 재성이 어떤지 확인해야 한다. 보통은 소유자의 사주를 보는데 부부 공동 명의로 된 경우에는 두 사람 사주를 모두 분석한다.

사업을 하는 사람들은 공장 부지를 매입하거나 기타 토지와 관련된 프로젝트에 대해 고민하는 경우도 많다. 특정 시점에 큰 계약을 해야 하는 경우에는 문서에 해당하는 인성운을 꼭 봐야 하는데, 간혹 인성운이 나쁜 시기에 구설수를 뜻하는 편관운이 불리한 형태로 들어오면 다시 한 번 리스크 점검을 철저히 해야 한다.

돈을 빌려주는 경우, 잠재적 채무자의 사주를 가져와서 돈을 제때에 받을 수 있는지 묻기도 한다. 가령 3년 내로 받아야 하는데 채무자의 사주가 3년 동안 재물운이 좋지 않다면 다시 한 번 고민해야 한다는 식으로 분석한다.

그런데 부유한 의뢰인들은 중요한 결정을 할 때 명리에만 의존하지는 않는다. 논리적으로 점검할 수 있는 방법들을 동원한 후, 혹시 놓치고 있는 건 없는지 확인하는 차원에서 명리를 이용하는 경우가 많았다. 소중한 자신의 재산을 지키기 위해 쓸 수 있는 모든 방법을 쓰려고 하는 부자들의 마인드를 엿볼 수 있다.

가족의 건강과 성공이 곧 자신의 행복

전 가족 상담을 하면 보통 2시간 30분 정도 걸린다. 나는 상담을 하면서 제한 시간을 두지는 않는 편인데, 오히려 "너무 오래 이야기했죠?"라고 하면서 본 인에 대해서는 건강 정도만 묻는 여성들이 많다. 내가 "괜찮으니 더 이야기해 도 됩니다."라고 하면, "아까 깜박했는데 딸아이 신랑감 이야기 하나 더 물어 도 되나요?"라고 한다. 우리나라 어머니들은 가족의 건강과 성공이 곧 자신 의 행복이라고 여기는 경우가 많다. 경제적 여유가 있고 없고와 상관없이 대 부분의 어머니들이 그렇다. 그래서 요즘은 시간이 더 걸리더라도 어머니 본 인의 마음속에 있는 이야기를 할 수 있도록 배려하려고 하고 있다. 결국은 자 기 자신이 행복해야 남도 행복하게 해줄 수 있기 때문이다.

제5장

10년 후 다른 인생을 만드는
사주 경영법

명리학은 우리에게 무엇을 주는가

내가 처음으로 사회생활을 시작한 곳은 글로벌 경영컨설팅 회사였다. 그곳에서 내가 가장 자주 들었던 질문은 "그래서 어쩌라고?"였다. 계획이 아무리 좋더라도 구체적인 실행방안이나 명확한 시사점이 있어야 한다는 배경에서 나왔던 말로 기억한다. 우여곡절 끝에 명리학을 배우고 명리 상담을 하면서 일반인들이 가장 궁금해 하는 것은 '그래서 사주가 구체적으로 뭘 해 줄 수 있는데?'인 것을 알았다. 어쩌면 사람들이 늘 궁금해 하는 것은 '무엇', '어떻게' 등의 구체적인 방법인지도 모르겠다.

공부 좀 한다는 중학생 자녀를 둔 부모 중에는 내게 "우리 애가 하나고, 민사고, 용인외고 중에 어디를 갈까요?"라는 식으로 아주 구체적인 것까지 묻는 경우도 있다. 명나라 태조 주원장을 도와 나라를 세운 대전략가이자 명리학 최고의 바이블 중 하나인《적천수》滴天髓를 집필한 것으로 알려진 유백온劉伯溫도 명리학이 한국에 와서 '어느 특목고에 갈까' 하는 데까지 이용될 줄은 꿈에도 몰랐을 것이다.

명리학은 인간의 노력만으로 해결되지 않는 어떤 상황에서 답을 찾는 도구이며, 절망 속에서 길을 찾는 도구이기는 하다. 절실한 사람이 답을 구할 때의 간절함은 입시생 부모라고 예외는 아닐 것이다. 그러나 명리학의 도움을 받을 수 있는 영역은 입시 당락 여부보다 광범위해서 우리가 살면서 중요한 의사결정을 해야 하는 대부분의 사안에 해당된다.

사주 분석의 목적은 행복하기 위해서

성리학에서는 인간의 마음 상태를 희喜, 로怒, 애哀, 락樂, 애愛, 오惡, 욕慾으로 분류하고, 이를 가리켜 '칠정'七情이라고 한다. 인간의 마음 상태를 이보다 더 잘 구분할 수 있을까 싶다. 물론 사람에 따라 돈에 더 민감하거나 명예에 더 민감하거나 할 수는 있지만 명리학도 인간이 태어나 사회에 나와 성장하고, 성공하고, 병들고, 죽어가는 과정에서의 희로애락애오욕을 분석하고 예측하며 의사결정하는 데 도움이될 가이드를 제공한다.

내가 명리학을 배운 지 10개월 정도 지났을 때였다. 당시 선생님은 수료 시험을 본다며 제자들에게 누군지 모르는 한 남자의 생년월일시 정보를 주며 다음과 같이 주관식 문제를 낸 적이 있다.

다음 남성의 사주에 대해 아래의 것을 자유롭게 논하시오.

1) 성격

2) 건강

3) 학운, 전공 및 직업의 방향

4) 사업의 시기 및 종류

5) 연애운 및 결혼운(해로 여부)

6) 자녀복

7) 커리어상 주요 변화의 시기

8) 기타 유의사항

갓 중급 단계에 들어섰던 나는 문제의 난이도는 차치하고 다루는
주제가 인생의 행복에 큰 영향을 미치는 모든 요인들을 포괄하고 있
어서 놀랐던 기억이 있다. 그 당시 나름대로 모범 답안을 적고 좋은
평가를 받았던 나는 시험문제에 대해 리뷰를 하는 시간에 대답을 잘
하지 못했던 질문이 있었다.

"문제로 제시된 남성의 마음은 어떤 상태인가? 그가 진정 원하는
것은 무엇인가?"

그때까지 사주의 주인공이 어떤 마음 상태인지는 내 관심 범위 밖

이었다. 당시까지만 해도 그가 결혼은 언제쯤 하고, 회사 생활은 어떻게 하며, 몇 살쯤 어떤 종류의 사업을 할 것이고, 그해에 부동산 취득운이 있는가 등을 정확히 맞추는 데만 관심이 있었기 때문이다.

물론 프로 상담가로서는 당연히 사안별로 구체적이고 정확한 예측을 하는 것도 중요하다. 그러나 그때까지만 해도 사안별 예측에만 관심이 있었던 나는 그날 이후 사주 여덟 글자 및 그해의 기운을 분석해 의뢰인의 마음이 어떤 상황인지를 예측함으로써 의뢰인이 현명한 의사결정을 할 수 있도록 용기를 주는 상담을 하는 것, 그래서 그 사람이 행복할 수 있도록 돕는 것이 참된 '고급 상담'이라는 것을 깨달았다.

상담을 받을 때 자기가 처한 상황에 대해 무지한 상태로 오는 의뢰인은 여태껏 본 적이 없다. 그렇다면 마음 근육을 조금 더 단단하게 만들어 결정 내려야 할 일에는 용기 있게 다가설 수 있도록 하고, 일어날 일이라면 속 시원하게 받아들일 수 있게 돕는 것이 명리학이 인간에게 주는 가장 큰 효용일 것이다.

그래도 내 운명을 미리 알고 싶다

나를 찾아오는 고객들의 표면적 니즈는 대부분 매우 구체적이다. 최근에 만난 기업체 대표들의 경우는 투자에 적합한 시기, 사내 갈등을 원만하게 해결하는 방법, 본인의 거취 문제 등을 물었다. 조직의 임원들 사이에서는 '회사를 언제까지 다닐 수 있나?' 하는 질문이 압도적으로 많다. 주부 고객들은 주로 입시생 자녀의 공부운과 부동산 매매 시기, 자녀의 결혼운에 관한 것을 많이 묻는다. 직장 생활을 하는 여성 고객들 중에는 미혼이 많아서인지 결혼 시기를 묻거나 여러 남자들 중 더 인연이 닿는 사람은 누구인지, 결혼과 커리어 간의 균형, 이직 등의 운은 어떤지 등을 주로 묻는다.

그런데 이런 고객들은 질문만 구체적인 게 아니라 해결책까지 상당히 구체적으로 듣길 원하는 경우가 많다. 가령 구조조정에 대해 고민 중이던 회사 대표는 구조조정을 해야 한다면 언제쯤 해야 하는지, 본인이 직접 조정 작업을 이끌어야 하는지 다른 사람을 내세우고 본인은 한발 물러나 조직을 수습하는 역할을 하는 게 나은지를 묻는다. 부동산 매매에 관심이 있는 경우에는 구체적인 시기는 물론 잘 안 팔릴 때는 가격을 어느 정도까지 할인하면 팔릴지까지 묻는다. 이런 경우 예측이 100퍼센트 맞다고 볼 수는 없지만 의뢰인의 타고난 사주와 그해 운의 흐름으로 미루어 개연성이 가장 높은 경우의 가격 옵션을 알려준다.

내가 선호하는 상담 방식은 명리학 이론과 현실의 상황을 종합해 의사결정을 위한 두세 가지 대안을 도출한 후 각 선택이 가져올 미래의 모습에 대해 함께 논의하는 '시나리오 플래닝' 방식이다. 고민을 많이 하고 온 의뢰인의 경우는 예상 시나리오들을 몇 개 보여주면 왜 그런 결과가 나오는지 본인이 먼저 예측하기도 한다. 그 과정에서 고객 스스로 확신을 갖게 하는 것이 내가 명리 상담을 하면서 지향하는 바이다.

그러나 부동산 매매 여부나 자녀의 입시 당락 가능성에 대해 묻는 고객들은 명리학을 의사결정을 지원하는 도구가 아니라 운을 점치는 도구로 바라본다.

자녀의 학교 선택이나 부동산 매매 등에 관해 명리학은 어떤 식으로 풀이할까? 중고등학생 자녀를 둔 부모가 학교 선택을 문의하면 일반적으로 학교의 위치, 특징, 이름을 오행과 성명학적으로 분석한 후 사주와의 적합도, 그해의 운 등을 종합적으로 살핀다. 물론 상식적으로 접근 가능한 범위 내에 있는 학교를 제안하지, 본인의 실력과 한참 차이가 나는 학교를 단지 그해의 운이 좋다는 이유로 제안하지는 않는다.

집이 안 팔린다고 찾아오는 고객은 이미 집을 팔기로 결정한 상태에서 팔릴 시기를 알고 싶어서 사주를 보는 경우가 많다. 그런데 팔 때는 살 때와는 다른 부분을 본다. 살 때는 문서운을 보지만 팔 때는 재물운을 주로 본다. 집을 살 때는 원하는 문서를 취득하는지를, 팔 때는 현금이 들어오는지를 보는 것이다. 집이 여러 채인 사람이 서류상으로만 매매하는 것이 아니라 직접 살던 집을 떠나 이사를 하는 경우에는 물리적인 변동운까지 보고 종합적으로 예상 시기를 예측한다.

명리를 일기예보처럼 활용하는 현명함

사람들은 운을 점치는 것도 아니면서 무엇 때문에 비싼 돈을 내고 사주를 보는 것일까? 알 수 없는 앞날에 대한 궁금증과 두려움이 사람들을 명리학의 길로 이끄는 것일 게다.

사실 내가 개인적으로 좋아하는 의뢰인은 논리적인 고민을 이미 다하고 온 사람들이다. 보통은 기업의 대표나 임원 중에 이런 사람이 많다. 경영을 하다 보면 불확실성에 노출되기 쉽고, 요즘처럼 세상이 빨리 변할 때는 더욱 이런 경향성이 커진다. 특히 대내외적으로 큰 결정들을 하다 보면 논리적 예측만으로 리스크가 모두 해소되지 않는 경우가 있다. 비즈니스적으로 다각도로 고민을 다 했으나 여전히 확신이 없고 실패하면 손해가 큰 경우가 있는데, 이럴 때 명리 연구가로서는 뜻깊은 조언을 해줄 수 있다.

간단하게는 회사의 대표와 해당 주제를 이끄는 임원의 사주 및 그해의 운을 보고 일의 성패 및 추진 시기 등을 조언한다. 대표의 사주가 그해에 신사업을 하는 데 맞지 않다면 차선임자 중에서 그해에 사업운이 좋은 사람을 외부적으로 내세울 수도 있다.

보다 고차원적인 조언은 잠재된 위험들에 대해 조금 더 고민할 수 있게 경영자를 자극하는 것이다. 논리적으로는 투자를 하는 것이 마땅한데 특정 시기 운의 흐름상 유리하지 않다면 '혹시 검토하지 못한 잠재적 위험이 있지 않을까' 하는 가설하에 기획안을 재검토하도록 권한다. 실제로 이런 방법으로 투자 위험을 발견해서 결정을 보류한

적이 있다.

　일기예보는 내일 비가 올 확률이 100퍼센트라고 예측하는 날도 있지만 60, 70퍼센트라고 예측하는 날도 있다. 많은 사람들이 이 예보를 보고 우산을 챙기고 외부 활동 일정을 조정한다. 비가 온다고 해서 슬퍼하거나 좌절하지 않고 그에 대한 대처 방안을 고민하는 것이다. 앞으로의 상황을 예측하는 일도 마찬가지다. 어떤 가능성이 더 높은지를 살피고 결정은 주체적으로 하면 된다. 그 과정을 돕는 것이 바로 명리학의 가치이다. 그리고 그 가치를 극대화하는 것은 사람이다. 결국 나에게 주어진 운을 제대로 활용하기 위해서는, 그리고 좋은 운을 좋은 때에 받아들여 사용하기 위해서는 나 자신부터 달라지려고 노력해야 한다.

큰 실패를 복기하라

바둑 기사들은 대국이 끝나고 나면 복기復棋(또는 復碁)를 한다. 복기를 통해 승부처마다 분석을 해 보면서 그 대국에서 왜 졌는지를 되새기는 것이다. 이런 과정을 거치면서 '그때 당시 어떤 환경적 어려움이 있었는가?', '나는 어떻게 대응했는가?' 그리고 '어떻게 다르게 대응했다면 좋았을까?'라는 세 문장을 정리한다.

우리의 인생도 마찬가지다. 인간인 이상 늘 완벽한 결정을 할 수는 없다. 더구나 주어진 환경과 사주 정보를 기반으로 합리적인 결정을 했는데도 아쉬운 점이 있었다면 왜 그랬는지 분석하는 과정을 거치는 것이 미래에 같은 실수를 반복하지 않는 지름길이다. 스스로 자기 운명을 이해하고 미래를 선택한 경험이 축적될수록 다음 번 의사결정을 더 세련되게 할 수 있다.

실패의 과정을 깊이 들여다보라

세상에 실패를 경험해 보지 않은 사람은 없다. 과거의 실패 경험 중 사업, 연애, 건강 등 서로 다른 분야에서 가장 어려웠던 일 한 가지씩을 골라 보자. 혹은 분야를 막론하고 가장 기억에 남는 실패의 순간 세 가지를 골라 보자. 그 다음, 앞에서 말한 세 가지 질문에 대해 답해 보자.

하나의 사건보다는 세 개 이상의 사건을 복기해 보면 내 실패에서 반복되는 패턴을 발견할 수 있다. 핵심은 크게 실패한 순간마다 반복되는 대응 방식을 찾는 것이다. 특정 상황에서 반복해서 나타나는 대응 방식이 곧 습관이다. 그러니 습관을 고칠 수 있다면 운명을 바꿀 수 있다. 분석을 해보는 것만으로도 자신의 대응 방식을 발견할 수 있지만 더 중요한 것은 그 다음 단계다. 자신의 대응 방식을 면밀히 살펴보고 고민하고 뼈저리게 절감하면서 후회와 반성의 시간을 갖는다면 실패 요인을 훨씬 더 잘 받아들일 수 있게 된다.

의뢰인 중에 사업에 세 번이나 실패한 사람이 있었다. 한 번은 공동 투자자와의 불화로 사업을 접었고, 또 한 번은 예상보다 매출이 오르지 않아 접었다. 마지막 한 번은 최종 투자금 모금 단계에서 투자자가 변심을 하는 바람에 시작도 하기 전에 접어야 했다. 실패의 키워드를 정리해 보면 그때마다 조직, 영업, 재무 이슈로 그 원인이 다르다.

그런데 실제로 복기를 해 보니 다른 관점에서의 해석이 가능했다.

첫 번째 사업에서는 불화의 심층적인 원인이 제품 및 서비스 콘셉

트에 대한 상호 합의 부족에 있었다. 동업자와 의기투합했다고 생각하고 법인을 설립했지만 사실 동업자는 초기 제품의 매출이 좋으면 바로 다른 제품으로 다각화할 생각을 하고 있었다. 그런데 나의 의뢰인은 초기 제품의 매출이 좋으면 유통망을 더 확보해 당분간 그 제품을 대표 제품으로 육성하려는 계획을 갖고 있었다. 창업 초기에 소통을 전혀 하지 않은 건 아니지만 일단 사업을 시작한 후로는 어떻게든 합의가 되겠지 하며 대수롭지 않게 생각했던 것이 화근이었다.

두 번째 사업의 표면적인 실패 원인은 매출 부진이었는데, 더 구체적으로 보니 제품이 너무 소수의 고객만을 위해 출시된 것이라 보편성이 떨어지고 대량으로 유통되는 데 한계가 있었다. 초기 콘셉트 설정 단계에서 일부 잠재 고객군을 대상으로 체험 조사를 실시했는데, 그때 반응이 좋았다는 것만 믿고 다른 고객군들을 심사숙고하지 않고 출시했던 것이 문제였다.

마지막 사업은 사실 투자금 확보 실패로 제대로 착수해 보지도 못했는데, 투자자가 처음에는 아이디어가 획기적이라고 반색했다가 사업보고서 작성 단계에서 실현이 어렵겠다고 보고 투자를 보류했던 것이다.

이렇게 실패의 원인을 표면적으로 분석하는 데서 그치지 않고 한 단계 더 깊이 복기해 보니 문제의 본질은 '사업 현실화 단계에서의 구체성 부족'이라는 사실이 밝혀졌다. 즉, 실패한 사업별로 각각 성장전략의 구체성, 시장조사 설계의 구체성, 아이디어 구현의 구체성이 부족했던 것이다.

나의 본질과 미래는 어떻게 연결되는가

대체 이러한 것들이 사주와는 어떤 관련이 있을까? 간단하게 명리학적으로 풀어 보겠다.

이런 사람의 경우 사람의 본성을 나타내는 십신 중 생각하는 힘, 즉 지혜를 뜻하는 인성은 잘 발달되어 있으나 행동하는 힘, 즉 실행력을 뜻하는 식상이 부족한 경우가 많다. 간혹 인성(지혜)이 과해서 식상(실행력)을 가로막는 경우도 있다. 계획과 실행이 배치되는 상황을 생각하면 이해가 빠를 것이다. 그런데 마침 조직운을 나타내는 관성도 좋지 않다면, 답답함을 참아가며 조직 생활을 하는 경우도 있지만 대체로 자기 사업을 하기 위해 조직을 나오는 경우가 많다. 어차피 사업을 할 거라면 실패를 반복하지 않는 것이 중요하다. 운명을 바꾸기 위해서는 반복되는 실패 패턴을 개선해야 하는 것이다.

이런 사람은 어떻게 변화를 모색해야 할까?

첫째, 구체적으로 사업을 구상하는 면에서는 자신의 능력이 부족하다는 것을 인정해야 한다. 둘째, 자신의 부족한 부분을 인정했다면 자신보다 콘텐츠 개발을 더 잘해낼 마케팅 전문가를 사업에 참여시켜야 한다. 셋째, 사업이 초기의 어려움을 이겨내고 자리를 잡은 후에는 동업자나 직원들에게 사업을 최대한 위임하고 자신은 다시 새로운 콘텐츠를 개발하는 데 몰두해야 한다.

이런 사람이 만일 (아마 결국은 자기 일을 하려고 하겠지만) 조직 생활을 계속한다면 영업보다는 기획 쪽 일에 더 적합하다. 한 가지 덧붙이자면,

결혼은 꼭 현실적이고 가계부를 꼼꼼하게 작성하는 배우자를 만나야 가정이 안정되게 돌아갈 수 있는 토대를 마련할 수 있다.

이처럼 상식적 차원에서 자신의 실패 패턴을 분석하면 앞으로 어떤 면을 개선해야 하는지가 명확해지고, 동기부여 효과도 얻을 수 있다. 거기에 대안 마련 과정에서 명리학의 도움을 받으면 원하는 결과를 얻을 가능성이 높아진다. 특히 동업자와의 업무 궁합이나 창업할 때의 운의 흐름 등을 참조하면 성공 확률을 더 높일 수 있다.

운 나쁜 사람 곁에 가지 말라

운이 트이게 하는 방법 중 효과적인 방법 하나는 운 좋은 사람 곁으로 가라는 것이다. 사람들은 흔히 '환경이 중요하다'는 이야기를 많이 한다. 환경을 '내가 계속 접하고 살아가는 무언가'라고 정의한다면, 주변 사람은 매우 중요한 환경이다. 이를 명리학적 관점에서 보면 맹모가 아들의 교육을 위해 좋은 환경을 찾아 이사를 다녔듯, 운 좋은 사람이라는 좋은 환경 곁에 있는 것이 나에게도 도움이 된다.

그렇다면 어떤 사람을 가까이 하면 나의 운도 좋아질까? 한마디로 운이 상승세인 사람, 그러면서도 그 주변에 나 같은 스타일이 아직 없는 사람 가까이에 있어야 한다. 곳간에서 인심 나듯 잘나가는 사람 곁에 있으면 그 사람의 좋은 기운이 흘러넘쳐 옆 사람에게까지 영향을 미치게 된다. 일명 '운의 낙수 효과'라 할 수 있다. 그런데 그 영향을 가까이서 받으려면 그 사람 곁으로 갈 기회가 있어야 하는데, 이미 크게 성공한 사람에게는 내가 기여할 자리를 찾기가 쉽지 않을 것이다. 반면 이제 막 성공의 발걸음을 떼기 시작한 사람 곁이라면 내가 기여할 수 있는 틈새가 있을 수 있다.

운의 낙수 효과를 누리라

E씨는 외국계 IT 기업의 팀장이었다. 그는 하루하루 성실하게 일했지만 워낙 성격이 조용하고 무던한 탓에 그렇게 두각을 드러내지는 못했다. 적극적으로 자기 PR을 해야 하는 조직 문화와는 맞지 않았던 것이다. 그런데 외부에서 새로 영입되어 들어온 전무가 자기 사람들로 조직을 새로 꾸린다는 얘기를 듣고 E씨는 신임 전무의 조직으로 들어가기로 마음먹었다. 전무는 탁월한 영업 실적으로 업계에서 승승장구하는 사람이었다. 기세가 대단한 그와 함께라면 출세를 위한 승부수를 걸어 볼 만 할 것 같았다. 신임 전무는 역시나 엄청난 실적을 올렸고, 그가 실적을 쌓는 데 일조한 E씨를 이사 후보로 적극 추천했다. 그리고 E씨는 연말에 이사 직함을 달게 되었다.

누군가 E씨가 줄을 잘 서서 출세를 한 것이라며 비아냥거렸지만 명리학적 관점에서는 좋은 사람의 운을 나누어 가진 것이다. 운이 상승세에 있는 사람은 운이 흘러넘치는 '운의 낙수 효과'를 가져오게 되는데, 가장 가까이에 있는 사람부터 그 운을 나눠 갖게 된다. 그러나 명심해야 할 것이 있다.

첫째, 자신과 경쟁하는 상대의 곁으로는 가면 안 된다. 운 좋은 경쟁 상대 옆으로 가면 경쟁의 제물이 되기 십상이다. 내가 선거에 입후보하려고 하는데 운 좋은 경쟁자와 경선을 치르게 된다면 당연히 불리할 것이다. 낙수 효과란, 위에서 떨어지는 물을 아래에서 이용하는 것을 말한다. 즉, 물은 위에서 아래로 흐르지 절대 옆으로 흐르지 않는다.

둘째, 운 좋은 사람과 비교하면서 열등감을 느끼면 안 된다. 사람의 마음이란 자주 변하는 것인지라 처음에는 운 좋은 사람 곁에 있을 수 있는 걸 고마워하다가도 어느 순간 자신과 그가 뭐가 그리 다른가 하면서 비교하기 시작한다. 이때가 위험한 순간이다. 건전한 경쟁이 아니라 그가 가진 장점과 나의 단점을 비교하면서 열등감을 느끼거나 시샘을 하면 같이 오래 있을 수 없게 된다. 그런 마음을 가지게 되면 자신도 불편하거니와 언젠가는 상대방도 눈치를 채게 되어 끝이 좋기 어렵다.

자기 운이 평범할수록 운 나쁜 사람 곁에는 가지 말라

때로는 잘나가는 사람을 찾기 어렵거나 그런 사람을 알더라도 가까이 다가가기 어려운 경우도 있을 수 있다. 그럴 때는 운이 없어 보이는 사람 곁에 가지 않는 것도 대안이 된다. 적어도 안 좋은 기운을 받을 필요는 없지 않은가.

생년월일시를 분석하지 않더라도 그런 사람을 알아보는 방법이 있다. 매사에 부정적인 사람, 많은 시간을 들여 일하지만 성과가 늘 좋지 않은 사람, 결과가 나쁜데도 상황을 개선시킬 생각은 않고 신세 한탄만 하는 사람 등이 여기에 해당된다.

최소한 운 나쁜 사람 근처에 감으로써 나를 나쁜 환경으로 몰아넣는 일은 하지 않도록 하자. 혹자는 자기 사주가 좋으면 운 나쁜 사람 근처에 가도 괜찮지 않냐고 물을 수 있다. 그러나 100점짜리 인생을 굳이 90점짜리 인생으로 감점시킬 이유가 있을까? 물론 그런 식으로 인류애를 실천하고 싶은 사람이라면 말리지는 않겠다.

F씨는 자신에게 주어진 일은 묵묵히 하는 사람이지만, 우유부단하고 마음이 약해서 다른 사람이 하는 부탁을 거절하지 못하는 성격이다. 그의 직속 팀장과는 사원일 때부터 인간적으로 친하게 지내는 사이였다. 그런데 이 팀장은 회사에서 인정받지 못하는 데다 매사에 부정적이었다. 다른 사람들도 처음 한두 번은 호응해 주다가 만날 때마다 매번 인생이 이러니저러니 하며 안 좋은 소리만 하는 통에 팀장의 주변에는 F씨만 남게 되었다. 그래서 결국 F씨는 어느 순간 무능한 팀장 밑에 있는 무능한 팀원이라는 낙인을 얻게 되었다.

이런 경우 F씨는 과감하게 팀장 곁을 떠나야 한다. 사실 F씨의 그해의 운은 크게 좋지도 나쁘지도 않았는데, 결론적으로 관운 차원에서는 아쉬운 해가 되었다. F씨같이 운이 평범한 사람일수록 운이 나쁜 사람 가까이 있으면 감점의 폭이 크다는 것을 유념해야 한다.

운 좋은 사람을 구별하는 방법

좀 더 구체적으로 나에게 잘 맞는 운 좋은 사람을 구별하는 방법은 없을까? 이때는 명리에 관한 지식이 조금 필요하다. 일단 나의 오행을 알고, 나에게 필요한 오행을 가지고 있는 사람을 만나는 것이다.

나에게 필요한 오행 기운은 어떻게 알 수 있을까? 우선 상대의 생년월일을 알아야 한다. 태어난 시를 모르더라도 '만세력'을 통해 사주팔자 중의 연, 월, 일에 해당하는 여섯 글자는 구할 수 있다. 여섯 글자 중 태어난 날의 천간, 즉 일간이 그 사람을 뜻한다. 그리고 나머지 글자들에 어떤 오행이 많고 적은지를 분석해 보면 그 상대가 내 사주에 필요한 오행에 해당하는 인물인지, 그의 사주에 내게 필요한 오행이 많은지 알 수 있다. 반대로 내게 해가 되는 오행이 있는지도 알 수 있다. 내 사주에서 좋고 나쁜 오행이 무엇인지 미리 알고 있으면 상대의 사주가 내게 어느 정도나 도움이 되는지도 가늠할 수 있다. 물론 태어난 시를 알면 더 정확해진다.

W씨는 양의 수인 임壬으로 태어났는데 사주에 금은 없고 수가 하나 있으며, 나머지는 모두 목과 화였다. 임壬으로 태어난 사람에게 화는 돈인데, 자신의 기운이 약해서 충분히 재물을 취하지 못하는 사주다. 이런 경우에는 오행의 상생 원리 중 금생수金生水 작용을 할 수 있는 금 기운이 필요하다. 즉, 금 기운이 강한 사람이 W씨에게 도움이 된다는 뜻이다.

마침 부서를 옮길 기회가 있었는데 두 개 팀에서 러브콜이 들어왔다. W씨는 우연히 양쪽 팀장들의 생년월일을 알게 되었는데 한 팀장은 경庚 일간에 신申이라는 글자가 지지에 두 개나 있었고, 다른 팀장은 갑甲 일간에 사巳와 오午 등의 화 기운이 강했다. 이런 경우 첫 번째 팀장이 나에게는 길한 귀인이 된다. W씨는 팀장의 일간이 경庚인 팀으로 옮겼고, 그 다음 해에 맡은 프로젝트를 만족스럽게 수행해내며 좋은 성과를 거두었다.

자기 운의 그릇을 키우라

운 좋은 사람을 알아보는 눈과 그런 사람 곁으로 가는 행동력도 물론 중요하지만 사실 그 무엇보다 중요한 것은 내가 다른 사람들에게 운이 좋은 사람이 되려는 마음가짐을 갖는 것이다. 나 스스로 다른 사람에게 좋은 환경 요인이 되고자 하면 결국 내 주변에 내가 가까이 하길 원하는 사람들이 모여들게 된다.

가끔 나도 성공한 사업가들의 모임에 초대받는데, 그때마다 드는 생각이 있다. 그들은 대부분 '어디서 이런 운을 타고 났나' 하는 생각이 들 정도로 운이 좋다. 대대로 집안이 좋은 사람들도 있지만, 자신이 타고난 운이 그에 못지않게 좋은 사람들도 있다. 그렇게 운 좋은 사람들 여럿이 모여 사업에 대한 이야기를 나눈다. 운 좋은 사람들끼리 모여서 그들끼리 상승작용을 일으키는 것을 보고 있노라면 '운에도 빈익빈 부익부가 있는 건 아닐까' 하는 생각마저 든다.

관계는 절대 한 방향으로만 흐르지 않는다. 일방통행에는 한계가 있다. 결국은 쌍방통행이 되어야 하는데, 그렇게 되려면 내가 받는 만큼 주기도 해야 한다. 내가 먼저 준다면 좋은 사람들이 내 곁으로 다가올 확률도 그만큼 더 높아지게 된다. 지금보다 더 나은 삶을 꿈꾸고 있다면 지금이라도 내 주변을 운 좋은 사람들로 채우려는 노력을 해야 한다. 그러기 위해서는 나부터 달라지기 위해 노력해야 한다. 그것이 내 운을 좋게 만드는 최고의 방법이다.

별일 없이 사는 것도 운이다

사주를 봤더니 '올해 구설수를 조심해야 한다'는 결과가 나왔다고 가정하자. 사람들은 이런 이야기를 들으면 '꼭 기억해야지' 하며 경계하다가도 한두 달 정도 지나면 조심성을 잃게 된다. 잊어버리기 때문이다. 물론 매일매일 주변 사람들에게 하는 말 한마디, 행동 하나하나를 모두 조심해서 하라는 뜻은 아니다. 사주 분석 결과에 어떤 상황에 대해 경계하라는 내용이 들어 있다면 지금 내가 처한 상황에서 어떤 일이 일어나면 명리 이론에서 예측하는 위험이 발생할지를 미리 머릿속에 그려 보고, 해당 상황에 대한 위기대응 시나리오를 짜 보라는 것이다. 핵심 요인要人을 경호하는 대테러 특수부대 요원들이 실제 경호 상황을 가정하고 현장과 유사한 건물에서 연습을 하는 것처럼 말이다.

보통 안 좋은 일은 자신에게 내재된 어떤 성향이 그 시점의 특정한 상황에서 문제시될 때 발생하는 경우가 많다. 일례로 회식에서 과음만 하면 동료들의 외모를 지적하는 임원이 있었는데, 그의 동료나 후배들은 그 사람의 다른 장점도 알고 개인적인 친분도 있어서 그의 행동에 크게 개의치 않았다. 그러던 어느 날 그 임원이 신입사원 연수에 강사로 초빙되어 가게 되었다. 일이 다 잘 마무리되고 연수 뒤풀이 회식에 참석한 그 임원은 평소의 습관대로 신입사원들의 외모를 가지고 농담을 던졌다. 평소라면 문제없이 지나갔을 그날의 일에 신입사원 중 일부가 불쾌감을 느꼈고, 그 사실이 주변에 알려지면서 결국 그 임원은 사내 징계위원회에 회부되느냐 마느냐 하는 상황에 처하게 되었다.

나쁜 운에도 별 탈 없을 내공을 기르길!

사람은 누구나 자기만의 특징을 가지고 있다. 평소에는 수면 아래에 감춰져 있어 문제가 되지 않지만 어떤 상황에서는 특징이 약점이 되어 문제가 될 수 있는 그런 요인 말이다.

중요한 의사결정을 내릴 때에는 심사숙고하고 충분한 시간을 갖지 않으면 결정을 못 내린다든지, 술을 마시고 기분이 좋으면 자기 속 이야기를 모두 한다든지, 행정 업무는 꼼꼼히 처리하지만 설명 능력이 부족하다든지, 계약서의 문구보다는 상대방의 진정성을 믿고 인간적인 유대관계를 더 중시한다든지 하는 특징들 말이다.

그런데 이러한 특징들은 어떠한 상황에서는 문제가 되지 않지만 또 다른 상황에서는 문제가 될 수 있다. 사주를 잘 활용한다는 것은 자신의 고유한 어떤 특징이 그해의 환경과 어떻게 조합되면 그 결과로 어떤 상황이 벌어질지에 대한 통찰력을 갖는 것이다. 이런 통찰력을 가졌다면 해법도 예상해 볼 수 있다.

첫째, 당면한 처지나 장소가 문제 상황에 처하게 될지 아닐지 의심의 촉을 세우는 것이다. 사회생활을 하면서 매번 자신이 원하는 상황만 있기를 바랄 수는 없다. 그러나 적어도 현재의 상황이 사주에서 예측한 경계해야 할 상황인지 아닌지 세심하게 파악하려고 노력할 필요는 있다.

둘째, 불길한 상황이 감지되었다면 그러한 상황은 피하는 것이 좋다. '구설수를 피하라'는 조언을 들은 사람이라면 잘 모르는 사람들과의 회식에는 가지 않는 것이 좋고, 가더라도 실수를 할 정도로 술을 많이 마시지 않는 것도 한 방법이다.

셋째, 상황을 피할 수 없다면 문제의 요인을 보완해 줄 수 있는 사람을 그 상황에 대동하는 것이다. 신규 사업을 진행하면서 파트너사와 협약을 체결해야 하는데, 자신의 성격이 평소에 기분파인지라 불안하다면 계약서를 꼼꼼하게 봐 줄 수 있는 법무팀 직원을 대동하는 것이다. 결론은, 안 좋은 운이 드는 시기에는 조금이라도 찜찜한 기분이 든다면 최대한 보수적으로 행동하라는 것이다.

좋은 운을 더 좋게 만드는 것은 중요하다. 그러나 인생 경영의 고수가 되려면 나쁜 운이 들어오는 시기에도 별일 없이 지나갈 수 있는 내공이 필요하다. 맑은 날 말을 타고 평원만을 달리면 좋겠지만 계곡도 건너야 하고 비바람 치는 날도 있는 게 우리의 인생이다. 아무리 큰 성공을 거둔 사람일지라도 회복할 수 없는 어려운 상황을 겪을 수 있다. 적어도 그런 일은 피해야 하지 않겠는가. 그해의 운이 좋지 않을 것으로 예상된다면 그해에는 성공 전략보다는 위기관리에 더 신경을 써야 한다. 그리고 일이 잘 풀리지 않고 큰 실패만 겨우 면한 해였다 해도 그해의 나를 칭찬해 주어야 한다.

우리 인생에는 피할 수 없는 굴곡이 있음을 인정하고 유연하게 대처할 줄 아는 사람은 어려운 상황이 오더라도 그 피해를 최소화할 수 있다. 그뿐 아니라 미리 예상하고 준비하는 과정을 통해 마음의 평온도 덤으로 얻을 수 있다.

운을 내 편으로 만드는 사람들의 비밀

실수를 복기하는 것, 주변의 불길한 기운을 멀리하는 것, 그해의 문제가 될 상황을 미리 피하는 것은 운을 경영하는 데 있어서 매우 중요한 요소다. 나쁜 일이 생기기를 원하는 사람이 어디 있겠는가. 그러나 가장 중요한 것은 나의 장점을 적절한 시점에 활용해 원하는 것을 성취하는 일이다.

어릴 때 많이 듣던 말 중 하나가 '누구는 머리는 좋은데 공부를 열심히 안 해서 큰 인물이 못 되었다'는 식의 말이었다. 성공도 마찬가지다. 사주가 아무리 좋아도 타고난 장점을 갈고닦아 나만의 무기로 만들지 못하면 때가 와도 써먹을 수가 없다. 같은 생년월일시에 태어난 사람일지라도 각기 다른 삶을 사는 데는 이런 이유가 있다. 물론 어떤 부모 밑에서 태어나는가 하는 것도 이유가 된다. 그러나 부모의 영향력은 청소년기까지는 매우 중요하나 성인이 된 후에는 그 힘이 약해진다.

　같은 사주도 다른 삶의 궤적을 그리게 하는 변수에 대해 좀 더 알아보자. 크게는 다음의 세 가지로 요약할 수 있다.

자기 사주의 강점과 일치하는 삶의 방향을 설정하라

삶의 방향을 정한다는 것은 엄밀히 말해 직업을 선택하는 것과는 다르다. 오히려 '내가 어떤 삶의 방식을 택하면 사회의 구성원으로서 행복한 인생을 살 게 될까' 하는 고민과 직결된다. 직업은 선택한 삶의 방식을 구체적으로 구현하는 수단이다. 물론 삶의 방향을 설정하지 않고 직업을 먼저 고민하는 경우가 더 많다. 직업은 생계와 관련되다 보니 인생의 어떤 시기가 되면 필연적으로 고민하게 될 뿐 아니라 수입, 안정성, 업무 성격 등 직업별로 비교 가능한 요인이 존재하기 때문에 많은 사람들이 직업에 대한 고민을 먼저 한다. 그러고 나서 후회한다. '이 일이 과연 나의 삶의 방향과 맞는가' 하고 말이다.

　명리를 통해 그 사람은 '의사 팔자다', '변호사 팔자다' 하는 식으로 구체적인 직업 후보를 제시하는 경우도 있다. 그러나 그보다 우선시되어야 할 것이 있다. 사주에 두드러진 특징을 파악해서 그 특징이 잘 반영될 수 있도록 삶의 방향을 설정하는 것이다. 그런 후에 그 방향을 잘 구현할 수 있는 직업을 고르는 것이 순서인 것이다. 그래서 "의사

팔자로 태어났는데 의사가 안 되셨네요."라는 식으로 말하는 것도 잘
못된 것만은 아니다. 사주의 주인공이 의사의 속성에 맞는 삶의 방식
을 택하고 산다면 말이다.

그렇다면 사주의 두드러진 특징이란 구체적으로 무엇을 말하는
것일까? 한마디로 사주 주인공의 강점 영역을 찾는 것이다. 정도의
차이는 있지만 모든 사람의 사주에는 상대적으로 더 잘 발달된 오행
이 있다. 태어날 때부터 잠재되어 있는 특정 영역의 능력을 발달시킨
다면 성공 확률을 높일 수 있다. 여기서 말하는 성공은 단지 강점을
활용해 높은 지위를 얻고 돈을 많이 버는 것만을 뜻하지 않는다. 해당
활동을 통해 총체적인 삶의 만족도를 높이는 것을 목표로 한다. 사주
에 잠재되어 있는 강점 영역을 활용하는 사람은 행복에 더 쉽게 다가
갈 수 있다는 것이 명리학의 논리이다. 사람도 자연의 일부이므로 사
주 속 오행의 특성을 반영해 살아가면 세상과 조화를 이루며 행복한
삶을 살 수 있다는 것이다.

간단하게는 각자의 용신에 해당하는 십신의 특성을 살리는 방향
을 추구하는 것도 강점에 기반한 삶을 사는 방법이다. 가령, 편인이
용신인 사람은 남과는 다른 독특한 생각을 기반으로 하는 일, 특수한
기술이나 학문 분야에 속하는 일 등을 하면서 자신만의 독창적인 생
각으로 사회에 기여할 때 성과도 좋고 만족감도 높다. 정관이 용신인
사람은 여러 사람과 어울리며 조직 내에서 규정과 규율을 준수하고,
타의 모범이 되면서 리더십을 발휘하며 살아갈 때 행복을 느낄 확률
이 높다.

삶의 방향을 고민할 때 어떤 사회적 상황에서 내가 가장 행복할지를 머릿속으로 그려 보는 작업은 대단히 중요하다. 사회적 안정감 socially comfortable이 있으면 자신의 미래상을 그리는 과정에서 그 방향과 가장 잘 어울리는 직업을 자연스럽게 찾을 수 있기 때문이다. 가령 편관이라는 용신을 쓰는 사람은 군인, 검찰, 경찰 등에 어울리는데, 그 기저에는 편관을 사용하는 사람은 엄격하고 강한 조직 문화에 잘 적응할 수 있고 자신도 스스로에게 엄격한 기준을 정하고 따르는데서 보람을 느끼는 경향이 있기 때문이다.

인생의 승부 시점을 파악하라

삶의 방향을 설정하게 되면 어떤 삶을 살고 싶은지에 대한 미래상이 생긴다. 그 미래상에 다가가기 위해 누군가는 회사를 창업해 사업에 매진하는 방법을 택할 수도 있고, 또 누군가는 나라를 위해 공직에 나가는 방법을 택할 수도 있다.

그런데 실제 강점 기반의 삶의 방향을 설정하고 직업 또는 사업 아이템 등의 구체적 수단까지 정했다 해도 인생의 목표가 달성되고 안되고는 때가 왔는지 안 왔는지에 달려 있다. 명리학에서는 대운과 세운의 흐름이 자신의 강점과 부합하는 시기가 돼야 원하는 결과를 얻을 수 있다고 본다. 때가 이르지 않았는데 승부를 걸면 불필요한 비용을 치르게 될 수도 있는 것이다.

따라서 대운이나 세운의 흐름을 고려해 언제쯤 원하는 결과에 도달할 수 있을지 대략의 시기를 산정하고, 그 전까지는 무리하지 않고 단계적으로 성취해 나갈 것을 권한다. 물론 유리한 시기가 딱 한 번만 오는 것은 아니다. 파도치듯 유리한 시기와 불리한 시기가 왔다 갔다 할 수도 있다. 그리고 그 빈도는 사람마다 다르다. 핵심은 자신의 뜻을 펼치는 데 유리한 시기와 불리한 시기가 있음을 알고, 긴 인생에서 자기 삶의 방향에 맞게 단계별 목표를 설정한 후 한 발짝씩 나아가면서 시류에 맞게 성취해 가는 삶의 태도를 갖는 것이다.

때가 올 때를 대비해 준비하는 자세

인생의 큰 방향도 설정했고, 인생의 밀물과 썰물의 시기도 가늠했다면 남은 것은 때를 기다리며 준비하는 것이다. 사주에서 제시하는 좋은 운의 방향은 그 방향의 잠재성이 크다는 것이지 준비 없이도 대박이 난다는 뜻은 아니다. 때가 왔을 때 성취하려면 때가 오지 않았을 때 충분히 준비해 둬야 한다. 운이 좋지 않은 시기라고 방황하며 준비 없이 이 시기를 보내면, 좋은 운이 왔을 때 나쁜 일이 일어나지 않는 수준에서 그 운이 지나가 버리고 마는 경우도 있다. 그때 가서 '올해 운이 좋다고 했는데 대박이 안 났다'라고 불평한들 소용이 없다.

인생의 방향을 설정하고 성공을 위한 세부 계획을 세운 후에 미래를 준비하는 자세는 사주를 보러 다니지 않는 사람들도 알고 있는 상식일 것이다. 그러나 명리학은 오행 요소를 가지고 태어난 '나'라는 자연인이 '사회'라는 자연 속에서 상호작용하며 삶의 목표를 이루는 과정을 조망한다. 아직 때가 오기를 기다리는 사람들, 특히 자기 자신만의 깊은 고민에 빠져 힘들어하는 사람들에게는 자신을 자연의 일부라고 여기고 그 상황을 객관적으로 바라볼 힘이 필요하다. 그 힘을 갖는 데 명리학의 도움을 받을 수 있을 것이다.

모쪼록 명리라는 자기 경영의 도구를 잘 활용해 원하는 것들을 모두 얻고 행복한 삶에 이르기를 바란다.

A급 역술인 감별법

어떤 분야든 전문가들은 일정 수준 이상의 지식과 경험을 가지고 있기에 '전문가'라고 불린다. 그렇지만 전문가의 수준이 모두 동일할 수는 없다. 공장에서 생산된 품질이 균등한 제품을 사용하기 위해 전문가의 도움을 받는 경우는 드물다. 전문가의 도움을 받는 것들은 대부분은 서비스 상품에 해당되고, 사람에 의해 그 최종 가치가 전달된다. 이러한 특성 때문에 서비스의 질에서 차이가 발생할 수밖에 없다.

명리 상담도 자문 서비스의 일종이다. 그렇다 보니 역술인에 따라 실력 차이가 있을 수 있다. 그런데 아쉽게도 명리 지식이 없는 사람들이 고수냐 아니냐를 판별하기는 쉽지 않다. 의사나 변호사처럼 국가 공인 자격증이 주어지는 분야도 아니다. 명리 관련 사단법인도 매우 많아서 누군가에게 특정 사단법인에서 부여한 자격증이 있다고 한들 일반인들이 그 실력을 가늠할 수 있는 것도 아니다. 그러나 기왕에 비용을 지불하고 상담을 받는 것이라면 실력 있는 사람에게 상담 받아야 한다. 그래서 고수를 판별하는 방법을 몇 가지 소개하고자 한다.

보는 사람마다 만족도가 다르다?

가끔 "그 사람이 다른 사람들 사주는 잘 본다던데 나랑은 잘 안 맞는지 전혀 다른 얘기를 하더라"라는 식의 명리 상담 후기를 접할 때가 있다. 이런 경우는 보통 두 가지를 추측할 수 있다.

첫째, 웬만한 사주는 잘 보는데 특이한 사주, 즉 고급 기술에 관한 지식과 경험이 많아야 정확히 진단할 수 있는 사주까지 볼 수준에는 이르지 못한 경우이다. 모든 사람의 사주가 복잡도 면에서 동일하지 않다. 어떤 이의 사주는 언뜻 보면 사주 구성의 기운이 약해서 보충해 줄 기운이 있어야 복이 있을 것으로 보이나, 실제로는 어차피 약한 기운에 애매하게 보충하느니 대세에 순응하는 것이 더 유리한 사주가 있다. 이론과 실제가 달라서 판단이 애매한 지점도 있다. 이런 사례는 많은 상담 경험을 토대로 정확히 진단할 수 있는 고수들의 영역이다. 이외에도 분석 값이 경계에 있는 경우, 어느 쪽을 우세하게 보느냐에 따라 결과가 달라지기 때문에 정밀하게 판단하는 능력을 갖추지 않으면 안 된다.

둘째, 흔히 말하는 '지르는' 스타일의 상담을 선호하는 상담가일 수 있다. 분석을 한 후 70, 80퍼센트의 가능성만 보여도 100퍼센트인 양 말하는 경우이다. 개인의 노력 여하에 따라 이럴 수도 저럴 수도 있는데 '된다, 안 된다'라고 딱 잘라 말하는 명리 상담가도 있다. 명리 상담가 입장에서는 고객이 좀더 쉽게 선택하게 하기 위해 조금이라도 경향이 더 강한 쪽으로 '지르는' 것일 테지만 이럴 경우에는 간혹 결과가 예측과 다르게 나올 수도 있다. 이럴 때는 있는 그대로 "이 상황은 애매한 상황이다."라고 이야기해 주면서 시나리오별 대안을 함께 논의하는 게 더 현명한 상담법이 아닐까 한다.

많은 고객들이 명리 상담을 최선의 답을 찾아가는 노력의 일환으로 생각하기보다 이미 정해진 미래를 앞서 확인하려는 용도로 이용하는 경우가 많다. 그러다 보니 명리 상담가들도 간혹 무리수를 두게 되는 경우가 있다. 이럴 때를 대비해 "솔직히 애매한 것은 애매하다고 말하셔도 된다."고 미리 말해 두는 것도 방법이다. 이유를 떠나 개인적으로는 평판이 엇갈리는 상담가는 크게 추천하지 않는다.

과거와 현재를 맞혀야 미래도 맞힌다

명리 상담은 미래의 의사결정을 하기 위해 하는 것이다. 그러나 고정불변한 과거에 있었던 매우 중요한 사건 한두 가지에 대한 견해를 들어 보고 미래를 상담할 능력을 가늠하는 기준으로 삼을 수도 있다. 그렇다고 "저 결혼했을까요, 안 했을까요?" 식의 질문은 추천하지 않는다. 사주상에 결혼운이 단 한번만 있는 게 아닌 경우도 있고, 그 시기도 사람에 따라 유동적인 경우도 있기 때문이다.

그래서 보통 추천하는 방법은 "제 사주에 대해 총평을 한 번 해주세요."라고 하고, 큰 흐름을 과거부터 현재까지 어떻게 보는지, 나의 성격은 어떻게 읽는지, 최근 있었던 길흉의 시점은 어떻게 보는지 등을 들어 보고 그럴듯하다는 판단이 서면 앞으로의 구체적인 사안을 상의하는 것이 좋다.

구체적인 상담을 해 줄 수 있는가?

아직 찾아가지 않고 갈까 말까 고민 중이라면, 소개해 준 사람에게 상담의 구체성에 대해 꼭 확인할 필요가 있다. 고객이 "내년에 좋아요, 안 좋아요?" 정도가 아니라 특정 사안을 구체적으로 물어봤을 때 좋고 나쁨의 인과관계를 어느 정도 설명해 줄 수 있고 대안에 대해서도 논의할 수 있는 사람인지 확인 해야 한다. 예를 들면 한 기업의 임원이 "저희 회사에 내년쯤 구조조정이 있 을 것 같은데, 저는 어떨까요?"라고 물었다고 치자. 그럴 때 '계속 다닌다', '위 험하다' 정도도 물론 좋은 답일 수는 있다. 그런데 거기서 조금 더 깊게 들어 가 '나는 열심히 하지만 불가항력적으로는 버틸 수 없는 수준인지', 아니면 '노력을 하면 고비를 넘길 수 있는 수준인지', '노력을 한다면 내부적으로 어 떤 포지셔닝을 취하는 게 좋은지' 등에 대해 논의 및 조언을 해줄 수 있는 상 담가라면 더 만족스러운 상담을 받을 수 있을 것이다.

현재를 더 아름답게 살기 위하여

명리를 배우고 상담을 시작한 이후로 명리학을 미래를 정확히 예측하는 도구로 사용할 것인지, 현재의 상황에서 합리적이고 현명한 의사결정을 하도록 돕는 도구로 사용할 것인지에 대해 오랜 시간 고민해왔다. 결과가 중요한 것인가, 과정이 중요한 것인가에 대한 고민이기도 했다. 나도 내 인생이 왜 이렇게 흘러왔는지 알고 싶었고, 미래에 다가올 일들에 대한 걱정도 많아서 꽤 오랫동안 정확한 예측을 하기 위해 노력했다. 나에게 상담을 청하는 사람들도 미래의 일을 궁금해 했다. 그래서 예측의 정확도를 높이기 위해 명리의 대가들을 찾아다니며 배우고, 어떤 책에 비법이 있다고 하면 열심히 구해서 읽었다. 그 과정에서 실력이 많이 향상되었으니 그 또한 감사한 일이다.

그러다가 최근 들어 명리를 대하는 나의 태도에 변화가 왔다. 현재의 상황에서 합리적이고 현명한 의사결정을 하도록 돕는 도구로서의 명리 쪽으로 말이다. 그리고 이 책을 쓰기로 결심했다. 변화의 가장 큰 이유는 운명에 지고 싶지 않다는 생각이 들었기 때문이다.

이미 정해진 미래라면 미리 안다는 것이 무슨 의미가 있을까? 나에 대한 기본 정보를 토대로 미래를 조망하는 것도 더 나은 미래를 위한 현재의 노력이 있을 때 의미가 있을 것이다. 거대한 우주 속 먼지 같은 존재로서의 인간이 아니라 우리 자신이 우주 그 자체가 되는 것은 자신에게 주어진 오늘을 완벽하게 살 때만 가능하다고 믿는다. 그래서 대자연의 흐름을 따르는 것이 운명에 굴복하는 것이 아니라 주변 환경과 조화를 이루면서도 자신의 삶을 온전하게 살아가는 방법이라는 것을 증명하고 싶었다. 이제는 자신과 자신을 둘러싼 환경에 대한 이해를 토대로 현재의 시점에서 최선의 결정을 내리는 것이 온전하게 지금의 나 자신으로 사는 방법이라고 믿는다.

그러다 보니 예측의 정확도에 대한 부담에서 다소 자유로워졌다. 물론 명리학 실력 면에서는 아직 부족한 점이 많음을 변명하고 싶지는 않다. 명리학은 죽을 때까지 갈고닦아도 끝이 없다. 다만 이 학문을 만들고 발전시켜 온 선배 학자들의 마음은 미래가 아니라 현재에 집중하는 데 있지 않을까 하는 외람된 믿음이 예측의 정확도에 대한 짐을 내려놓게 했다.

그러나 깨달음이 부족해서인지 아직도 실제 상담을 할 때는 미래 예측성 대화를 완전히 내려놓지 못했다. 이 책의 제3장과 제4장의 사례들에 여전히 예측 기능을 강조하는 명리학의 특징이 남아 있는 이유이다. 언젠가는 나도 의뢰인도 미래를 두려워하지 않고 고민을 고민이 아닌 듯 담담하게 논하는 상담 수준에 도달할 수 있기를 바란다. 오늘 최선을 다해 결정했으니 미래에 어떤 일이 있더라도 두렵지 않은 상태, 그것이 내가 가고 싶은 명리 연구의 실천적 방향이다.

이 책의 제2장에 소개한 이론은 요약 버전에 가깝기 때문에 이론에 대해 더 궁금한 점이 있다면 시중에 나와 있는 다른 책들을 참조하기를 바란다. 속성으로 명리 이론을 강의할 때 사용한 자료를 정리한 것이다 보니 넓이와 깊이 면에서 부족함이 많음을 인정한다.

제3장과 제4장의 사례들은 다양한 이론적 근거로 분석했으나 더 깊은 수준으로 명리 공부를 하는 분들이 보기에는 미흡한 점도 있을 것이다. 이는 전적으로 내가 학문적으로 정진해야 할 부분이 여전히 많다는 것을 뜻하며, 내게 가르침을 주신 선생님들의 실력과는 무관함을 밝힌다.

지난 13년간 많은 선생님들로부터 지도를 받았다. 모든 분들에게 감사하는 마음이며, 이는 글로 쓰기에 부족하다. 그중에서도 부산에 계신 정숙정 선생님께 특히 감사를 표한다. 선생님께서는 1년 남짓 개인 지도를 하는 동안 내게 당신이 40여 년 갈고 닦은 비법들을 아낌없이 전수해주셨다. 사심 없는 명리학자로서의 본을 보여 주신 데 대해 깊이 감사드린다. 그리고 경영 전문 출판사로서는 이질감이 들 수도 있는 명리학이라는 주제를 출판하기로 결정해 주신 비즈니스북스의 대표님, 담당 편집자에게도 깊이 감사드린다. 또한 10년이 넘는 시간 동안 명리학에 빠져 평일 밤과 주말의 많은 시간을 명리에 할애한 가장을 이해해 준 가족에게도 감사를 표한다.

　마지막으로 이 책을 끝까지 읽어 주신 독자들께도 진심으로 감사의 마음을 전하며, 불확실한 미래에도 불구하고 행복한 오늘을 살아가기를 마음속 깊이 기원해본다.